Le bouddhisme coréen

Première édition : octobre 2016

Editeur :   © Bulkwang Editions

45-13 Woojeongguk-ro, Jongno-gu, 3e étage, 03150 Séoul, République de Corée

Coordination et direction : Vén. Hyewon, Association bouddhique coréenne (Kilsang-sa), France

Rédaction : Vén. Beopgwang, Eung-chul Kim, Myeong-seok Ko, You-shin Kim, Kyung-chan Mok, Jong-su Lee

Traduction : Yannick Bruneton

Relecture : Hyeon Ju Kim

Crédits photographiques : © Ha Ji-kwon

Le bouddhisme coréen

Table des matières

Avant-propos

Alors que battent leur plein les nombreuses et diverses manifestations de l'Année France-Corée (2015-2016) commémorant le 130e anniversaire de l'établissement des relations diplomatiques entre nos deux pays, la publication en français de *Le bouddhisme coréen*, présentant le bouddhisme coréen au grand public, est l'occasion d'exprimer toute ma joie et mes vœux de succès de ces commémorations, et me paraît en même temps riche de significations.

Le bouddhisme de la République de Corée n'a cessé de jouer un rôle d'entraînement de la culture nationale, partageant le destin du pays, dans ses épreuves et ses réjouissances, au cours de ses 1700 ans d'histoire, de sorte à constituer aujourd'hui, incontestablement, dans la société coréenne, et au-delà du domaine du religieux, l'ossature de notre culture. Depuis l'ermitage de la Grotte de pierre, Sŏkkuram, et le monastère de Pulguk du VIIIe siècle, inscrits au patrimoine mondial de l'UNESCO, un grand nombre de biens hérités de la culture bouddhique ont été également officiellement enregistrés comme biens culturels représentatifs de la Corée du Sud, au point de ne pas constituer seulement un patrimoine culturel matériel, mais aussi de faire que la pensée bouddhique imprègne en profondeur la culture spirituelle des Coréens. Cette culture transparaît encore plus nettement dans les expressions idiomatiques de la langue coréenne elle-même, on ne peut plus en phase avec la vie quotidienne de la population.

Dans la société coréenne entrée dans la zone d'influence gagnée par le courant de la mondialisation, le bouddhisme se compte pratiquement comme l'unique communauté à avoir su préserver à l'identique et dans son quotidien la culture traditionnelle de la Corée : il est dès lors compris des Coréens comme le lieu où ceux-ci peuvent encore faire l'expérience de cette tradition qui disparaît. Le succès rencontré depuis plus de vingt ans par le Templestay, programme d'expérimentation de la culture des monastères bouddhiques, auprès des bouddhistes et des adeptes d'autres religions, mais, plus généralement, de l'ensemble des Coréens, en est un exemple remarquable et une preuve manifeste.

Ainsi, comprendre le bouddhisme, miroir de la Corée du passé et du présent en même temps que projet d'avenir porteur d'espoir, offre, pour les étrangers, une clé pour une intelligence plus profonde de la culture coréenne. De plus, au-delà de la culture coréenne, cette clé facilite la compréhension de la diversité du bouddhisme, celle qui s'est développée en symbiose avec les conditions de vie et le tempérament propres à chaque pays d'Asie.

Le bouddhisme coréen qui, avec les bouddhismes chinois et japonais, relève de la tradition du Grand Véhicule, est reconnu comme unique pour avoir perpétué des méthodes de pratique du Mahāyana proches de leur forme originelle. Toutefois, en dehors du monde asiatique, le bouddhisme coréen demeure un territoire quasi inconnu, comme en témoigne la rareté des ouvrages ou des traductions qui le présentent à l'étranger. Par conséquent, le présent ouvrage d'introduction au bouddhisme coréen destiné au grand public est attendu comme une contribution significative à la compréhension même de la diversité du bouddhisme d'Asie.

Ainsi, si l'on considère l'aide apportée par le bouddhisme coréen pour une compréhension plus vive de la culture coréenne à travers les âges, et, de là, de la diversité du bouddhisme ; et, plus généralement, de la diversité de la culture en Asie, la publication de la version française de cet ouvrage est une réponse on ne peut plus heureuse à la commémoration des cent trente années d'échanges bilatéraux, qui invite à poursuivre et à dynamiser les échanges culturels entre la Corée et la France.

De là, considérant que la langue française représente, non seulement la voix de la France, mais également celle de la francophonie toute entière, on peut s'attendre à ce que *Le bouddhisme coréen* rencontre un public dépassant largement les frontières de l'hexagone. S'adressant ainsi au lectorat de toute la francophonie qui souhaite faire l'expérience d'une nouvelle culture, on ne peut que souhaiter que ce livre lui facilite l'ouverture à l'intelligence de la culture coréenne et, au-delà, à la diversité des cultures asiatiques.

J'adresse mes profonds remerciements à l'Association des ordres bouddhiques de Corée du Sud ainsi qu'à la Fondation pour la Culture Bouddhique Coréenne pour leur contribution remarquable à la présente publication ; je remercie également le Vénérable Hyewon de Kilsangsa en région parisienne pour le rôle qu'il joue dans les échanges entre la Corée du Sud et la France ; le professeur Yannick Bruneton, spécialiste du bouddhisme coréen en charge de la présente traduction ; et Madame Hyeon Ju Kim, docteure en traductologie, qui en a assuré la relecture.

Reconnaissant de tous ces liens précieux, je formule des vœux afin que de nombreux citoyens du monde accueillent avec bienveillance la fine fleur du bouddhisme coréen et que, par cette œuvre, notre monde en reçoive plus de clarté et de paix.

Jaseung Sŭnim,

Président de l'Association des ordres bouddhiques de Corée du Sud

Supérieur de l'ordre de Jogye

Mot du traducteur

Alors que le bouddhisme coréen reste peu connu du grand public francophone pour avoir été traité de manière succincte dans la plupart des ouvrages généralistes sur le bouddhisme, la publication d'une présentation d'ensemble du bouddhisme de Corée du Sud vient opportunément combler un vide trop longtemps entretenu. La lecture de ce livre publié par l'Association des ordres bouddhiques sud-coréens suffit à confirmer combien injustifié fut un tel traitement. Car le bouddhisme coréen recèle, en plus d'une histoire remarquable par sa longévité, un patrimoine matériel et spirituel exceptionnels en Asie Orientale. Ainsi, pour la première fois, est proposé au public francophone un panorama vivant du bouddhisme de ce pays, abordé dans ses dimensions sociale, culturelle et historique. En des termes simples et abordables, cette présentation se veut avant tout une invitation à la rencontre d'une tradition religieuse demeurée dominante en Corée du Sud.

La relation directe avec le bouddhisme coréen est désormais possible sur notre village planétaire devenu étroit. De plus, cette forme nationale de bouddhisme connaît en ce début de XXIe siècle une ouverture et une extension internationale sans précédent. Par la pratique du *templestay* inaugurée depuis une vingtaine d'années, de grands monastères de l'ordre de Jogye, parmi les plus prestigieux et anciens, ont ouvert leurs portes à un large public. Le présent ouvrage est en partie le produit de cette etxpérience, ainsi que du dialogue entre les *sŭnim* et un public national et international d'appartenance religieuse aussi diverse que possible. Il est aussi une clé pour comprendre comment, dans la Corée d'aujourd'hui, peuvent coexister autant de courants religieux et d'écoles de pensées. Le secret de la longévité et de la bonne santé du bouddhisme sur cette terre de Corée réside sans doute dans les tendances structurantes qui le caractérisent : pluralisme et décloisonnement, penchant pour la synthèse, rôle de protection de l'État, adhésion indéfectible et passionnée à la pratique du Sŏn. De même que les monastères bouddhiques de montagne font partie du paysage coréen, la culture du Sŏn et son style de vie, dans sa radicale simplicité, demeurent profondément ancrés dans la culture de ce pays. Ils en sont la face cachée (dans le sens d'« écart » avec le monde) mais prégnante.

Traduire en français le bouddhisme coréen et la culture du Sŏn reste une aventure et un défi. Le traducteur doit en permanence composer avec la dimension plurilingue du vocabulaire bouddhique contemporain : mots d'origine sanscrite, expressions en chinois classique, termes sino-coréens d'origine variée, lexique d'origine coréenne et anglais. Rédigée originellement en langue coréenne, cette présentation a d'abord fait l'objet d'une traduction anglaise assez libre, publiée en 2009 et destinée à un public international. La présente version en langue française, traduite à partir du coréen, en constitue une forme à la fois réactualisée et adaptée, comportant de nombreux aménagements (glossaire et concordance, cartes et illustrations, indications chronologiques, choix de romanisation). Les lecteurs familiers du bouddhisme d'Asie Orientale, ainsi que les amateurs de langue coréenne, pourront consulter avec profit l'abondant glossaire, alors qu'il n'existe actuellement pas de guide lexical et iconographique faisant autorité.

Ce livre est donc, dans toutes ses dimensions, expérience. Une expérience à vivre.

Yannick Bruneton
Professeur à l'université Paris Diderot–Paris 7

Choix de traduction

- Les termes sanscrits francisés (tels que bouddha, bodhisattva, Dharma, karma, nirvana, soutra, stoupa…) sont systématiquement utilisés.
- Bouddha (sans article et avec une majuscule) désigne généralement le Bouddha historique Śākyamuni, Siddhārtha Gautama.
- Dharma (avec majuscule) désigne la Loi de Bouddha.
- Conformément à l'usage coréen, le patronyme précède le nom personnel (« postnom »).

Transcription et prononciation

- Les systèmes de romanisation utilisés sont le McCune-Reischauer pour le coréen, le *pinyin* pour le chinois et le Hepburn pour le japonais. Font exception à cet emploi les noms propres et termes officiels ou institutionnels déjà largement cités à travers une autre romanisation d'usage courant. Dans ce cas, la romanisation en McCune-Reischauer est indiquée entre parenthèses à la première apparition du terme ; par exemple : Jogye (Chogye).
- Pour le lectorat francophone, afin de diminuer l'ambigüité de prononciation de certaines associations de lettres (qui pourrait être prises pour des diphtongues ou voyelles nasales), l'usage de l'apostrophe dans le système McCune-Reischauer est élargi (par exemple : eu en e'u ; au en a'u ; ui en u'i, etc… Ainsi, Hae'in, Kwanse'ùm, Po'u, To'ǔi…).
- L'assimilation vocalique n'est pas marquée sur les syllabes séparées par un trait d'union (sauf dans le cas des binômes identifiant les années cycliques).

Indications sur la prononciation du coréen

Les voyelles

Le « o » est un « o » ouvert (le « o » de métro)

Le « ŏ » et est un « o » fermé (le « o » de pomme) : [ɔ]

Le « ŭ » représente un son qui n'existe pas dans la prononciation du français : [ɨ]

Le « u » se prononce « ou » [u]

Le « e » se prononce « é » [e]

- Il n'existe pas de voyelles nasales en coréen (par exemple, « an » se prononce [an] (« ane ») et non [ã], « en » se prononce [en] (« éne ») et non [ã], « in » se prononce [in] (« ine ») et non [ɛ̃], « on » se prononce [on] (« one ») et non [ɔ̃], « un » se prononce [un] (« oune ») et non [ɛ̃]).

Les consonnes

Le « h » est toujours aspiré en début de mot : [x]

Le « ch » ou « j » est prononcé « tj » (jazz) : [tʒ]

Le « ch' » se prononce « tch » (Tchéquie) : [tʃ]

Le « r » est légèrement roulé : [r]

Le « s » se prononce « ch » (soufflée, [ʃ]) devant les voyelles « i » ou yodées

- La consonne « ○ » placée en finale (de la syllabe) se prononce [ŋ] (notée « -ng »).
- Les consonnes « soufflées » (ㅊ, ㅋ, ㅌ, ㅍ) sont notées avec une apostrophe (ch', k', t', p').
- Les consonnes doublées sont glottalisées.

Abréviations

anc.	ancien
angl.	anglais
chin.	chinois
cor.	coréen
jap.	japonais
litt.	littéralement
sans.	sanscrit
T.	Tripitaka de l'édition du Taishō du canon des écritures bouddhiques

Le bouddhisme coréen, une expérience à vivre

Glossaire

Dans le texte, les mots et expressions figurant dans le glossaire sont indiqués par une astérisque (*) à leur première mention

-

La fête des Lanternes

-

Templestay

-

Propagation du bouddhisme coréen et activités sociales

-

La fête des Lanternes

Partout dans le monde où sont pays et peuples, existent des fêtes. La fête est un point commun universel de l'humanité, et ce, depuis la préhistoire jusqu'à nos jours ; elle est aussi le symbole le plus révélateur des particularités d'un peuple ou d'un pays. La fête des Lanternes* compte parmi les fêtes représentatives de la Corée. Elle y est une des plus anciennes et constitue aujourd'hui l'un des plus importants rassemblements du pays.

À Séoul, capitale de la Corée du Sud, la fête des Lanternes rassemble plus de trente mille participants rien que dans ses cortèges, ce qui en fait un événement d'une rare ampleur dans le monde. Elle présente également la particularité de se dérouler en même temps et de façon similaire dans les principales villes de Corée telles que Pusan, Taegu, Kwangju, Taejŏn et Inch'ŏn, même si ses dimensions y sont plus modestes que dans la capitale. Le jour de la fête, à Séoul, des files de dizaines de milliers de spectateurs, venus des quatre coins du monde pour beaucoup d'entre eux, s'étendent le long de l'avenue Jongno (Chongno).

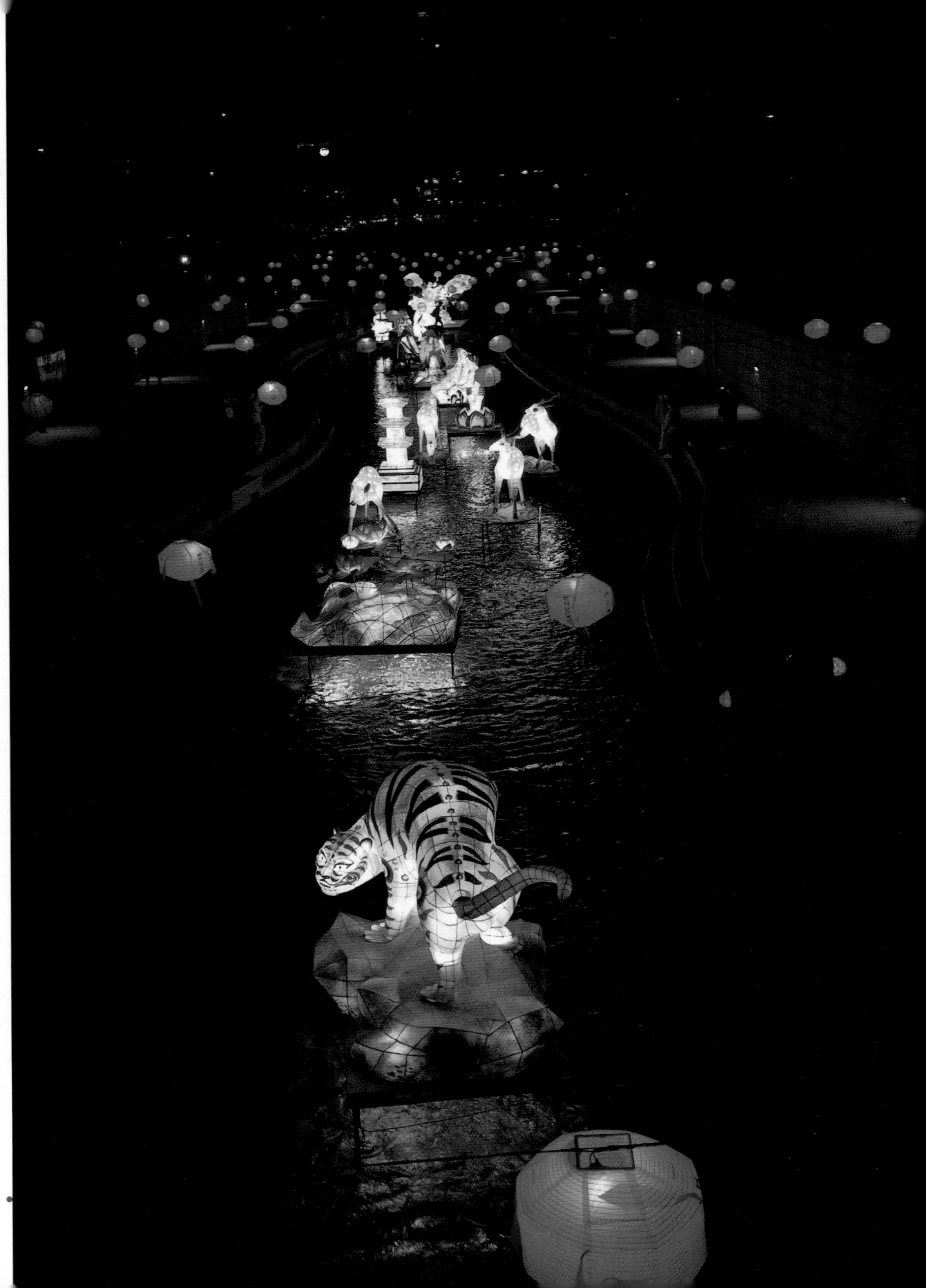
© Yŏndŭnghoe

Pourquoi les Coréens organisent-ils la fête des Lanternes?

La fête des Lanternes est liée au calendrier luni-solaire* : celle-ci se tient tous les ans, le dimanche qui précède le huitième jour du quatrième mois. Le huitième jour du quatrième mois est la date de la naissance de Bouddha Śākyamuni* à Lumbinī* que la fête célèbre dans la joie.

Les origines de la fête des Lanternes n'ont pas été clairement établies, mais l'on estime qu'elle débuta en même temps que l'introduction du bouddhisme dans la péninsule coréenne. Dans les textes, la toute première mention de l'événement date de l'année 866, soit plus de cinq cents ans après la transmission du bouddhisme en Corée, sous le règne de Kyŏngmun (r. 861-875) du royaume de Silla (*Mémoires Historiques des Trois Royaumes, Samguk Sagi* : 11, an 6 de Kyŏngmun). Après le Silla, sous la dynastie des Wang du Koryŏ (918-1392), la fête des Lanternes devint culte d'État, dépassant le domaine strict du religieux ; elle y connut un déploiement sans égal dans l'histoire par son raffinement et son ampleur. À l'époque suivante, au Chosŏn (1392-1897), la fête perdit son caractère institutionnel, mais s'enracina comme fête populaire saisonnière* dans la vie de la population au point que l'État ne put l'interdire tant le peuple y était attaché, la perpétuant ainsi jusqu'à nos jours.

La fête des Lanternes célèbre la naissance de Bouddha Śākyamuni. Ne doit-elle alors concerner que les bouddhistes ? La réponse est non. Dans tous les peuples et pays de l'Antiquité, on observe que la vénération du feu est un phénomène universellement répandu :

il en fut de même en Corée. Par la suite, du fait de l'introduction du bouddhisme dans la péninsule coréenne, le phénomène y a été incorporé et exprimé sous une forme bouddhique. C'est sous une telle forme, qu'il a été transmis et conservé pendant plus de mille deux cents ans ; à l'époque du Koryŏ, on accrochait des lanternes allumées, non pas seulement dans les monastères bouddhiques*, mais également partout : dans les palais et dans les maisons des habitants de la péninsule, donnant lieu à des réjouissances et des jeux semblables en Occident à ceux des bateleurs, du théâtre de rue ou du cirque. À l'époque du Chosŏn, on accrochait autant de lanternes allumées qu'il y avait d'enfants ; ces lanternes prirent des formes diverses, ne se limitant pas à reproduire les silhouettes des douze divinités protectrices du Dharma*, mais aussi celles d'éléments et d'objets familiers du quotidien : dessin des sept étoiles de la Grande Ourse*, phénix, grues, carpes, tortues, pastèques, melons et autres, manifestant ainsi que la fête débordait le domaine du religieux pour exprimer le lyrisme et la sensibilité de tout un peuple.

Fête comptant parmi les plus anciennes et les plus traditionnelles, la fête des Lanternes est devenue aujourd'hui un événement qui ne s'adresse plus seulement aux Coréens, mais à laquelle participent les citoyens du monde. À Séoul, l'avenue Jongno ainsi que la rue devant Jogyesa* (Chogyesa), où la fête bat son plein, débordent de la foule cosmopolite des touristes venus du monde entier pour profiter des réjouissances. La foule ne compte pas que des touristes. Des participants venus de toute l'Asie : Thaïlande, Myanmar, Népal, Singapour, Bangladesh, Mongolie, Cambodge, Sri Lanka, Taïwan, Inde présentent leurs traditions ainsi que la culture bouddhique de leur pays, si bien que la fête constitue une occasion rare et unique d'embrasser du regard, en un même lieu, les cultures bouddhiques de l'Asie, et d'en faire l'expérience.

Fête, où compassion et harmonie enseignées par Bouddha Śākyamuni ont été semées sur cette terre il y a maintenant 2633 ans, sollicite tous nos sens.

Fête, où la culture traditionnelle de la Corée, décrite comme « lumière de l'Est » par Tagore, le génial poète indien, nous saisit entièrement.

Fête de la rencontre en un même lieu des cultures bouddhiques d'Asie.

Fête des Lanternes.

© Yŏndŭnghoe

Templestay

Le monastère est un espace complexe où toute la culture bouddhique se trouve concentrée, en même temps qu'un espace particulier où se déroulent des pratiques et des cultes religieux. Pour cette raison, il est un lieu que les personnes, qui ne sont ni moines ni fidèles bouddhistes, peuvent ressentir comme singulier ou difficile. Le Templestay est le moyen qui permet au public, voire aux fidèles d'autres religions, de se familiariser avec le monastère bouddhique.

Le Templestay a commencé en considération des attentes du public à l'égard des monastères bouddhiques. La diffusion de la « culture du bien-être* » touchant l'ensemble de la société coréenne, l'augmentation du temps libre aménagé par la semaine des cinq jours travaillés, la tendance aux loisirs centrés sur l'expérience directe, l'intérêt plus que jamais élevé vis-à-vis de l'environnement naturel, sont autant d'aspirations que le Templestay prend en compte, jouant ainsi un rôle de pont reliant les monastères à la société. De plus, dans la perspective de la Coupe du monde de football de 2002 organisée par la Corée et le Japon, le souhait de proposer un espace original susceptible de faire ressentir les spécificités de la Corée aux touristes qui visiteraient le pays, conjugué au mouvement pour dynamiser l'activité des monastères bouddhiques, a permis au Templestay de se hisser comme produit culturel représentant le bouddhisme coréen.

Commencé en 2002, le Templestay a depuis quatorze ans connu un réel succès puisqu'il a permis à plus d'un million six cent mille personnes de participer à ce programme. Lorsqu'il a débuté, seuls

trente-trois monastères proposaient des séjours contre cent vingt-trois aujourd'hui, si bien que l'on peut parler d'un véritable engouement pour le Templestay.

Pourquoi le Templestay séduit-t-il autant le public ?

D'abord, il permet de faire l'expérience directe de la vie quotidienne des religieux bouddhistes dans leur monastère telle que l'office de l'aube*, le repas aux bols traditionnel, la promenade du matin dans les sentiers de forêts, et autres activités que les gens ordinaires n'ont généralement pas la possibilité d'approcher.

Ensuite, en l'espace de quelques jours, il offre l'occasion de se rendre compte des limites de la vie moderne, qui, en dépit de sa profusion en biens matériels, ne permet pas de ressentir la satisfaction et le bonheur véritables, donnant ainsi à comprendre que le cœur-esprit* est la racine de tous les bonheurs ou malheurs.

De plus, l'intérêt croissant que porte l'ensemble de la société sur l'environnement naturel coïncide avec le fait que la plupart des monastères bouddhiques se situent dans des lieux reculés des montagnes : un autre charme du Templestay.

Comment se déroule un Templestay ?

À leur arrivée au monastère, les participants au séjour commencent par se changer en revêtant une tenue adaptée aux activités. Ensuite, ils prennent le « repas aux bols » selon la tradition monastique bouddhique. Ils en ressentent alors l'esprit d'économie et d'humilité. Puis, ils prennent un temps de sommeil de quatre ou cinq heures, avant de se lever pour assister avec les moines à l'office de l'aube où ils présentent leur hommage aux Bouddhas. Ils effectuent alors les cent-huit prosternations qui, selon les enseignements bouddhiques, symbolisent le nombre des souffrances mentales* ressenties par l'être humain.

Au cours de l'étape suivante et sous la direction d'un moine, les retraitants apprennent la méthode de méditation traditionnelle du bouddhisme coréen. Ils découvrent de nouveaux aspects de leur être dont ils n'avaient jusqu'alors pas fait l'expérience.

Ensuite, il est possible de partager une discussion sérieuse en marchant dans la forêt ou bien en buvant un thé avec des moines ou d'autres participants au séjour. Le dialogue avec un religieux permet en particulier de faire – même brièvement – l'expérience du *kanhwasŏn** (litt. « pratique du Sŏn par l'observation de la question »),

Le bouddhisme coréen, une expérience à vivre • 019

une pratique de méditation traditionnelle du bouddhisme coréen. Le *kanhwasŏn* est une méthode traditionnelle du bouddhisme coréen, la plus efficace pour nous faire réaliser combien factice est la pensée qui nous fait considérer que les choses vont de soi.

Les descriptions qui précèdent font partie des expériences les plus communes au Templestay coréen.

Mais elles ne le résument pas. En dehors de celles-ci, chaque monastère organise des programmes particuliers tels que l'apprentissage des arts martiaux du Sŏn*, comparables au taekwondo, pratiqués par les *sŭnim* (moines) et transmis seulement au sein des monastères de Corée ; la xylographie et l'impression des soutras*, pratique traditionnelle consistant à graver des planchettes de bois pour l'édition des Écritures bouddhiques, avant de les imprimer sur le papier ; l'art de la teinture à base de pigments naturels ; l'observation des fleurs sauvages ; l'art culinaire monastique* *sach'al ŭmsik* et autres, qui vous feront expérimenter la diversité des facettes de la culture bouddhique coréenne.

Aujourd'hui, le Templestay coréen dépasse le domaine religieux du bouddhisme pour s'imposer comme le programme culturel suscitant le plus d'engouement. La popularité du Templestay n'est pas seulement forte pour les Coréens. La participation des étrangers à ce programme s'avère également importante puisqu'ils sont environ 30 000 par an à s'y présenter : étudiants, diplomates séjournant en Corée du Sud, professionnels des médias y sont parmi les plus présents. Ils assurent ainsi une participation permanente si bien que l'on peut dire que le Templestay s'est installé comme pratique globalisée représentative de la Corée.

Propagation du bouddhisme coréen et activités sociales

La propagation du bouddhisme* a commencé il y a plus de 2600 ans en Inde, du vivant de Bouddha, à la demande qu'Il formula dans la « proclamation de la transmission de la Voie (bouddhique)* ». Dans cette proclamation, Il exhorte tous les pratiquants de la Voie à œuvrer activement pour l'enseignement de la foule des êtres sensibles* en vue de leur bénéfice, de leur bien-être et de leur bonheur. Ce fut sur la base de cet enseignement que se constituèrent les assemblées de fidèles, la communauté monastique – le *saṃgha** – des religieux « ayant quitté leur famille* », ainsi que les groupes bouddhistes restés dans le monde séculier*. Ce sont de tels groupes qui, jusqu'à maintenant, ont été les principaux acteurs de la propagation active du bouddhisme dans le monde entier.

Plus d'un siècle après l'Extinction de Bouddha*, au cours du règne du grand souverain Ashoka (r. - 273, - 232), neuf groupements se formèrent pour la propagation internationale du Dharma. Du Sri Lanka à la Grèce, ces équipes diffusèrent le bouddhisme dans de nombreux pays du monde. Une partie d'entre elles empruntèrent la route de la Soie et transmirent le Dharma en Chine, puis dans la péninsule coréenne. Doté d'une longue histoire et tradition de plus de 1700 ans depuis son introduction dans la péninsule, le bouddhisme comporte des spécificités très diverses élaborées au cours du processus historique de son évolution. En raison de ces spécificités, la propagation de l'enseignement s'est également développée sous

des formes plurielles.

L'existence actuelle de nombreux ordres bouddhistes sud-coréens : ordre de Jogye (Chogye) de la République de Corée du Sud, ordre de Taego (T'aego) de Corée du Sud, ordres de Cheontae (Chŏnt'ae), de Jingak (Chin'gak) et autres, en est l'illustration.

Le bouddhisme coréen constitue une fédération de vingt-neuf écoles et ordres – à commencer par l'ordre de Jogye – pour un nombre total d'environ quinze mille cinq cents monastères. Quant au nombre de *sŭnim* actifs rattachés à cet ensemble, il est d'environ trente-cinq mille cinq cents. Dans le monde bouddhiste sud-coréen, l'ordre connu comme le plus important, l'ordre de Jogye, comportait*, quant à lui, en 2016, quelques trois mille trois cents monastères et atteignait une population d'environ treize mille *sŭnim*. Parmi ces derniers, la proportion de moines ayant reçu les préceptes complets*, les *pigu**, ainsi que les novices*, représente environ 54,1% ; pour les nonnes confirmées *piguni** et les femmes novices, elle est de 45,9%.

En Corée, les activités de propagation du bouddhisme sont assurées par le biais des assemblées du Dharma* et des dévotions* réalisées au sein de chaque monastère. Les assemblées du Dharma ont lieu principalement le premier jour du calendrier luni-solaire, mais d'autres cultes divers sont également pratiqués à l'occasion des « jours de vigilance* ». Récemment, des formes modernes d'assemblées ont été instaurées, telles que les assemblées du dimanche* tenues à un rythme hebdomadaire.

En dehors de ces assemblées quotidiennes, ont lieu d'autres fêtes tout au long de l'année telles que le jour commémorant l'Avènement de Bouddha*, le jour de la Réalisation de l'Éveil*, le jour de la Prise de robe (de Bouddha)*, le jour de l'Extinction complète de Bouddha*. Par ailleurs, le bouddhisme a toujours eu le souci d'assurer la transmission et le développement de la culture traditionnelle de la Corée en perpétuant pendant des siècles la tenue de fêtes saisonnières*. Ainsi, par exemple, il continue tous les ans de célébrer la fête de l'Équinoxe de printemps qui débute par les « prières du premier mois* » au cours du premier mois du calendrier luni-solaire, la fête des Mânes (défunts)*, le quinzième jour du septième mois, la fête du Solstice d'hiver, etc. Ces fêtes préexistaient à l'introduction du bouddhisme en Corée, mais les bouddhistes les reprirent en leur attribuant une signification bouddhique, et s'en servirent pour exprimer leur foi.

La tradition du bouddhisme coréen s'est construite autour de la dévotion au Bodhisattva Kwan'ŭm (Avalokiteśvara)*. La dévotion à Kwan'ŭm prend sa source dans les profondeurs de la pensée relative à la notion de bodhisattva*, sous l'appellation du Bodhisattva Kwanjajae* dans le *Soutra du cœur de la Sagesse suprême*, ou bien sous celle de Kwanse'ŭm dans le bouddhisme du Grand Véhicule*. Le bouddhisme dit du Grand Véhicule est une forme de bouddhisme qui, sur la base de l'enseignement de Bouddha, s'attache à conduire les êtres de sorte que ceux-ci puissent bénéficier pleinement à la fois des bénéfices des mérites accumulés* et de la sagesse*. Le nom de « Bodhisattva Kwanse'ŭm » désigne une manifestation de Bouddha* qui sauve de leurs tourments tous les êtres sensibles du monde en prêtant l'oreille à leurs gémissements de douleur. La dévotion à Kwan'ŭm a pris forme au fondement du bouddhisme du Grand Véhicule en même temps que la composition du *Soutra de (Kwaŭm aux) Mille mains (et mille yeux)*. Ceci explique que s'est développée en Corée la pratique consistant à ce que, dans tous les monastères, l'hommage matinal rendu aux Bouddhas* soit suivi de la psalmodie* du *Soutra des Mille mains* et de l'invocation ardente* du Bodhisattva Kwanse'ŭm.

Prenant appui sur cette culture, l'ordre de Jogye du bouddhisme sud-

coréen a fait le choix particulier du *Soutra du Diamant** comme texte canonique de référence*. De plus, il prône une pratique* centrée sur le *kanhwasŏn*, le « Sŏn de l'observation de la question ». Actuellement, partout dans le pays fonctionnement des lieux de pratique spirituelle* à laquelle participent de nombreux bouddhistes laïques, incluant plus d'une centaine de salles de méditation* réservées aux retraitants*. Le *kanhwasŏn* est une méthode de pratique du Sŏn* par la méditation et le dialogue spirituel avec les maîtres, consistant à s'exercer au moyen d'un questionnement fondamental permanent, le *hwadu**. La pratique du *kanhwasŏn* permet d'atteindre finalement un état d'Éveil complet après avoir fait l'expérience directe et totale du monde de l'Éveil par le moyen d'un travail exigeant sur soi-même par l'observation des « cas »* du Sŏn. Récemment, l'intérêt pour la méditation est au plus haut dans le monde, si bien que, fort de cette tendance, de nombreux étrangers viennent en Corée et cherchent à y faire l'expérience du *kanhwasŏn*, pratique traditionnelle.

Dans la société sud-coréenne, le nombre d'adeptes de religions représente à peu près la moitié de la population totale d'environ 47 millions d'habitants. Le pourcentage des bouddhistes est de l'ordre de 23% de l'ensemble de la population : la proportion la plus importante en termes d'appartenance religieuse par rapport aux autres religions.

Il en résulte que l'influence qu'exerce le bouddhisme sur la société est comparativement beaucoup plus importante que celle des autres groupes religieux. Si la population se déclarant sans religion et qui n'a donc pas de pratique religieuse représente environ la moitié du pays, cela signifie qu'une majorité de personnes ont une sensibilité bouddhique. Il faut y voir le résultat de l'influence considérable et durable du bouddhisme sur la sensibilité et la culture des Coréens.

L'influence des religions traditionnelles – pas seulement le bouddhisme, mais aussi le confucianisme, notamment – est profondément ancrée dans la sensibilité des Coréens. En ne rejetant pas les autres religions et en partageant leur souci de secourir les êtres, le bouddhisme contribue à la concorde entre les religions. Dans les monastères bouddhiques, la présence des temples dédiés au culte de l'esprit de la montagne*, des Sept étoiles de la Grande Ourse*, ainsi que des Trois saints* – qui sont autant d'éléments religieux traditionnels – en est l'illustration.

Adoptée officiellement dans la péninsule coréenne en 372, l'an 2 du règne de Sosurim (r. 371-384)* du royaume de Koguryŏ*, le bouddhisme a exercé dans la longue durée une grande influence sur l'ensemble de la société et de la culture coréennes. Il en résulte que sur les 9728 biens culturels* coréens reconnus officiellement, 3331 relèvent de la culture bouddhique, dont 2061 sont la propriété des milieux bouddhistes. Dans le cas particulier des biens culturels de la catégorie des Trésors nationaux*, le nombre de biens bouddhiques est de 173 sur un total de 308, et de 989 sur 1573 dans la catégorie des Objets précieux*. Ces données chiffrées révèlent combien a été importante la contribution de la culture bouddhique au développement de la culture coréenne en général.

Actuellement, les activités de propagation du Dharma par les milieux bouddhistes se déploient dans les cinq secteurs que sont la formation des fidèles, les organisations, l'aide sociale, la culture et l'entraînement spirituel. Dans ces secteurs d'activités, celui de la formation des fidèles centrée sur l'Université de formation bouddhique, Pulgyo kyoyang taehak*, a obtenu de remarquables résultats. Les universités de formation bouddhique sont gérées diversement dans chaque ordre religieux, et se comptent par centaines. Aujourd'hui en 2016, existent 139 organismes de formation professionnelle des fidèles (les universités bouddhiques), au sein de l'organisation pour l'éducation des fidèles de l'ordre de Jogye, d'où sortent chaque année quelques 5000 étudiants ayant achevé leur cursus.

Une association de fidèles* est constituée dans chaque monastère, et des groupes de fidèles de toutes natures contribuent à la propagation du Dharma grâce à la formation du réseau national qui les regroupe. L'Association centrale des fidèles bouddhistes* représente l'ensemble des associations de fidèles de l'ordre de Jogye. Elle regroupe les représentants des fidèles des monastères principaux* des vingt-quatre circonscriptions monastiques* du pays, reflétant ainsi, de manière emblématique, les activités pieuses des bouddhistes. Les groupes de fidèles structurés en organisations sont la Société pour la propagation du Dharma (Pogyosadan)* et la Société internationale des propagateurs du Dharma (International Dharma Instructors)*. Les propagateurs du Dharma en activité, tous issus d'un concours, représentent actuellement quelques 4600 personnes.

Le cœur de l'activité de propagation internationale du Dharma du bouddhisme coréen est centré autour des monastères fondés en divers lieux dans le monde. En plus de la centaine de monastères installés sur le continent nord-américain, la fondation de monastères à l'étranger continue de s'étendre en Europe, en Amérique du Sud et partout dans le monde. À l'échelle internationale, l'enseignement de grands maîtres tels que Sungsan Sŭnim (1927-2004) et Wŏnmyŏng Sŭnim a eu pour résultat un afflux d'entrées en religion de *sŭnim* étrangers. Sungsan Sŭnim a fait prendre refuge* dans le bouddhisme à quelques 200 000 fidèles dans le monde. Plus d'un millier d'entre eux ont « quitté leur famille » et se sont rendus en Corée du Sud pour devenir moines ; aujourd'hui encore, des candidats à la vie monastique tournent leurs pas vers la Corée. Dans l'ordre de Jogye, le nombre des propagateurs du Dharma certifiés envoyés en mission dans différents pays du monde, à commencer par les États-Unis d'Amérique, atteint les trois cents.

Le groupe en charge de la propagation du Dharma chez les adolescents est l'organisation Paramita (« Perfection » ; sans. Pāramitā). Grâce à la mise en place de plus de 501 annexes locales relevant des 41 sections de ses 18 associations, Paramita fait connaître le bouddhisme auprès d'élèves de tous niveaux des collèges et lycées. La direction de ces groupes est assurée par des équipes de plus de sept cent cinquante enseignants. Concernant les étudiants d'université, la propagation du Dharma est animée dans sa totalité par la Fédération bouddhique des Étudiants sud-coréens*, tandis que celle des jeunes et des adultes est prise en charge par l'Association des jeunes du bouddhisme sud-coréen*.

L'intérêt à propos du bouddhisme coréen de la part de personnes venues du monde entier se diffuse par le biais de l'expérience directe. Ceux qui souhaitent faire des expériences au sein des monastères, lieux de préservation de la culture bouddhique coréenne, présentent une forte inclination à participer à un Templestay. Ce type de séjour s'est concrétisé véritablement à l'occasion de la Coupe du monde de football de 2002. Actuellement, ces programmes sont organisés de telle sorte que 123 monastères, à commencer par les monastères des Trois Joyaux* : Hae'insa*, T'ongdosa*, Songgwangsa*, permettent au public de faire l'expérience des « monastères de montagne »*. Bien que chaque monastère présente quelques différences, prendre du repos le temps d'un séjour de deux ou trois jours, dans un lieu en harmonie avec une belle nature en suivant le mode de vie des *sŭnim*, offre l'occasion de quitter provisoirement le monde séculier en bénéficiant d'un espace et d'un temps dédiés au « repos de l'esprit ».

Les bouddhistes font tous les ans mémoire du jour de l'Avènement de Bouddha et organisent la fête des Lanternes dans les monastères et partout dans le pays. Dans chaque région est organisé un comité des célébrations de sorte que monastères, temples et ermitages – indépendamment de l'organisation centrale de l'ordre – mettent en pratique l'idéal d'égalité du principe d' « unité dans la grande compassion* » auquel tous participent. D'autre part, la fête des Lanternes cherche à se transformer en fête locale, non pas réservée aux fidèles se rendant dans les monastères, mais ouverte à l'ensemble de la société locale à laquelle les habitants d'une région participent. Comme événements contribuant à dynamiser les fêtes culturelles monastiques, existent les concerts des monastères de montagne. Consécutivement au succès considérable qu'a connu le monastère de Ch'ŏngnyang* des monts Ch'ŏngnyang* à Ponghwa en organisant les premiers concerts de montagne sur site, qui a conduit à ouvrir provisoirement une ligne de chemin de fer, des concerts ont ensuite été organisés rapidement dans de nombreux autres monastères du pays. Par ailleurs, ce qui suscite le plus vif intérêt des citoyens du monde vis-à-vis du patrimoine de la culture bouddhique est l'art culinaire issu de la diététique monastique*. La diététique monastique a pris place au cœur

du mouvement pour la *slow food* par opposition à la culture du *fast food*, une « malbouffe » qui menace la santé de l'homme moderne. L'attente est grande à l'égard de la diététique monastique en raison de ses vertus sur la santé et sur les pratiques spirituelles.

Les milieux bouddhistes assurent le rôle social du bouddhisme à travers la gestion d'infrastrucres d'aide, fondé sur les idéaux de l'enseignement bouddhique, déployant ainsi activement une activité sociale de propagation du Dharma. Dans tout le pays, sont gérées environ un millier de structures d'aide sociale, dont une des plus représentatives est la Fondation d'aide sociale de l'ordre de Jogye du bouddhisme sud-coréen* agissant dans des domaines variés pour les personnes âgées, les handicapés, les enfants, les adolescents, le pluralisme culturel et les familles monoparentales. De plus, l'ordre demeure très actif en matière d'aide internationale dans les zones du monde victimes de catastrophes naturelles comme Haïti, la

Thaïlande, les Philippines, le Népal, mais aussi en matière de coopération internationale pour le développement : au Laos, en Mongolie, en Indonésie, au Miyanmar, etc.

Depuis 2002, les mouvements citoyens et organisations non gouvernementales centrées sur le bouddhisme connaissent une activité remarquée. Afin de soutenir l'action des mouvements citoyens de tous ordres, les bouddhistes ont créé un programme de collecte de dons subventionnant tous les ans des initiatives sélectionnées dans des domaines tels que les droits de l'Homme, la réunification des deux Corées, l'environnement, la cause des femmes et des travailleurs. En 2007, grâce à l'instauration de la « Loi sur la promotion des activités sociales du bouddhisme* » par l'ordre de Jogye, l'activité citoyenne des bouddhistes a connu un nouvel élan.

Dans le domaine des ONG bouddhiques dédiées à l'aide internationale, existent le Lotusworld, placé sous le patronage du Jeongtohoe (Chŏngt'ohoe, l'organisation « Terre Pure* »), du Good Hands ou Chiguch'on kongsaenghoe* (l'Organisation pour une Collectivité Planétaire) et du Silch'ŏn Pulgyo Sŭnggahoe (l'organisation des Œuvres bouddhiques du Saṃgha)*, ainsi que la Fondation pour l'aide sociale de l'ordre de Jogye. L'ONG Terre Pure, fondée en 1988, a ouvert un chantier (*workcamp*) international en Inde et gère la Sujata Academy, organisation pour la préscolarisation des jeunes enfants, montrant ainsi depuis trente ans son engagement dans l'action humanitaire internationale. L'Organisation pour une Collectivité Planétaire, quant à elle, soutient le forage de puits au Vietnam, au Cambodge et au Laos, tandis que le Lotusworld, instauré au sein des Œuvres bouddhiques du Saṃgha, a développé des activités d'aide comprenant l'ouverture d'écoles maternelles au Cambodge. La Fondation de l'ordre de Jogye pour l'aide sociale a fondé un « Village de Jogye* » au Sri Lanka, et participe aux activités d'aide internationale. Comme organisation d'aide médicale active, existe « Pan'gaptta, yŏnuya* » (« Bienvenus, amis du Lotus ! ») placée sous le patronage de la Centrale des Fidèles bouddhistes, composée de médecins des hôpitaux des universités bouddhiques Dongguk*. Elle offre un service partout en Corée du Sud et fournit des véhicules ainsi que de l'équipement médical grâce au soutien financier de l'association Every Goodday (Nalmada Chohŭn Nal*, « Chaque jour, un bon jour ») de la Centrale des Fidèles bouddhistes.

Les médias bouddhiques sud-coréens sont nombreux et variés : quotidiens de presse, stations de radios, chaînes câblées, etc. Les chaînes bouddhiques BBS (Buddhist Broadcasting System), BTN (Buddhist True Network) et WBS* (Won Buddhism Broadcasting System) de l'école du Wŏn émettent sur la bande FM et sur le câble. Par ailleurs, existent aussi plusieurs médias de presse, quotidiens et périodiques : le *Bulgyo Sinmun*

(Le *Journal du Bouddhisme**), le *Beobpo Sinmun* (Le *Journal du Joyau du Dharma**), le *Hyŏndae Pulgyo Sinmun** (Hyunbul News ; Le *Journal du Bouddhisme d'aujourd'hui*), le *Chugan Pulgyo* (L'*Hebdomadaire du Bouddhisme**), le *Kŭmgang Pulgyo* (Le *Bouddhisme du Vajra**), le *Milgyo Sinmun* (Le *Journal du Bouddhisme ésotérique**), etc. On trouve également plusieurs médias sur la toile, comme le *Bulgyofocus*, géré par le Centre d'Information du Bouddhisme* (Korean Buddhism Information Center).

Dans une société de l'information à haute technologie comme la société sud-coréenne, les nouveaux médias sont utilisés comme des outils importants pour les activités de propagation du Dharma. Ces nouveaux médias, à commencer par Internet, et autres chaînes de télévision IP et satellites, font l'objet d'un réel engouement de la part des utilisateurs. Parmi eux, les sites Web sont le média de la toile les plus répandus. Les sites développés séparément par les monastères et les différents groupes bouddhistes s'avèrent relativement efficaces pour la diffusion de l'information.

La société sud-coréenne est parvenue rapidement au stade de société de l'information à haute technologie. À cela s'ajoute un intérêt croissant pour le développement de l'aide sociale ainsi que pour la culture des choses de l'esprit*. Tout cela accompagne l'intérêt actuel de la société pour la pratique bouddhique. En réponse à une telle évolution de la société, le bouddhisme sud-coréen élabore des méthodes de propagation du Dharma appropriées. Il contribue également à la promotion de la Corée comme terre de culture par la création de programmes variés de pratique spirituelle. Il est nécessaire que l'action des bouddhistes vis-à-vis de la société continue de se développer davantage en restant continuellement attentive à ces changements. Le bouddhisme ne doit pas se contenter de sa position installée dans la société coréenne, mais doit donner son maximum pour jouer son rôle de religion universelle du village planétaire.

En quoi le bouddhisme coréen est-il différent ?

Les caractéristiques du bouddhisme coréen du point de vue de la pensée

Depuis les temps anciens, le bouddhisme coréen a élaboré un système de pensée que l'on ne retrouve dans aucun autre pays. Cette tradition philosophique est appelée « bouddhisme de synthèse* ». L'expression désigne une forme de bouddhisme cherchant, non pas à opposer, mais au contraire à harmoniser des courants dont les positions divergent, en les disposant selon un bel ordonnancement. Il s'agit de prôner l'unité sans rejeter l'autre. Dans cet effort, les multiples ressources de la doctrine sont mobilisées pour parvenir à l'harmonie des points de vue et à un rapport mutuellement fécond. En plaçant les parties du tout dans des relations harmonieuses, le système rend l'unité possible.

Harmonie et équilibre : ici, de manière fluide, se produit l'ordre et non la confusion. Si l'on tend à réaliser l'harmonie en ouvrant à l'autre la porte du cœur tout en respectant les particularités de chacun, il convient, d'un bout à l'autre de la démarche, de mettre en œuvre un esprit d'unité faisant lien dans la pluralité. Il s'agit du même principe que celui à l'œuvre lorsque rayonne la lumière émise par la beauté de perles éblouissantes et toutes différentes traversées par un même fil. Ce « bouddhisme de synthèse » est une fusion réussie des enseignements de la coproduction conditionnée* ainsi que de la Voie du Milieu* sur lesquels

Bouddha avait insisté. La coproduction conditionnée accorde une grande importance aux relations de production, de développement communs et de partage. C'est au sein de ces relations harmonieuses qu'éclot un ensemble magnifique tel un massif de fleurs.

La Voie du Milieu rompt avec les vues extrêmes de l'esprit opposant radicalement le « je » au « tu », le beau au laid, le bien au mal, ceci à cela. Elle brise la barrière séparant le « je » et le « tu ». À cause de ces barrières, les personnes souffrent de cloisonnement et de mise à l'écart. Nous avons fixé des limites entre l'homme et la nature si bien que la nature gémit, devenue objet de conquête humaine. L'enseignement de la coproduction conditionnée et de la Voie du Milieu abolit la frontière entre le « je » et le « tu », au sein de relations harmonieuses ; il favorise un accroissement sans limite dans une attention mutuelle.

Dans le bouddhisme de synthèse, sont manifestes l'harmonie entre la totalité et l'un, l'interpénétration entre le « moi » et le cosmos, la concorde et la coïncidence entre la diversité et l'individualité, notions très présentes dans le *Soutra de l'Ornement de Splendeur**. Le bouddhisme de synthèse signifie sauvegarder jusqu'au bout ces notions sur la base des enseignements importants de Bouddha et du bouddhisme du Grand Véhicule. Pour aller plus loin, il revêt le sens plus vaste d'unification de la diversité, développé d'une façon particulière, propre au bouddhisme coréen. Un tel esprit de synthèse se distingue nettement des traditions japonaise et chinoise marquées par la tendance scolastique des écoles bouddhiques à vénérer un texte canonique et un courant de pensée particuliers.

Si l'en est ainsi, examinons comment s'est formé ce courant unique réalisant l'unification de la diversité, et en quoi réside sa saveur particulière.

Le personnage qui développa le bouddhisme de synthèse en consolidant les fondements du bouddhisme coréen fut le moine Wŏnhyo* (617-686).

Dans la vaste mer du cœur unifié que recèle notre esprit, Wŏnhyo Sŭnim œuvra pour réaliser l'harmonie entre les différents textes canoniques de la doctrine et l'adhésion au bouddhisme. Pour lui, le foisonnement des phénomènes retourne à l'unité et à la concorde dans un esprit unifié.

Sur le sol coréen, un autre maître éminent accomplit un remarquable compendium de cet esprit de synthèse : il s'agit d'un moine de l'école coréenne du Hwaŏm* (chin. Huayan), Ŭisang* (625-702). Ŭisang Sŭnim écrivit : « Dans l'un, se trouvent plusieurs ; plusieurs sont contenus dans l'un. Dans un grain de poussière entre un immense univers, et dans tous les autres grains de poussières demeurent des univers. »

Le bouddhisme Sŏn* entra en Corée à la fin de la période du royaume de Silla. Dans le bouddhisme Sŏn, ce ne sont pas les images du Bouddha ni les textes canoniques qui sont jugés importants, mais le fait de percer immédiatement la vraie nature du cœur humain. Il nous dit d'observer tel quel l'esprit humain dans sa pureté sans tache et dans sa vitalité spontanée. Toutefois, l'introduction du bouddhisme Sŏn en Corée se fit de manière harmonieuse, sans s'opposer aux autres formes de bouddhisme.

Les monastères de l'école du Sŏn représentatifs de la Corée sont les lignées du Sŏn* dites des Neuf Montagnes*. Rendons-nous dans une de ces Neuf Montagnes, au monastère de Silsang*, dans la province du Chŏlla, à Namwŏn. Dans la salle de la divinité principale* du monastère ont été déposées les statues du Bouddha Vairocana* (cor. Pirojanabul) et de l'Ainsi-Venu du Maître des Remèdes* (cor. Yaksa yŏrae). Une telle disposition contraste avec celle des monastères chinois du Chan (cor. Sŏn), dépourvus de salle de divinité principale abritant une statuaire, mais où seule la salle d'enseignement du Dharma*, réservée aux grands prédicateurs, est présente. Dans ces mêmes monastères emblématiques du Sŏn coréen, on trouve également des stoupas* (reliquaires en forme de pagodes) dont toute la base est ornée de la gravure de la foule des Esprits* décrite en particulier dans le *Soutra d'Ornement de splendeur*, et dont les pans de leurs habits célestes ondulent dans l'espace. Ainsi communique le bouddhisme scolastique* de l'école du Hwaŏm avec le bouddhisme du cœur propre au Sŏn.

De ce point de vue, une autre facette du bouddhisme de synthèse se fait jour : celui du bouddhisme coréen centré sur le Sŏn et réalisant l'harmonie avec toutes les autres formes de bouddhisme. Précisément, le bouddhisme coréen, centré sur le Sŏn, a réalisé ordre et harmonie de formes variées du bouddhisme.

La personne, qui apporta une contribution immense à l'établissement de la tradition philosophique et spirituelle du bouddhisme coréen centrée sur le Sŏn, fut le maître de Sŏn* Chinul*, maître du royaume* Pojo* (1158-1210). Il rechercha l'union entre le Sŏn et les doctrines scolastiques* en se centrant sur le Sŏn tout en acceptant ces doctrines. En pratiquant le Sŏn tout en étudiant les doctrines scolastiques, jusqu'alors opposés, il favorisa leur union et leur identité si bien que son style de Sŏn* connut une faveur considérable.

L'esprit de synthèse centré sur le Sŏn, bien que légèrement modifié dans sa forme, est parvenu jusqu'à nous en suivant le long fleuve de l'Histoire. De nos jours, lorsque l'on considère l'ordre de Jogye, ordre bouddhique représentatif du bouddhisme coréen, le Sŏn y tient certes une position centrale et dominante, mais il inclut tout à la fois philosophies, exercices spirituels*, et textes canoniques du bouddhisme.

Le bouddhisme coréen de synthèse constitue donc un ordonnancement clair qui, tout en se centrant sur le bouddhisme Sŏn, a su préserver l'harmonie et l'équilibre de la pensée du Hwaŏm sur la base d'un esprit unifié. Une telle tradition n'est visible nulle part ailleurs dans le monde qu'en Corée ; elle en est la caractéristique évidente et la fierté.

Caractéristiques culturelles du bouddhisme coréen

Il faut aller voir les monastères de montagne en Corée. Sur place y sont nettement visibles les particularités culturelles du bouddhisme coréen. Dans leur disposition, on peut déceler ces formes unifiées alliant le Sŏn – élément central – à la diversité du monde de la pensée du Hwaŏm. Si le Sŏn forme un ordonnancement unifié que lui confère sa saveur unique, dépouillée et dense, le Hwaŏm, quant à lui, tout en insistant sur la diversité, accorde une grande importance à l'harmonie.

En Corée, même dans les monastères des écoles du Sŏn où l'on accorde une importance particulière aux exercices spirituels requérant les propres forces du méditant*, on trouve le pavillon dédié à Amitābha* qui invite à l'adhésion dans le fait de « s'en remettre à la puissance du vœu de ce Bouddha* ». Où se situent les centres de méditations* dans lesquels les retraitants pratiquent le Sŏn sous la conduite de maîtres, on trouve également, bien sûr, une salle de prière pour l'invocation des Bouddhas*, ainsi que des salles d'étude* pour commenter les textes canoniques et l'enseignement du Bouddha. Le dispositif n'est toutefois pas encore complet, car à cela s'ajoute l'installation de centres de Vinaya* où sont enseignées et étudiées les règles de la discipline monastique*.

Dans le bouddhisme coréen, on appelle *ch'ongnim** (chin. *conglin*), grand centre monastique*, les sites pourvus de centres pour la méditation, l'étude, la discipline monastique et la prière d'invocation*. En Chine, le même terme désignait autrefois les lieux où les pratiquants du Chan étaient nombreux comme les arbres d'une forêt luxuriante (chin. *lin*). Cependant, dans le bouddhisme coréen, le *ch'ongnim* ne se limite pas au seul centre de méditation, mais comporte également plusieurs établissements pour l'étude et la pratique, si bien que tout en étant diversifié, il forme un ensemble harmonieux.

Il suffit d'observer l'organisation actuelle des monastères de Corée pour constater que ceux-ci présentent des aspects composites du bouddhisme où toutes les formes de dévotions et de pratiques sont représentées : Hwaŏm (Avataṃsaka*), Pŏphwa (Lotus du Dharma), Kwan'ŭm (Avalokiteśvara), Terre Pure* (Chŏngt'o*), Chijang* (Kṣitigharba*), Sŏn et autres. Ils constituent donc, à leur façon, un ensemble où diversité se conjugue avec harmonie.

La configuration des monastères de Corée manifeste aussi harmonie et équilibre dans leur relation avec la nature. La plupart des monastères coréens traditionnels* se situent dans des lieux traversés par des ruisseaux à l'abri des montagnes. Nichés dans la nature, ils en forment le prolongement – tels les branches d'un grand arbre – aux espaces aménagés par la main humaine. Dans ces lieux, l'eau s'écoule et les fleurs éclosent. Le visiteur y est aussi saisi par le son profond de la cloche de bronze du monastère de montagne, passant après l'avoir entièrement enveloppé de sa vibration.

Les avant-toits des bâtiments des monastères s'inclinent avec douceur en s'accordant avec les pentes des montagnes environnantes. Les courbes des toits y rencontrent celles des reliefs et se confondent avec elles. Jardins et étangs aux lotus du monastère forment un bel ensemble avec la nature, où celle-ci apparaît sous un nouveau jour, agrémentée par l'action de l'homme. Dans les étangs aux lotus, l'eau s'écoule, acheminée dans de longues cannes de bambou. Les poissons y nagent en toute liberté, et de magnifiques fleurs s'y épanouissent. Une ou deux montagnes, arbres et rochers des alentours s'y reflètent et dansent au gré de l'onde tranquille.

En Corée, la vue des monastères, de la statuaire et des stoupas n'en n'impose ni à la nature ni aux hommes. En Corée, on ne trouve pas de

Triade de Bouddhas en bas-reliefs sur paroi rocheuse à Sŏsan

statues ou de stoupas immenses et imposants semblant dominer ou rivaliser avec la nature. Les statues bouddhiques coréennes ne sont pas du tout tapageuses. Aussi grandes soient-elles, statues et stoupas de Corée ne font que se nicher avec simplicité au creux des montagnes. Elles ne s'y dérobent, ni les dominent en se dressant fièrement, ni ne penchent. Aussi modestes qu'elles soient par la taille, elles sont dignes et majestueuses. Elles ont une personnalité qui les fait se distinguer des autres. Dépourvues du moindre luxe, elles présentent un aspect mesuré et sans fioriture. Elles dégagent une beauté par leur simplicité.

L'expression des statues bouddhiques coréennes ressemble immanquablement aux traits des habitants des régions qui les ont réalisées. Le Bouddha de la grotte de l'ermitage de Sŏkkul* (Sŏkkuram*) évoque l'allure raffinée des hommes du Silla, et nous montre ce vers quoi ceux-ci tendaient comme idéal esthétique. La Triade de Bouddhas* gravée en bas-relief sur une paroi rocheuse* à Sŏsan reproduit avec sensibilité le sourire et l'aspect francs et sans fioriture des habitants du Paekche*. Tout en étant paisible, leur expression est affectueuse et débordante de compassion. Totalement dépourvue d'autorité, elle n'en dégage pas moins de la grandeur.

Quand on examine les statues bouddhiques de Corée, il est rare d'y déceler des formes insolites. Ceci s'explique par l'influence d'une esthétique qui privilégie la simplicité et la pureté de la ligne. Le contraste des contours et la beauté des vides font ressortir la vivacité et la précision des formes et des couleurs. Là, semblable au ruisseau et au ciel bleu, est la beauté nette, la beauté pure. Là, assurément, est contenu l'esprit sobre et intègre des Coréens.

La tradition de la pratique du bouddhisme coréen

La Corée retient l'attention en tant que pays où la tradition de la pratique du *kanhwasŏn* est restée vivante et active. Le Japon a également conservé le *kanhwasŏn*, mais celui-ci n'y est pas le courant dominant. De plus, on peut affirmer que le *kanhwasŏn* japonais est une forme particulière du Zen, qui a dérivé en s'écartant de la tradition.

Il existe plusieurs courants dans le Sŏn. Le *kanhwasŏn* en fait partie et en contient l'essence, si bien qu'en Corée, quand on parle du Sŏn, c'est le *kanhwasŏn* qui vient spontanément à l'esprit. *Kanhwasŏn* signifie examiner profondément dans son esprit le *hwadu*, le questionnement fondamental sur la réalité mentale. En procédant de la sorte, le questionnement s'installe complètement dans l'esprit, empêchant l'activité de la pensée discriminante. Les jugements duels sur le vrai et le faux, le bien et le mal, le beau et le laid disparaissent, et la réalité est alors reçue telle qu'elle est. Ainsi, l'Éveil est le fait de réaliser complètement la réalité.

Pour goûter à l'Éveil, les moines pratiquant le Sŏn font des retraites de méditation* (litt. « séjournent à l'abri »). Faire une retraite est appelé *kyŏlche**, qui signifie « adopter le règlement* » du séjour dans le calme. À l'inverse, achever une retraite se dit *haeje** : « se libérer des règles ». Ainsi, « entrer dans le règlement » est compris comme « commencer une retraite ». Aujourd'hui, dans l'ordre bouddhique de Jogye, le plus représentatif du bouddhisme coréen, plus de deux mille deux cents *sŭnim* font chaque année des retraites dans une centaine de centres de Sŏn, pendant lesquelles chacun se concentre sur le questionnement fondamental du *hwadu* en pratiquant* la méditation assise*.

Faire une retraite dans un centre de Sŏn implique que les retraitants

pratiquent la méditation et le dialogue avec le maître : le *ch'amsŏn**, en s'abstenant de toute sortie à l'extérieur du monastère. Ce « séjour à l'abri » vient du mot sanscrit *varṣa* qui signifie « saison des pluies ». Le système des retraites commença du temps de Bouddha. En Inde, à cause des fortes pluies qui s'abattent pendant la saison humide, les pratiquants peuvent se blesser en cas de vents violents, ou bien, sans le vouloir, tuer ou blesser des insectes en déambulant dans les forêts ou les plaines. Aussi, Bouddha leur donna cet ordre : « Faites retraite pendant les quatre mois d'été. » C'est ainsi que débuta l'institution de la retraite d'été*. Quand vient le temps de la retraite, les méditants se consacrent uniquement aux exercices sans sortir du monastère.

Ces retraites qui, à l'origine, n'avaient lieu que l'été, furent également instaurées en hiver lorsque l'institution fut introduite en Chine, pays aux quatre saisons bien distinctes, et qui furent appelées « retraites d'hiver* ».

La retraite d'été se déroule pendant trois mois à partir du quinzième jour du quatrième mois du calendrier luni-solaire jusqu'au quinzième jour du septième mois, jour de la fête des Mânes ; la retraite d'hiver, quant à elle, commence le quinzième jour du dixième mois jusqu'au quinzième jour du premier mois de l'année suivante, toujours selon le calendrier luni-solaire.

Toutefois, il existe en Corée des « retraites libres* » où se rassemblent des groupes de fidèles pour la pratique du *ch'amsŏn* dans les centres de méditation, même après la fin des retraites saisonnières. De plus, dans certains centres, sont organisées des retraites de méditation de manière continuelle, sans procédure d'entrée ni de sortie, pour des groupes de méditants constitués autour de périodes de six mois, d'un an ou de trois ans, voire de six ans. Pendant ces périodes à durée fixe de six mois, un, trois ou six ans, on médite sans qu'aucune sortie du monastère ne soit autorisée. Les retraites dites de Mumun'gwan* (litt. « passe sans porte ») sont encore plus exigeantes puisqu'elles se déroulent dans des cellules individuelles, porte fermée, sans sortie, où l'on s'exerce seul au Sŏn par le *hwadu* et l'entretien spirituel. À leur sujet, on parle de « retraites porte fermée* », dont la porte est pourvue d'une petite ouverture permettant de passer seulement de la nourriture.

Quand la retraite débute, les méditants présents dans le centre se lèvent à trois heures du matin, puis entrent en méditation en se concentrant sur leur *hwadu* après avoir simplement, au signal du *chukpi**, la canne de bambou, effectué trois prosternations* d'hommage. En dehors des heures fixées pour prendre ses repas, le *kongyang**, ou pour avoir quelque activité physique, *ullyŏk**, ou encore pour marcher aux alentours du monastère, ou pour « la marche lente* », pendant le temps de pratique, on ne se consacre à rien d'autre qu'à la concentration sur le *hwadu*, en méditant assis jusqu'à 9 heures, 10 heures ou bien 11 heures du soir selon les règles en vigueur dans chaque centre de méditation.

Quand la retraite prend fin, les moines méditants* quittent leur lieu de pratique et prennent la route en se rendant dans les villages et dans la nature. En prenant ainsi la route, ils contemplent leur intériorité. En route, pratiquer les actions de Bodhisattva s'appelle « les dix mille actes », *manhaeng**. Les moines méditants qui pratiquent ainsi les « dix mille actes » ne se fixent dans aucun lieu particulier, mais cheminent à pied, librement, comme les nuages ou les fleuves, c'est pourquoi on les nomme *unsusŭng**, « moines libres comme nuages et eaux ».

Partir pour le *manhaeng* se justifie dans la mesure où le méditant concrétise, là où il se trouve, le niveau spirituel obtenu grâce à la pratique du *hwadu* pendant la période de retraite. Il permet aussi de se rendre auprès des « bien connaissants* au regard limpide », c'est-à-dire de maîtres expérimentés, pour être éprouvés sur leur état d'éveil ou le niveau de leur

pratique. Le *manhaeng* est encore une autre façon de chercher la Voie en continuant imperturbablement à pratiquer le *hwadu*, à la frontière de plusieurs vies. Sur le chemin des « dix mille actes », les moines méditants rencontrent la nature et les hommes, et dialoguent avec eux en partageant leur expérience. Les « dix mille actes » se réalisent sur deux pieds, dans une marche persévérante, si bien que l'on parle de *haenggak** (« avancer les pieds »), une pérégrination libre à la recherche de la Voie, comme s'écoulent nuages et eaux. En marchant ainsi, les moines méditants font le vide en eux. Ils apaisent leur esprit en ne s'attachant ni en ne restant dans aucun lieu.

Aujourd'hui, le système des retraites saisonnières ne s'applique pas uniquement aux pratiquants religieux ayant adopté l'état monastique en « quittant leur famille », mais il est largement répandu auprès des fidèles séculiers « restés dans leur famille* ». Bien que le quotidien de ces derniers ne leur permette pas d'être aussi disponibles que les *sŭnim* en faisant les exercices pendant longtemps dans un même lieu, cela ne les empêche pas, pendant la retraite, de se concentrer sur le *hwadu*, matin et soir, ou bien, pendant un temps déterminé de la journée, de réciter des soutras*, de faire des prosternations*, prières d'invocation et incantations*.

Tradition et méthode représentative de la pratique du bouddhisme coréen

Pourquoi pratiquer ?

Aujourd'hui, la méditation est en vogue dans la culture spirituelle de la planète. En se plongeant dans la méditation, on recherche tranquillité du corps et du cœur. En bouddhisme, ce type de méditation est appelé *suhaeng**. Dans le bouddhisme, par le biais de la pratique, du *suhaeng*, on recherche – bien sûr – la paix du cœur, mais aussi le bonheur extrême et la joie tranquille.

Nos contemporains sont très affairés et fréquemment pris dans des situations inextricables. Ils sont évidemment accaparés par le travail, et leur esprit est troublé par soucis et tourments. Quand il faut se reposer, ils ne prennent pas correctement de repos, leur esprit est retenu par quelque chose, et ils ne parviennent pas à une véritable paix du cœur. Même quand ils marchent ou font une quelconque activité, de multiples pensées embrouillées surviennent et se succèdent en boucle, si bien qu'ils rendent leur entourage mal à l'aise. Les pensées surgissent à chaque instant et les tourmentent. L'esprit a quitté sa maison et va deci-delà en errance. Incapable de trouver la stabilité, il accumule la confusion. Au bout du compte, ces pensées génèrent un stress qui rend l'esprit malade et dont l'état se répercute sur la santé physique. Aussi, il convient de faire redescendre des pensées telles que tourments, soucis, envies, colère. Et il est facile de le faire.

Nous pratiquons pour trouver le repos. Un pratiquant est quelqu'un qui a l'esprit reposé. L'esprit étant en repos, même s'il rencontre des situations agréables ou désagréables, il ne s'agite ni ne s'échauffe. Revenu à sa place, il respire au frais. Les personnes dans cet état arborent un visage serein. Elles ont le visage enveloppé d'un sourire qui ne les quitte pas. Elles ont rompu avec la colère. Un esprit libéré de pensées pesantes se meut paisiblement et librement, à son aise.

Décharger le poids des pensées, c'est se décharger des attachements*. À la racine des attachements survient en permanence la conscience du « moi ». La conscience de soi* appelée le « moi », tapie résolument à l'intérieur, rend difficile le dépôt du fardeau des pensées. Si je fais le vide en moi, alors je peux me libérer et je respire de nouveau. Si je fais le vide en moi, je suis « sans moi* ». Si mon moi est vide, non seulement je jouis d'une paix et d'une liberté sans limites, mais je déploie de manière naturelle un esprit d'amour à l'égard de ceux qui m'entourent. Alors, germe spontanément l'amour pour autrui, ne faisant aucune discrimination.

Lâcher le « moi » n'est pas facile. Toutefois, si nous vivons sans le lâcher, notre vie ne connaîtra ni le bonheur ni la paix. Il nous faut déposer la colère, la haine, la tristesse et un esprit impatient. Sinon, l'âme est blessée. Alors, lâchons prise. Nous pratiquons pour vider le « moi ».

Dans le bouddhisme coréen, les pratiques utilisées jusqu'à nos jours à cette fin sont le *kanhwasŏn*, les prières d'invocation des Bouddhas, la lecture des textes canoniques* et les récitations d'incantations. Ces quatre types de pratiques sont appelés les quatre grandes méthodes traditionnelles du bouddhisme coréen. De plus, actuellement, la pratique des prosternations est aussi largement répandue. Par leur emploi respectif, les Coréens expérimentent le « non-moi* » et déchargent leur esprit du fardeau. Et, ultimement, ils acquièrent la sagesse et trouvent leur véritable soi.

Le *kanhwasŏn*

La Corée du Sud est un pays remarquable pour avoir su préserver la pratique traditionnelle du *kanhwasŏn*. Les grands moines Kusan Sŭnim (1909-1983) et Sungsan Sŭnim ont commencé à présenter le *kanhwasŏn* coréen à l'international, si bien qu'aujourd'hui leurs disciples en perpétuent la pratique et expliquent leur intériorité à de nombreuses personnes dans plusieurs pays du monde. En outre, désireux de faire l'expérience du *kanhwasŏn* coréen, des étrangers se rendent toujours aujourd'hui dans les centres de méditation de Corée du Sud où il est pratiqué.

Kanhwasŏn et *hwadu*

Qu'est-ce que le *kanhwasŏn* ? Le *kanhwasŏn* peut aussi être appelé *hwadusŏn** (pratique du Sŏn avec *hwadu*). Dans la pratique du *kanhwasŏn*, en effet, le *hwadu* s'installe au cœur de l'esprit, et l'on s'attache à rester éveillé en l'examinant avec la plus grande netteté. Si je suis éveillé au *hwadu*, je ne fais plus qu'un avec lui, et la distinction entre lui et moi disparaît. Je me tiens alors dans l'immense océan de la vérité. Pourquoi ?

Pour comprendre ce mystère, il faut savoir ce qu'est exactement le *hwadu*. Le *hwadu* est une sorte d'énigme insoluble. Il signifie rien de moins que le doute fondamental au sujet de l'existence de l'homme et du monde. Un tel doute correspond aux questionnements les plus profonds. Il n'est pas de l'ordre du soupçon que quiconque peut avoir. C'est le doute fondamental au sujet des questions les plus fondamentales.

Avant de s'interroger sur l'être humain en général, l'individu est d'abord un sujet de questionnement pour lui-même. « Qui es-tu, toi ? Pourquoi vis-tu ? Pourquoi te faut-il mourir ? Pourquoi ? Pourquoi ? » : il ne cesse de se poser des questions. Son existence est remplie d'interrogations. Il ne parvient décidément pas à comprendre, et tout lui semble mystérieux.

D'où viens-je et où vais-je ? Qui suis-je ? Y a-t-il une fin à l'univers ? Tout le monde s'est posé un jour ce genre de questions. Cependant, il est impossible d'apporter une réponse rationnelle et définitive à ce type de questionnement. Au contraire, plus on cherche à y répondre et moins on comprend. Il n'est pas possible de trouver de réponses. Plus on cherche de réponses, et plus le doute, seul, se fait plus pressant. Ceci est précisément le doute fondamental. Pour mieux en saisir la profondeur, comparons-le avec le doute méthodique de Descartes (1596-1650).

Considérant tous les phénomènes se produisant devant lui, à moins qu'il ne s'agisse des rêves, Descartes affirma qu'il n'était pas possible que son moi qui doutait, puisse douter. Le résultat aboutit à l'expression célèbre : « je pense donc je suis ("cogito ergo sum") ». Pour lui, il était clair que l'on ne pouvait douter de l'existence du moi doutant de lui-même. La découverte de la raison et de ce moi, sujet et acteur de la pensée, constitua une formidable prouesse faisant s'écrouler les barrières d'un Moyen-Âge théocentrique.

Cependant, un semblable doute est produit par le « moi », sujet, pratiquant le doute relatif à « cette chose » – un certain objet – qu'il subjectivise. Dans ces conditions, le doute ne peut se départir du préjugé de la subjectivité du moi, il ne peut que rester attaché au cadre de mes pensées.

Ce type de doute diffère fondamentalement du doute radical qui, à la base de toute chose, met en question le « moi » ainsi que toutes choses de l'univers. Ce doute fondamental sur moi et sur l'univers en tant que tels, sur les choses en tant que telles, est un doute immense.

Le *hwadu* signifie précisément ce doute fondamental, immense. À une telle interrogation, aucune philosophie, aucun système de pensée – aussi excellents soient-ils – ne répond. Cependant, qui que nous soyons, tous portons en nous un tel doute ; c'est même le doute vis-à-vis duquel nous concevons la plus grande attente. Aussi, en nous interrogeant sur le « qu'est-ce que ceci ? », nous nous sentons oppressés, à l'étroit (dans notre for

intérieur), et ne pouvons que douter.

Le *hwadu* est cela. Du fait du doute immense, le *hwadu* pénètre l'esprit qui s'y attache comme aimanté. Corps et esprit sont attirés par le *hwadu*, et s'y concentrent de telle sorte qu'ils entravent l'action de toute autre pensée. Le doute, que le *hwadu* suscite, s'enracine profondément et reste seul en faisant disparaître toute trace de pensée. La conscience de l'ego n'y peut alors plus prendre place. Le « je » en lui-même est alors objet de doute et devient le *hwadu*. Le doute devient l'état de *samādhi** (unification par concentration profonde) et entre en *samādhi*. C'est un état d'immersion totale du *hwadu* dans le *samādhi*. Le doute en *samādhi* signifie la sortie du doute du cadre des pensées du moi. L'ego meurt complètement, et ne reste en vie et en action que le doute. Seul le *hwadu* reste opérant.

Par la pensée et la parole, il n'est pas possible de saisir la vérité ultime. Parole et pensée ne décrivent qu'un seul aspect, partiel, mais non pas les choses en elles-mêmes. Car nos pensées et nos paroles sont entachées de couleur. Ainsi, les pensées sont les verres colorés des lunettes que nous portons, les paroles que nous échangeons.

Dès l'instant où nous nous immergeons dans le *hwadu*, disparaît toute trace de ces pensées et paroles en raison de l'élimination de l'ego : nous entrons alors dans la position originelle du « moi » qui respire à la base de la pensée. Cette position est celle de l'absence de pensée*, de l'absence d'ego ; une position d'avant la séparation du « je » et du « tu ».

Si l'on ne fait qu'un avec le *hwadu*, tous les sentiments et les pensées qui pullulent sont mis en sommeil. Le va-et-vient des sentiments de l'agréable ou du désagréable, du fait d'aimer ou de détester, d'être joyeux ou triste, ne m'ébranle plus. Le tumulte, l'éruption des sentiments, les dilemmes, qui me viennent à chaque instant, peuvent être endormis par le *hwadu*. Si je fais un avec le *hwadu*, je puis être assis en toute sérénité, immobile comme une montagne.

Quand je m'immerge dans le *hwadu*, corps et esprit sont entièrement fixés dans l'unique chose qu'est le *hwadu*, l'esprit se calme, et les ratiocinations* ne surviennent pas. L'esprit trouve le repos, apaisé, libre. Finalement, quand le doute fondamental est dénoué, le *hwadu* est brisé. Quand le *hwadu* est détruit, ce dont j'étais recouvert : la conscience de soi, les préjugés, l'esprit discriminant et le sentiment de barrière entre le « je » et le « tu » tombent entièrement. Je rentre alors totalement dans l'esprit vaste comme le vide, la mer et l'univers. Tel est l'Éveil.

La méthode du *chwasŏn*

Le *chwasŏn** (« Sŏn assis ») est le fait d'entrer dans le Sŏn en position assise. Ce que l'on appelle le Sŏn est le fait d'être paisiblement éveillé en reposant son esprit et en contemplant son for intérieur sans être perturbé, même dans un environnement bruyant.

Par le biais d'une telle pratique du Sŏn, on trouve son vrai moi et, devenant l'acteur principal de notre existence, il vit en nous.

Dans le bouddhisme, on appelle la posture du *chwasŏn* la position assise les jambes croisées ou position du lotus*. On commence par préparer le coussin sur lequel s'asseoir. On pose la jambe gauche sur la cuisse droite et, en même temps, la jambe droite sur la cuisse gauche, les jambes formant un « x ». Ensuite, on fait en sorte que les genoux, alignés, touchent le sol. Pour cela, on replie l'arrière du coussin pour soutenir le fessier.

Les personnes auxquelles la position du lotus ne convient pas s'assoient en demi-lotus*. La méthode consiste à placer la jambe gauche sur la cuisse droite et inversement de l'autre côté, la jambe droite sur la cuisse gauche. Toutefois, la position du lotus ou du demi-lotus n'est pas commode pour ceux qui ont l'habitude de s'asseoir sur une chaise. Néanmoins, si l'on s'y exerce régulièrement, on finit par prendre la position. Pour ceux à qui la position est malgré tout trop difficile, il est possible de pratiquer assis sur une chaise ou bien sur des coussins spécialement conçus pour cela.

Quand, une fois assis, la position des pieds est prise, on pose doucement les mains l'une sur l'autre à un niveau situé sous le nombril ; les mains ouvertes sans raideur formant un ovale dans lequel pourrait entrer un petit ballon de rugby. Si la jambe droite est placée sous la jambe gauche, on pose les mains l'une sur l'autre selon l'ordre des jambes : la main droite sous la gauche. Ensuite, on fait se toucher le bout des pouces. Ainsi, les mains posées l'une sur l'autre forment un ovale comme un ballon de rugby. Il est possible d'adopter une autre position des mains : posées naturellement sur les genoux.

Quand pieds et mains sont en position, on balance lentement le corps d'avant en arrière et de gauche à droite, à plusieurs reprises, de sorte à bien se poser sur le centre de gravité du corps ; après quoi l'on dresse bien droit le bas du dos dans une pose confortable. Les hanches doivent être bien droites avec l'impression d'avoir la tête comme tenue verticalement par un fil. Les yeux, mi-clos, fixent un point situé à une distance d'un ou deux mètres devant soi. L'aspect des yeux est le même que celui du Bouddha placé dans la salle du Dharma. Si des larmes viennent, on ferme un instant les yeux avant de les rouvrir.

Ensuite, toutes les tensions se relâchent – les tensions corporelles, bien sûr – mais aussi les tensions mentales. Comme si mon corps était de neige, j'ai l'impression de fondre entièrement dans le vide, de la tête aux pieds, et de disparaître, en faisant le vide dans mon corps et mon esprit. À méditer en position assise, les muscles des épaules se contractent en raison d'une tension permanente. Il convient par conséquent d'examiner régulièrement la force accumulée dans les épaules et de l'éliminer doucement. En cas

de tension dans d'autres parties du corps, il faut les supprimer de la même manière. On fait descendre tourments et soucis dans le « champ de cinabre* », la partie de l'abdomen située sous le nombril.

Si, malgré tout, des pensées de toutes sortes vont et viennent, on respire doucement. On commence par inspirer, puis l'on expire lentement par le nez, étroitement. Ayant fait ainsi, quand le mouvement de respiration est terminé, on compte « un » dans sa tête. On recommence de la même manière une deuxième fois et ainsi jusqu'à dix. Ensuite, on reprend le compte de la respiration à partir de « un ». En comptant sa respiration, on en ressent le flux dans tout le corps. De la sorte, le souffle de bienfaisante chaleur est ressenti à l'intérieur, et l'esprit se calme. Ainsi, ratiocinations et colère sont évacuées à l'extérieur. Un léger sourire apparaît au bord des lèvres.

Quand l'esprit est apaisé jusqu'à un certain point, on fait venir le *hwadu*. Une fois le *hwadu* revenu à l'esprit, on s'immerge lentement à l'intérieur. Au début, en position assise, on entre dans le *hwadu* une dizaine de minutes. Si cela s'améliore, on en augmente progressivement la durée : vingt minutes, puis trente, puis cinquante.

Le *hwadu* consiste à immerger son esprit à partir d'une question choisie telle que « qui suis-je ? », ou bien « quel est celui qui traîne mon corps ? », « quelle est cette chose qui n'est ni mon corps ni mon esprit ? ». On lance la question « qu'est-ce que ceci ? » et on entre dans le questionnement fondamental qu'elle suscite.

La durée de base d'une séance de méditation assise est de cinquante minutes. En général, dans les centres de Sŏn, on pratique le *chwasŏn* pendant cinquante minutes, puis l'on fait dix minutes de marche lente pour se détendre les jambes. Puis, on recommence. On pratique continuellement de cette façon, selon le même rythme.

Au tout début, on ne s'immerge pas bien dans le *hwadu*. Au lieu de *hwadu*, les pensées vaines* ne cessent de surgir et l'on peut être gagné par le sommeil. À ce moment-là, on se ressaisit en se disant que surviennent les vaines pensées. Le fait de s'en rendre compte les fait disparaître. Puis, l'on se replonge dans le *hwadu*. Quand on commence à s'endormir, on ne cherche pas à résister, mais on se laisse dormir furtivement. En procédant de cette façon, on entre naturellement dans le *hwadu*. Il n'y a pas de voie royale. Il faut rester assis et pratiquer au moyen du *hwadu*. De la sorte, les choses se mettent en place.

Prières d'invocations aux Bouddhas et incantations

Selon ce qu'il pense, l'être humain change de comportement ; comportement qui, à son tour, change sa personnalité et transforme son visage. Si l'on conserve à l'esprit l'apparence de Bouddha débordant de compassion*, ainsi que Son esprit sans limites comme le vide, et la lumière de Sa vie infinie, nous aussi deviendrons comme cela. Nous aussi serons comme Bouddha.

Ainsi, l'invocation de Bouddha est une pratique qui, par le fait que nous pensons à Bouddha, nous fait transformer notre esprit comme le Sien, et nous conduit finalement à l'Éveil. Par le biais de ce type de pratique, les Coréens connaissaient la paix du cœur et vivaient une vie de bien-être, si bien qu'après leur mort, ils renaissaient dans la Terre Pure et accompagnaient l'écoulement de la vie. De plus, en dernier lieu, ils cherchaient à atteindre l'Éveil.

Quand on pratique la prière d'invocation, on doit penser intensément à Bouddha et Lui confier entièrement toutes nos choses en les déposant devant Lui. S'appuyant sur une adhésion ferme en la Grande compassion* de Bouddha envers les hommes, il faut, jusqu'au bout, faire le vide en soi. Si nous pensons intensément à Bouddha en ayant éradiqué l'attachement à l'ego* dont nous étions remplis, alors nous nous remplissons de l'apparence, de l'esprit et des actes de Bouddha. Le sourire nous reste au visage. Par conséquent, pour la pratique de l'invocation est requis un esprit infiniment abaissé, un esprit humble qui ne se met pas en avant.

Celui qui pratique l'invocation doit ressentir avec intensité ce que représente le retour sur soi à propos d'une vie faite de regrets et d'inquiétudes en raison de l'alternance des bons et mauvais actes de sa conduite, ainsi qu'en raison de la limite absolue que constitue l'usage de la raison humaine. Alors, vient naturellement à l'esprit la résolution d'abandonner toutes mes choses et de m'en remettre uniquement à Bouddha pour la conduite de ma vie. Je dois faire complètement le vide en moi en ressentant profondément le degré insurpassable de mon esprit calculateur et de mes désirs. Ensuite, à travers l'invocation, je remplis de l'esprit de Bouddha l'espace vide ainsi réalisé.

Dans cet esprit vidé et net, dans ce cœur de Bouddha, s'installent alors l'esprit de liberté absolue que rien ne retient, et la paix. Dès l'instant où je l'invoque, je suis déjà l'esprit de Bouddha, la vie de Bouddha. Entrant dans la position de vie de Bouddha dès l'instant où il l'invoque, si le pratiquant fait preuve de dévouement et de modestie dans les activités qui lui sont confiées, alors il sera en mesure de vivre au jour le jour avec un esprit apaisé.

Généralement, quand on invoque Bouddha, on utilise l'expression : « Na-mu-A-mi-t'a-bul* », « l'invocation de Bouddha aux six sinogrammes* ». Certes, en dehors du Bouddha Amitābha, l'invocation peut concerner

de nombreux autres Bouddhas et Bodhisattvas. En d'autres termes, si l'on appelle le Bodhisattva Kwanse'ŭm (Avalokiteśvara), il s'agit de l'invocation de Kwanse'ŭm ; si l'on appelle le Bouddha Śākyamuni, il s'agit de l'invocation du Bouddha Śākyamuni. Toutefois, parce que le Bouddha Amitābha est une lumière incommensurable, le seigneur de la vie, il est l'objet par excellence de cette pratique ; aussi fait-on ordinairement l'invocation au Bouddha Amitābha quand il s'agit d'invocation aux Bouddhas.

Concrètement, la méthode consiste à prononcer distinctement les six syllabes des sinogrammes « NA-MU-A-MI-T'A-BUL » et à les graver dans son esprit. Parfois, l'apparence pleine de compassion du Bouddha est alors présente à l'esprit. Quand on prononce la formule « Namu Amit'abul », « Namu* » signifie « prendre refuge ». Abandonnant tout, j'offre tout mon corps et mon esprit au Bouddha Amitābha en qui j'adhère et me confie.

Quand je pratique la prière d'invocation, il convient que mon esprit et mon corps soient remplis de la pensée du Bouddha Amitābha. Aucune autre pensée ne doit s'insinuer. Il faut penser à Bouddha avec un esprit ardent, comme un enfant qui cherche désespérément sa mère ; et suivre cette pensée de manière ininterrompue. Quand la pensée de Bouddha reste continue et sans mélange, on entre alors dans le *samādhi* d'invocation, où la pensée est unifiée. Il n'y a plus que le son de l'invocation où la pensée est concentrée sur Bouddha, et plus aucune autre pensée ne se manifeste. Alors mon esprit rencontre celui de Bouddha. Ils ne font qu'un.

La pratique des incantations, quant à elle, consiste à réciter par cœur des mantras recélant une force mystérieuse. « Mantra » signifie des paroles véridiques porteuses de l'énergie mystérieuse de l'univers et de Bouddha. Aussi appelle-t-on les mantras des *chin'ŏn**, « paroles véritables ».

Ces paroles manifestent la pensée de Bouddha, elles concentrent une quantité phénoménale de paroles contenues dans les textes canoniques de l'enseignement de Bouddha. Par conséquent, elles révèlent notre bouddhéité*, elles nous éveillent à la vie intérieure. Que ces paroles soient constituées d'une seule syllabe, de plusieurs, ou même de plusieurs phrases, dans la mesure où elles contiennent la totalité de l'esprit et de l'enseignement de Bouddha, elles dépassent le champ de la pensée et de la signification : ce sont plus que des paroles. Autrement dit, ce sont des paroles dont on ne peut épuiser la signification.

La méthode de récitation des mantras est similaire à celle de l'invocation, mais, à la différence de l'invocation où l'on pense à la signification des paroles prononcées, dans le cas de l'incantation, on ne pense pas au sens : on se concentre sur le son lui-même et son retentissement. Quand on récite des mantras, on supprime les tensions dans tout le corps.

Les incantations par excellence, faciles à reproduire, sont le « *chin'ŏn* aux Six lettres » et le « *chin'ŏn* de la Gloire ». Le « *chin'ŏn* aux Six lettres » consiste à réciter les six syllabes : « Oṃ mani padma hūṃ ». La syllabe « oṃ » contient le sens de « début, préservation et fin de toute chose ». L'ensemble des processus de naissance – maintien – accomplissement tiennent dans un mot. C'est pourquoi cette seule syllabe est récitée. Le sens complet de ce mantra est : « Ô, Joyau dans la Fleur de lotus ». Toutefois, il ne faut pas penser au sens, mais se concentrer sur le son lui-même. Réciter ce mantra a pour but de susciter la pensée subtile du Bodhisattva Kwase'ŭm en éveillant l'esprit de compassion, et de trouver ainsi la paix du cœur.

Le « *chin'ŏn* de la Gloire » est « Oṃ amogha vairocana mahā mudrā maṇipadma jvāla pravarttaya hūṃ ». Il exprime le souhait de faire briller partout la lumière glorieuse du Bouddha Vairocana. Réciter le « *chin'ŏn* de la Gloire » en restant dans cette pensée permet d'anéantir le mauvais karma*, aussi considérable soit-il, et sans qu'il n'en reste rien, par la lumière éclatante émanant du Bouddha Vairocana. Réciter le Mantra de la Gloire dans l'état où corps et esprit se trouvent illuminés par la gloire de Vairocana, éblouissante comme le soleil, et où ils ne font qu'un avec elle, est efficace. Alors disparaît l'ombre de l'ego.

La pratique de la lecture des soutras

Se rendre dans les grands monastères de Corée permet d'entendre les voix claires des *sŭnim* lisant des soutras. Au petit matin, aux abords des centres d'études où travaillent les *sŭnim* en formation, on peut entendre plus nettement leur voix pénétrante. C'est qu'en lisant les textes canoniques, les *sŭnim* gravent en leur esprit les paroles de Bouddha et maîtrisent leur cœur. Les fidèles séculiers eux aussi lisent les soutras et, par ce moyen, observent leur cœur. Cela se réalise de la même façon que les chrétiens lisant un passage de la Bible en y pensant intensément et en le méditant par une prière silencieuse.

Dans le bouddhisme, la pratique consistant à lire les textes canoniques s'appelle *kan'gyŏng**. *Kan'gyŏng* signifie « lire les soutras ». *Kyŏng** désigne les enseignements de Bouddha. Examinons le pourquoi de cette affirmation. En sanscrit, *kyŏng* se dit *sūtra*. *Sūtra* veut dire « tracé au cordeau », une sorte de ligne. De la même façon qu'un menuisier doit faire un tracé préalable afin de couper le bois bien droit, les personnes ont besoin de critères nets pour évaluer si leurs actes et leur vie sont corrects : c'est précisément le rôle des soutras. Les paroles de Bouddha sont bien les critères d'appréciation

de nos vies.

Aussi, en lisant ces textes, nous découvrons critères et sagesse pour notre vie. Par conséquent, il ne convient pas de les lire négligemment, sans y porter attention. Il faut en percer la signification profonde avec les yeux de l'esprit. La lecture se fait par les yeux de l'esprit. C'est recevoir en profondeur les paroles de Bouddha sans un quelconque jugement critique. De cette façon, je fais mien le contenu des soutras, si bien que ma chair et mon sang, ma respiration et mes pas, mon esprit, mes paroles et mes actes deviennent comme ceux de Bouddha. Ainsi, mon esprit s'éclaircit et s'ouvre. Grâce à la lecture des soutras, leur sens se révèle dans l'esprit, il l'éclaire et ouvre la voie à la sagesse. De plus, si les paroles des soutras vivent dans mon esprit, ce ne sont pas les lettres et les connaissances qui me conduisent, mais bien moi qui suis maître de mes actes.

Une des formes du *kan'gyŏng* consiste à psalmodier les soutras à haute voix conformément à une certaine mélodie : c'est ce que l'on appelle le *toksong** ou le *tokkyŏng**. Le son ainsi produit est comme celui d'un beau chant. De plus, ce chant fait vibrer notre intériorité. Comment faut-il procéder pour que cette lecture chantée soit efficace ? Il convient de respecter quelques règles simples.

Premièrement : s'asseoir en position du lotus ou en demi-lotus ou encore dans toute autre position assise correcte, et lire en psalmodiant d'une voix assurée et nette, de sorte que le son soit parfaitement audible.

Deuxièmement : psalmodier les soutras en ayant pleine conscience des paroles prononcées. Il s'agit de comprendre avec précision les paroles de Bouddha que l'on est en train de lire.

Troisièmement : psalmodier avec un esprit serein et en y portant toute son attention. En lisant, l'esprit doit être continuellement unifié et dépourvu de pensée perturbatrice.

Quatrièmement : psalmodier avec la pensée que Bouddha est présent et me parle directement.

Cinquièmement : psalmodier avec un esprit clair et un cœur joyeux.

Sixièmement : psalmodier selon le ton et le rythme prescrits.

En faisant ainsi, les passages des soutras se font chants du cœur.

La pratique des prosternations

Comme expressions ritualisées du respect pratiquées par les bouddhistes coréens existent le geste des mains jointes et la prosternation. Toutefois, ces expressions fonctionnent aussi comme exercices spirituels. La prosternation est dite *och'et'uji**. Le terme est utilisé parce qu'il veut exprimer le respect par le contact avec le sol de cinq parties du corps : les genoux, les coudes et le front. En exprimant par tout le corps et par l'esprit le respect à l'égard de quelqu'un, la prosternation est un mouvement extrême de « descente du cœur* » où l'on s'abaisse (et non se rabaisse !) et fait le vide en soi. La prosternation est un acte par lequel on fait le vide en soi par son corps. Faisant ainsi le vide, on se prosterne en considérant le vis-à-vis comme Bouddha.

En se prosternant devant la nature de Bouddha dont chacun est pourvu, on respecte son vis-à-vis comme Bouddha, et les esprits communiquent. En faisant ainsi la prosternation, je fais le vide en moi : un bon exercice spirituel pour soi également, mettant en pratique le « non-ego ». Nous devenons Bouddhas et, parce que nous nous prosternons, le lieu où nous nous trouvons est déjà le monde de Bouddha. Là, il n'y a aucune barrière de division qui tienne. Le « toi » et le « moi » disparaissent. À l'instant où nous nous prosternons, je suis Bouddha, tu es Bouddha. Et comme Bouddhas, une même vie.

Ordinairement, les chrétiens considèrent comme un tabou le fait de se prosterner devant des images fabriquées. Estimant que les images contiennent une nature divine*, ils pensent que se prosterner devant elles relève d'un culte des idoles. Cependant, les fidèles bouddhistes, eux, se prosternent devant des images de Bouddhas. Toutefois, ce ne sont pas aux images qu'ils rendent ainsi hommage, mais à l'esprit de Bouddha. Pour être plus précis, ils offrent des prosternations à l'esprit de compassion, à l'esprit pur, à l'esprit vénérable de Bouddha, exprimés par des représentations. Lorsqu'ils se déplacent, ils vont même jusqu'à se prosterner en route : devant le chemin qu'ils empruntent, devant les pierres, devant la Nature ! Ce faisant, pour eux, toute chose est unifiée par la vie de Bouddha.

Généralement, lorsque l'on se prosterne, on offre une ou trois prosternations. À Bouddha et aux *sŭnim* faire trois prosternations est la norme ; à défaut, on les réduit à une seule. Même quand une seule prosternation est faite, sa signification et les dispositions d'esprit dans lesquelles celle-ci est réalisée changent considérablement en fonction de l'engagement qu'on y met.

Dans le bouddhisme, on pratique ainsi différentes séries de prosternations : une, trois, ou bien encore cent huit, mille quatre-vingts ou même trois mille. Cent huit fois, mille quatre-vingts fois ou plus : de telles fréquences s'expliquent par le fait que la répétition du mouvement conduit à unifier le corps et l'esprit, et réalise la tranquillité de l'esprit. La deuxième principale raison est un bon contrôle du corps. En fait, il n'est pas difficile, en pensée seulement, de faire le vide en soi. Mais le fait de bouger son corps en faisant une prosternation et de dépasser la souffrance – difficile à supporter – qu'elle engendre dans sa répétition, permet de mettre en pratique le « non-ego », faisant le vide par ce corps en acceptant la capitulation des désirs provoqués par le corps et l'esprit.

La pratique de la prosternation associée à la prière d'invocation de Bouddha, à la récitation de mantras, à l'observation du nombre des prosternations, à l'examen du corps ou à la tenue du *hwadu*, est grandement plus efficace. La concentration de l'esprit s'en trouve améliorée, corps et esprit s'harmonisent.

Donc, comment pratiquer la prosternation ? Voyons comment faire pour se prosterner tout en joignant les mains.

Les mains jointes* est un geste où les mains se rejoignent avec humilité et application. Réunir ainsi les mains nous prépare à unifier notre esprit dispersé. Lorsque l'on se tient debout les mains jointes, il convient de tenir le corps bien droit, ferme, sans tremblement. Les mains une fois jointes, les pieds se touchent, bien alignés, et l'on maintient la position stable du corps. Ensuite, les paumes doivent être en contact sans laisser d'espace. Il ne faut pas non plus laisser d'espace entre les doigts, ni les croiser. Ce faisant, on incline les hanches d'environ soixante degrés. Seules les hanches

plient : c'est une demi-prosternation que l'on nomme *panbae**. Puis, l'on se redresse.

Les mains de nouveau jointes, le dos redressé, les genoux fléchissent, et l'on se met à genoux. Les genoux se trouvent alors naturellement écartés de la largeur des épaules ; on joint les talons que l'on dresse, de sorte que le fessier soit en contact avec eux. Les doigts de pieds sont posés au sol, permettant de trouver l'équilibre.

Une fois à genoux, on pose ses mains au sol et, en même temps, on se penche jusqu'à ce que le front touche terre. Les mains posées au sol laissent un espace pour y poser la tête, et les bouts des doigts sont tournés vers l'intérieur d'environ quinze degrés. À ce moment-là, il ne faut pas écarter les doigts. Les pieds, quant à eux, sont croisés et forment un « X » : le pied droit étant posé sur le pied gauche. Dans la mesure du possible, tout le corps doit être incliné en donnant l'impression d'être entièrement en contact avec le sol, sans relever le fessier. Avoir les fesses en arrière n'est absolument pas la position qui convient.

Ensuite, on accomplit le geste dit du *chŏpchongnye** (litt. « rite du toucher des pieds »). Ce geste exprime le respect à l'égard de Bouddha comme si on lui levait les pieds avec les mains : le front toujours en contact avec le sol, je lève les paumes vers le haut jusqu'à une hauteur située en-dessous des oreilles, un peu comme si je soulevais précautionneusement les pieds de Bouddha, de sorte qu'ils touchent ma tête. Il s'agit là d'un geste exprimant un zèle extrême vis-à-vis de Bouddha ou d'un autre vis-à-vis, en faisant mine de toucher leurs pieds – la partie la plus basse de leur corps –, en même temps qu'une marque d'humilité où l' « esprit s'abaisse ».

Après ce geste, on redresse les hanches bien droit et l'on se met debout, les mains toujours jointes. À ce moment-là, il faut veiller à ne pas se relever à partir du fessier. Non seulement ce n'est pas naturel, mais ce n'est pas élégant, et cela rend le mouvement impossible. Une fois que l'on a effectué tous ces mouvements, la prosternation est accomplie.

Ensuite, que l'on ait fait trois ou cent huit prosternations, on termine par une demi-prosternation en formulant un vœu*.

On procède de la manière suivante : après avoir fait le geste du « toucher des pieds », on redresse naturellement la tête à hauteur des épaules, puis l'on joint les mains, de façon à ce que les bouts des doigts touchent le bout du nez ; ensuite, on pose de nouveau les mains au sol et l'on touche le sol du front avant de se relever. Faire ce geste à la dernière prosternation exprime le regret de devoir s'arrêter alors que l'on souhaiterait continuer, signifiant que même un nombre illimité de prosternations ne saurait suffire à exprimer tout le respect que l'on porte au Bouddha ou à un autre vis-à-vis.

Actuellement, en Corée du Sud, la pratique quotidienne des cent huit prosternations est largement répandue, qu'elle soit faite le matin ou bien matin et soir. Outre le fait qu'elle procure – évidemment – la tranquillité de l'esprit, elle améliore la santé à un niveau surprenant et contribue à former une silhouette équilibrée.

Au tout début, il n'est sans doute pas facile de se disposer à faire des prosternations, mais essayez au moins une fois de lâcher prise et d'en faire une correctement. En faisant la prosternation, faites le vide en vous. Alors, vous voudrez en faire une deuxième, puis une troisième. De la sorte, vous la ferez cent huit fois sans vous forcer.

La vie d'un religieux bouddhiste

-

Du départ du monde séculier jusqu'au nirvana
-
Une journée dans un monastère de montagne
-

« Pratiquer » (*suhaeng*) est une « ascèse douloureuse* » (*kohaeng*). Toutefois, parce qu'elle tend vers un objectif pur, l'ascèse douloureuse est en elle-même bonheur. La recherche d'une vie heureuse : telle est la pratique, tel est le bouddhisme. Bouddha quitta sa famille et adopta l'état de moine en abandonnant résolument richesses et honneurs parce que « les plaisirs du monde séculier » ne lui garantissaient pas le véritable bonheur. Bien qu'il fallût en passer par un habit misérable et par le jeûne, Bouddha savait qu'une vie heureuse consistait à pratiquer le secours des êtres* en les faisant s'éveiller au Dharma. La décision que prennent les religieux bouddhistes de se retirer du monde séculier a précisément pour but de prendre exemple sur la vie de Bouddha.

Du départ du monde séculier jusqu'au nirvana
— centré sur l'ordre de Jogye

L'aspirant *haengja*

La première étape pour devenir disciple de Bouddha est la période dite du *haengja*. Précédant de six mois à un an l'adoption des règles de conduite des novices *sami* ou *samini*, elle est une période d' « apprentissage », pour employer un terme séculier utilisé dans le monde de l'entreprise. Cette étape est consacrée en particulier à se défaire de toutes affaires et conceptions qui avaient cours dans la société. Pour cette raison, l'étude des textes canoniques bouddhiques* est réduite à son minimum, tandis que le plus clair du temps est employé à des activités. En tout premier lieu, les *haengja* commencent par s'occuper des cuisines dans l'arrière-cour du monastère*. Ils sont chargés des tâches nécessaires à l'entretien de la communauté : depuis la vaisselle, la préparation des repas, de la soupe, des mets d'accompagnement*. Ils sont en permanence présents là où la main-d'œuvre est insuffisante, ou bien où la force de travail est nécessaire.

Le texte appris pendant le temps de l'aspirant est le *Ch'obalsim chagyŏngmun**. Il s'agit d'un important guide exposant les recommandations sur la façon selon laquelle doit vivre un pratiquant qui commence sa vie hors du monde séculier, à commencer par ses dispositions intérieures. Aussi, le texte doit être non seulement compris, mais également appris par cœur et récité fréquemment. Il reste un document de référence en matière de direction morale, à conserver en permanence près de soi, même après avoir prononcé les vœux d'acceptation des règles monastiques*.

Centre de formation des *haengja*

Une fois achevé sans encombre son temps de probation, le *haengja* intègre le centre de formation des aspirants* dans la perspective de prononcer ses vœux d'acceptation des règles de vie monastique. Dans l'ordre de Jogye, le centre de formation organise deux sessions par an – au printemps et à l'automne – en distinguant les futurs novices *sami* (hommes) des *samini* (femmes). Cette période est consacrée à évaluer leur connaissance sur le déroulement des cérémonies acquise pendant leur période probatoire, ainsi qu'à vérifier encore une fois la force de leur vœu de « quitter leur famille » (le monde séculier). Quand la formation de trois semaines est terminée et qu'elle s'est déroulée conformément aux critères requis, les hommes *haengja* renaissent en tant que *sami*, et les aspirantes, en tant que *samini*.

Ils sont désormais au fait des règles monastiques en tant qu'aspirants à l'état religieux. Si le *haengja* est un « *sŭnim* en apprentissage », le *sami* et la *samini* sont des « *sŭnim* en préparation ».

Sami et *samini*

Après l'acceptation des règles de vie monastique des *sami* et *samini*, les futurs religieux doivent intégrer un établissement traditionnel de formation ou bien un établissement où est dispensé un enseignement selon les normes du siècle. Dans l'ordre de Jogye, il faut terminer le cursus de certains établissements pour être en mesure de recevoir les préceptes monastiques complets* comme règles de vie et devenir des *sŭnim* à part

entière : *pigu* et *piguni*.

Les établissements traditionnels de formation sont principalement les *kangwŏn** (centres d'études), et les *kibon sŏnwŏn** (centre de méditation élémentaire). Dans les *kangwŏn*, *sami* et *samini* étudient les textes canoniques originels en chinois classique bien que l'accent soit porté sur la pratique dans la vie quotidienne. La durée des études est de quatre ans. Là encore s'applique la distinction entre *sami* et *samini* qui étudient dans des lieux séparés. Il existe treize centres d'études pour les *sami*, et six pour les *samini* ; les étudiants et étudiantes, qui les fréquentent et s'y perfectionnent dans leur vie de pratiquant, sont environ un millier. Les enseignants *kangsa** et maîtres d'études *kangju**, qui les guident, sont une centaine. Au cours des deux premières années, ils étudient en mémorisant et récitant la plupart des soutras les plus courants ; tandis que les deux dernières années sont consacrées à des discussions savantes* prenant la forme de débats. Dans la mesure où les sites de formation se situent pour la plupart dans les monastères anciens*, les études qui y sont dispensées revêtent plutôt une forme traditionnelle et classique. Repas et sommeil pris en commun dans une grande salle du monastère sont inévitablement l'occasion de « relations conflictuelles », dont le dépassement constitue en lui-même un vrai exercice. C'est pourquoi ces lieux sont la forme qui convient aux exerçants pour acquérir les dispositions intérieures ainsi que la base de la pratique.

Le centre de méditation élémentaire, le *kibon sŏnwŏn*, est un des établissements de formation établis dans l'ordre de Jogye. De même que pour le centre des études, le cursus est de quatre années, où, dans des lieux définis à l'année, les pratiquants se perfectionnent sans qu'aucune sortie ne soit admise. Sous la forme de retraites collectives, les exerçants y apprennent un minimum de textes canoniques tout en se plongeant principalement dans le questionnement fondamental par le biais d'un *hwadu*. Là encore, une séparation nette est faite entre *sami* et *samini* qui se perfectionnent dans des lieux différents.

En dehors de ces types d'établissements, ont été créées comme institutions de formation élémentaire, l'Université Centrale du Saṃgha (Chungang Sŭngga taehak) et les universités Dongguk (Dongguk taehakkyo). Les religieux en formation y reçoivent un enseignement moderne et académique associant recherche et étude des Écritures en langue originale. À l'issue d'un cursus de quatre ans effectué dans ces diverses institutions, ils font vœux d'accepter les préceptes monastiques comme règles de vie et deviennent « moines et nonnes complets » : *pigu* pour les hommes, et *piguni* pour les femmes. Ils deviennent alors *sŭnim*, maîtres des hommes et des Devas* (êtres célestes).

Centres de Vinaya, centres d'études canoniques, Troisième cycle des universités du Saṃgha

Les *sŭnim* ayant adopté les préceptes monastiques des *pigu* ou *piguni* pratiquent ensuite de manière spécialisée correspondant aux dispositions de chacun. Celle-ci peut donc porter sur une étude approfondie des enseignements ou bien sur la pratique du *ch'amsŏn*. Sinon, dans le monastère, la charge de gestion des finances peut aussi leur être confiée au titre d'administrateurs*.

Les *sŭnim* qui souhaitent approfondir leurs études se perfectionnent en intégrant un centre de Vinaya ou bien un centre d'études canoniques. Au cours des deux années du cursus du centre de Vinaya, ils étudient la discipline bouddhique* en respectant scrupuleusement les règles monastiques. Des centres de Vinaya existent dans les grands monastères, à commencer par les monastères des Trois Joyaux* : T'ongdosa (monastère du Joyau du Bouddha*), Hae'insa (monastère du Joyau du Dharma*) et Songgwangsa (monastère du Joyau du Saṃgha*), mais aussi P'agyesa*, Pongnyŏngsa*, Unmunsa* et autres. Les *sŭnim* des centres de Vinaya prennent en charge les cérémonies d'adoption des règles monastiques des moines et nonnes en probation. Les centres d'études canoniques, où les religieux approfondissent leur connaissance des textes du canon bouddhique, offrent des cursus de deux ou trois ans, centrés sur la lecture du *Soutra de l'Ornement de splendeur*, *Hwaŏmgyŏng*.

Certains *sŭnim* poursuivent leurs études au sein des troisièmes cycles des universités du Saṃgha qui forment les enseignants en charge de l'éducation des religieux en formation*. Les *sŭnim* ayant achevé le cursus d'un centre de Vinaya ou d'études canoniques sont qualifiés pour intégrer

un troisième cycle d'université du Saṃgha ; et, quand ils terminent leurs études au bout de trois ans, ils reçoivent le diplôme de docteur du Tripitaka*, reconnu au sein de l'ordre monastique. Ce diplôme correspond à celui de docteur dans la société.

École des soutras de Hae'insa

Centre de méditation, *sŏnwŏn*

Le centre de méditation est incontournable dès lors qu'il s'agit du perfectionnement* des *sŭnim* dans la Voie. À l'issue de leur formation obligatoire, ceux-ci doivent se perfectionner pendant cinq ans ; et, en plus de cela, ils disposent de lieux de pratique du *ch'amsŏn** qu'ils choisissent pour leur exercice. Ces lieux, de manière générique, sont tous appelés *sŏnwŏn*, centres de méditation. Dans tout le pays, il existe 94 monastères comportant un centre de méditation où pratiquent quelques 2200 ascètes à chaque retraite saisonnière d'été (pendant trois mois : du 15e jour du 4e mois au 15e jour du 7e mois du calendrier luni-solaire) et d'hiver (pendant trois mois : du 15e jour du 10e mois au 15e jour du 1er mois du calendrier luni-solaire). Parmi les retraitants*, on compte plus de 1300 *pigu sŭnim* et environ 900 *piguni sŭnim*.

Dans chaque site, la pratique du *ch'amsŏn* s'effectue selon des modalités particulières, si bien que pendant les retraites saisonnières, la durée de base de la méditation varie entre huit et douze heures. Dans les lieux appelés Mumun'gwan (« Passes sans porte ») que les *sŭnim* choisissent eux-mêmes, une fois débutée « l'adoption du règlement », la méditation se fait porte fermée pendant une saison entière. La seule communication avec l'extérieur a lieu une fois par jour au moment du passage de la nourriture. Il n'est possible de sortir que le jour, correspondant à l'achèvement de la période des trois mois. Quand les retraitants en font la demande, ils pratiquent ainsi sans sortir, si bien que parfois certains *sŭnim* s'exercent ainsi pendant trois ans. Dans les cas les plus longs, la durée peut atteindre six ans. La notion des six ans s'explique par la volonté de marcher dans les pas de Bouddha lui-même qui pratiqua six années d'ascèse sévère avant d'atteindre l'Éveil. Le Mumun'gwan du monastère de Ch'ŏnch'uk* des monts Tobong* est célèbre comme site où l'on suit la règle du silence sans franchir la porte du monastère pendant six ans.

Concrètement, le *ch'amsŏn* se pratique de plusieurs façons. Les méthodes les plus courantes quand on se perfectionne dans un centre de méditation, où l'on ne perd pas un seul instant le *hwadu* quelle que soit l'activité (« debout ou assis, en marchant ou bien allongé* » selon l'expression), sont l'assise en lotus* ou demi-lotus, l'assise continuelle sans s'allonger*, l'unique repas quotidien* et le silence*. L'assise en lotus ou demi-lotus est la position choisie par le pratiquant pour le Sŏn assis*, tandis que l'assise continuelle consiste à ne pas s'allonger pour dormir ou se reposer. L'assise continuelle étant une « ascèse douloureuse » extrême, elle est effectuée pendant des durées déterminées (une semaine, trois semaines, cent jours). Faisant preuve d'une grande détermination, certains la poursuivent même pendant plusieurs années, voire l'adopte toute leur vie, si la méditation leur procure l'énergie* pour le faire.

Comme exemples de pratiquants permanents de l'assise continuelle, on peut citer Sŏngch'ŏl Sŭnim* (1912-1993), entré dans le Nirvana* il y a quelques années, ainsi que Ch'ŏnghwa Sŭnim* (1923-2003). Sŏngch'ŏl Sŭnim pratiqua l'assise continuelle toute sa vie, en particulier au cours des dix dernières années de son existence où il vécut dans une petite cabane entourée d'un grillage empêchant à quiconque d'y pénétrer. En raison de son exemplarité ; de nombreuses personnes prirent refuge dans le bouddhisme, et les fidèles lui rendirent visite sans interruption. Pour le rencontrer personnellement, il fallait faire au préalable trois mille prosternations. Nul ne faisait exception. Des anecdotes fameuses circulent à propos d'hommes politiques célèbres qui l'avaient rencontré après avoir fait les trois mille prosternations. Un autre moine renommé pour son

Le Centre de méditation T'aejo (T'aejo Sŏnwŏn) du monastère de Tori

assise continuelle fut Ch'ŏnghwa Sŭnim. Ce dernier passa toute sa vie en assise continuelle et ne prenait de repas qu'une fois par jour, édifiant ainsi un grand nombre par la puissance de sa pratique.

En dehors de ces exercices ordinaires, les *sŭnim* adoptent aussi des pratiques particulières. Certains se perfectionnent dans des lieux reculés*, ils s'exercent parmi les fidèles pendant une période déterminée, puis pratiquent seul dans la tranquillité.

L'ordre bouddhique de Jogye a établi certains *sŏnwŏn* comme centres dédiés entièrement à la pratique exclusive du *ch'amsŏn*. Ainsi, le monastère de Pongam* à Mun'gyŏng (province du Kyŏngsang du Nord) est un centre de méditation spécial de l'ordre*. Dans ce monastère, une centaine de retraitants se perfectionnent diversement dans la pratique du *ch'amsŏn* en se répartissant dans différents lieux. Sont donc aménagés différents bâtiments : l'arrière-cour où sont préparés les repas des moines*, les grandes salles de méditation collective*, les salles d'ascèse (méditation) intensive* (quatorze heures par jour) et celles de l'ascèse sévère. L'ascèse sévère désigne la pratique du *ch'amsŏn* de dix-huit à vingt heures par jour pendant une saison entière de retraite, sans s'allonger du tout. Prévue pour des groupes de cinq personnes, l'ascèse sévère est demandée par de nombreux *sŭnim*, de sorte qu'il faut patienter longtemps avant d'être acceptés dans ce type de retraite.

Les prières intensives de dévotion, *chŏnggŭn kido*

Parmi les pratiques des moines et des nonnes existent aussi les « prières intensives de dévotion* ». Il s'agit de prières effectuées de manière intensive pendant des périodes données – généralement de sept, vingt-et-un, cent ou mille jours –, pendant lesquelles on prie dans la salle du Dharma trois à quatre fois par jour (à l'aube, le matin, l'après-midi et le soir), sans sortir du monastère. Lors de ces prières, les ascètes invoquent les noms des Bouddhas en frappant la cloche de bois* ; et, l'esprit concentré, récitent* généralement : « Sŏkkamonibul* » (Bouddha Śākyamuni) ou « Kwanse'ŭm Posal* » (Bodhisattva Avalokiteśvara) ou « Chijang Posal* » (Bodhisattva Kşitigarbha) ou « Amit'abul* » (Bouddha Amitābha). Les *sŭnim* peuvent prier seuls ou bien accompagnés des fidèles qui, pendant la prière, unifient leur pensée. La prière des incantations* consiste, elle, à penser dans son cœur au nom de Bouddha en égrenant le rosaire bouddhique*. Chez les *sŭnim*, certains se consacrent plus spécialement à la pratique des prosternations. Il est courant de pratiquer les cent huit prosternations ; mais alors, il s'agit de se concentrer exclusivement sur les prosternations. Aussi font-ils, par jour, mille quatre-vingts ou trois mille prosternations qui, accumulées, peuvent atteindre dix mille ou parfois un million. Ils peuvent pratiquer pendant une période fixée de cent ou mille jours, sans s'interrompre une seule journée. En dehors des lieux aménagés pour l'usage exclusif des religieux, ces pratiques diverses sont réalisées exactement de la même façon par les fidèles ordinaires.

Propagation du Dharma

Certains *sŭnim* ne se consacrent qu'aux exercices ; néanmoins, une fois la période de leur pratique terminée, ils peuvent aussi transmettre le Dharma aux séculiers. On parle alors de « propagation des enseignements », *p'ogyŏ**, ou de « transmission du Dharma », *chŏnbŏp**. La propagation des enseignements s'effectue diversement : dans les centres urbains pour la propagation* ou bien dans les monastères de montagne. Pour les fidèles ordinaires, des universités bouddhiques ont été créées au sein desquelles une formation structurée et complète est dispensée : depuis l'enseignement élémentaire jusqu'à l'étude des textes canoniques. En conformité avec les pratiques en vigueur de ce temps, des programmes divers de transmission du Dharma sont organisés auxquels les *sŭnim* participent en toute harmonie : calligraphie, cérémonie du thé*, décoration florale, « récréation » (*recreation*) suscitant la bonne humeur, cours de chants, etc. Ces activités sont appelées *tongsasŏp** (litt. « soutien par les œuvres communes »). Il s'agit de partager les mêmes activités afin de guider le vis-à-vis et, par là, de le transformer. Les *sŭnim* s'efforcent sans relâche de se perfectionner pour offrir ainsi des programmes variés parfaitement adaptés aux usages du temps présent. De plus, ceux-ci prennent en charge non seulement la propagation, mais aussi la conduite des funérailles quand les personnes décèdent, par le rite du *sidarim**, et assurent l'office des Quarante-neuf jours* qui consiste à émettre le vœu* de la renaissance en paradis* en guidant « l'âme » des défunts.

Le retour des mérites, *hoehyang*

L'idéal du bouddhisme, tout en recherchant l'Éveil, consiste à conduire les êtres vers une vie heureuse en leur portant secours. On appelle cela *hoehyang**** (litt. « tourner [les mérites] en direction [des êtres] »). Le retour des mérites, qui prend la forme du service de la société, est l'œuvre d'aide sociale. Le rôle des religieux consiste également à entourer de leurs soins, par le biais d'institutions d'aide sociale, toutes les personnes faibles dans la société : les personnes âgées, les enfants, les adolescents, les handicapés, les femmes, les personnes sans domicile, les travailleurs étrangers… De manière indépendante des œuvres d'aide sociale déjà en activité, et après avoir reçu une certification pour leur fondation, sont organisés des groupes d'aide sociale de taille diverse au sein des monastères, qui mettent en pratique les actes de compassion (de Bodhisattvas)*. Ainsi, en plus de l'entraînement spirituel, les *sŭnim* viennent-ils en aide à de nombreuses personnes par diverses méthodes concrètes et appropriées*. Telle est exactement la vie des ascètes.

Le Nirvana

Avec l'expérience, les ascètes deviennent toujours plus rayonnants. Leur pratique spirituelle mûrit. C'est pourquoi, dans les grands monastères, les *sŭnim* âgés* font constamment l'objet de la plus grande attention. La force émanant de la pratique* se manifeste jusque dans leur dernier souffle. Ils achèvent leur existence de manière ordinaire, en position couchée, ou bien passent leurs derniers instants dans la position qui a été celle de toute leur vie : en position de méditation assise. Il arrive même qu'ils entrent dans le Nirvana debout ou bien la tête en bas, en faisant le poirier, ou encore pendant un enseignement sur le Dharma. On appelle ces postures : *yŏlban** (*Parinirvāṇa*), *ipchŏk** (litt. « entrée dans la tranquillité »), *wŏnjŏk** (litt. « tranquillité parfaite »), *sijŏk** (litt. « manifestation de la tranquillité »), et l'on organise dans les monastères le rite funéraire dit *tabisik*, cérémonie de la crémation*, après leur extinction.

La cérémonie de la crémation se déroule selon une méthode traditionnelle remontant loin dans le passé. Lors des crémations récentes de grands moines, se sont produits de nombreux phénomènes extraordinaires qui ont procuré grande allégresse. En 2003, le doyen* du grand centre bouddhique Kobul* du monastère de Paegyang*, Sŏ'ong Sŭnim* (1912-2003), est entré dans la tranquillité en posture de méditation assise. On parle dans ce cas de *chwat'al immang** (litt. « entrer dans la mort en quittant assis son corps »). La même année, entra dans le Nirvana le doyen du grand centre Yŏngch'uk* du monastère de T'ongdo, Wŏrha Sŭnim* (1915-2003). La nuit de sa crémation, plusieurs colonnes de lumière rouge rayonnèrent à partir du lieu de la cérémonie en direction de la salle du Dharma du monastère. De plus, au moment du rite des Quarante-neuf jours après sa mort, apparut soudainement, en plein jour et dans un ciel sans nuage, un arc-en-ciel, telle l'émanation d'un dragon. En 2005, le président de l'ordre* de Jogye, Pŏpchang Sŭnim* (1941-2005), avant d'entrer dans la tranquillité, fit don de ses accessoires rituels* à l'hôpital où il se trouvait. Le jour de la cérémonie d'adieu faite à sa mémoire, apparut un arc-en-ciel au beau milieu du ciel clair de Séoul, qui fit parler de lui.

Des faits singuliers comme ceux-là manifestent la force provenant du perfectionnement dans la pratique spirituelle de tous les jours, ainsi que le pouvoir du Dharma. C'est particulièrement le cas en ce qui concerne les « reliques* » récupérées après la crémation, mais elles peuvent aussi ne pas apparaître – conformément aux dernières volontés du mourant – et ne sont donc pas nécessairement des critères pour mesurer la force du Dharma*. Conserver ainsi jusqu'au dernier instant avant son entrée dans le Nirvana sa posture de pratique spirituelle est bien la vie d'un ascète.

Monastère de Mangwŏl

Une journée dans
un monastère de montagne

Le *toryangsŏk*

Trois heures du matin. Une heure où tout demeure encore plongé dans l'obscurité. La journée dans un monastère de montagne commence plus tôt que dans le monde. Toute chose semble suspendue. Semblant percer la pénombre et faire diminuer l'aveuglement*, le son lointain de la cloche de bois éveille l'immobilité silencieuse du monastère de montagne. C'est le *toryangsŏk** (litt. « déploiement de l'aire de culte, l'éveil du monastère »). C'est le moment où se dressent toutes choses auparavant endormies dans la tranquillité. Revêtu du *changsam**, la longue robe de cérémonie, ceint de son *kasa**, un moine frappe la cloche de bois et fait le tour de tous les recoins du monastère en récitant le *Soutra des Mille mains* et autres soutras. Chassant les énergies mauvaises, ce rite solennel purifie l'aire de culte*.

Quand retentit et se répand le son de la cloche de bois éveillant l'aire de culte, toute la communauté du monastère se lève et commence sa journée en se préparant à participer à l'office de l'aube d'hommage aux Bouddhas.

Le son de la cloche et des quatre instruments

Quand s'achève le *toryangsŏk*, le son de la cloche retentit ensuite dans la salle du Dharma. Frapper la cloche en récitant à haute voix les hymnes* des Patriarches* éveille le monde des enfers* et des cieux. Après la cloche, se font entendre les trois derniers des quatre instruments* : le tambour du Dharma*, le poisson de bois*, le gong-nuage*, éclairant l'aube du monastère de montagne. Les quatre instruments symbolisent le secours de tous les êtres vivants. Le tambour du Dharma sert à secourir les animaux terrestres ; le poisson de bois, les animaux aquatiques ; le gong-nuage, les volatiles ; la grande cloche bouddhique*, les êtres tombés dans les enfers. Le poisson de bois reproduit la forme d'un poisson et le gong-nuage a la forme d'un nuage suspendu dans le ciel. La grande cloche bouddhique est suspendue en donnant l'impression de toucher terre, différant en cela des cloches d'Occident accrochées à bonne hauteur. La cloche bouddhique est frappée matin et soir, respectivement trente-trois et vingt-huit fois ; ceci procède de la force du vœu* cherchant à transmettre la « voix de Bouddha* » dans le monde céleste et jusque dans les enfers.

De gauche à droite : gong-nuage, cloche, poisson de bois et tambour du Dharma

Office de l'aube d'hommage aux Bouddhas

L'office de l'aube d'hommage aux Bouddhas, *saebyŏk yebul*

Dans la plupart des monastères de montagne, l'office de l'aube d'hommage aux Bouddhas commence à quatre heures du matin. En tant qu'hommage rendu aux Bouddhas, Bodhisattvas et Patriarches, toute la communauté est censée y participer. En principe, il n'y a pas d'exception. Quand ils rendent hommage aux Bouddhas, les *sŭnim* revêtent leur tenue de cérémonie : *kasa* et *changsam*. Le *kasa* provient du vêtement que Bouddha, à l'époque, rapiéça à partir de mille morceaux d'étoffes usagées et jetées. Il signifie qu'il convient d'avoir en permanence un cœur sobre et humble. Le fait de manquer fréquemment – par paresse – à l'hommage aux Bouddhas, est parfois passible de se retrouver privé de son droit à demeurer dans le monastère. Cependant, il existe une anecdote disant qu'un moine d'expérience* avait même accepté de tels religieux. L'office d'hommage terminé, celui-ci, accompagné de toute la communauté, était allé trouver les *sŭnim* absents. Gagnés par le remord de leur conscience, on dit que les individus concernés n'avaient plus manqué d'offices de l'aube.

Les exercices de l'aube

Les *sŭnim*, qui ont achevé l'office de l'aube d'hommage aux Bouddhas, retournent chacun dans les lieux où ils perfectionnement leur entraînement spirituel. Une partie d'entre eux restent dans la salle du Dharma et mémorisent les soutras ou bien prient en faisant cent huit prosternations. Dans le centre d'études, les étudiants lisent les Écritures ; dans le centre de méditation, ils pratiquent le *ch'amsŏn*. Leurs exercices sont alors ponctués au son de la canne de bambou* frappée. Le moine expérimenté, muni alors de la longue « canne de bambou de général* » reprend les méditants qui perdent le « fil de l'exercice ».

Au même moment, on s'affaire dans l'arrière-cour du monastère de montagne. Dans ce qui correspond à la cuisine dans le monde séculier, on prépare le repas des membres de la communauté*. Pour les *sŭnim*, le repas n'est pas attachement à la nourriture, mais « remède » nécessaire à l'entraînement. L'intérêt n'est pas porté sur la nourriture en tant que telle : il s'agit seulement de garantir le minimum d'énergie nécessaire

Méditation au petit matin

perfectionnement de la pratique. Bien qu'actuellement la plupart d'entre elles aient disparu, dans le monastère de montagne, il est de coutume de préparer les repas en alimentant en bois le feu de grandes marmites. Alimenter le feu des marmites avec du bois à brûler est ce qui convient. Autrefois, la préparation du bois de chauffe par les *sŭnim* dans la montagne représentait un travail manuel* important. Avec le changement d'époque, l'alimentation au gaz a remplacé de plus en plus le bois dans les monastères. Le riz préparé dans les marmites procure le surplus du *nurungji**, la croûte de riz du fond, bonus pour lequel le monastère de T'ongdo de Yangsan est resté célèbre pour son goût, d'après ce que l'on dit.

Le repas du matin, *ach'im kongyang*

Dans les monastères de montagne, le repas du matin se prend, au plus tard, à six heures. La tradition veut que toute la communauté se rassemble dans la grande salle et prenne le repas monastique aux bols. Le repas aux bols tire son origine de la mendicité* pratiquée par Bouddha, il a pour signification d'inciter les moines à vivre une vie tempérée et dans une dépossession* totale. Jusqu'à ce que l'on apporte le repas, on remercie pour les bienfaits ; ce repas contient le serment de devenir « champ de bénédictions* » pour les donateurs*, en même temps que la promesse de s'entraîner avec zèle. On prend son repas proprement, sans jeter le moindre grain de riz, le moindre morceau de *panch'an**. Quand le repas s'achève, on partage l'eau qui a servi à laver les bols avec la foule des esprits affamés*, et l'on peut ressentir l'esprit de prévenance de Bouddha. Une fois le repas terminé, le moment est venu de décider des affaires importantes ou modestes du monastère, ou bien de transmettre des consignes collectives.

Travaux manuels collectifs, *ullyŏk*

Dans les monastères de montagne, après le repas du matin, on pratique un travail manuel collectif consistant à nettoyer « l'aire de culte » (la cour du monastère). De même que pour l'office d'hommage aux Bouddhas, personne ne fait exception. Le travail consistant à nettoyer l'aire de culte constitue un autre exercice spirituel pour les ascètes. En balayant proprement la cour, on se remémore ses dispositions de débutant dans

Repas aux bols au monastère de Sŏnam

● Travail manuel collectif

la Voie*, et l'on met de l'ordre en soi-même en se contrôlant à chaque instant.

À chaque saison, toute la communauté participe à des travaux manuels collectifs. Chaque (grand) monastère est réputé pour certains travaux. Au monastère de T'ongdo de Yangsan, chaque année, quand arrive la période des travaux collectifs pour la fabrication de la sauce de soja en faisant bouillir les pâtés de soja, tout le monde participe, des *sŭnim* aînés aux aspirants. Ces travaux sont l'occasion pour les anciens de transmettre de manière spontanée aux plus jeunes la tradition perpétuée dans le monastère. Dans le monastère de Hae'in à Hapch'ŏn, il est de notoriété publique que les travaux de préparation du *kimjang* (enfouissement du *kimch'i* pour l'hiver) débutent sitôt l'entrée dans la retraite d'hiver. C'est un spectacle grandiose que de voir remplir à la main une grande citerne de montagnes de radis et de choux à fermenter pour l'hiver. Les moines profitent alors de ce rare moment de détente pour discuter librement tout en épluchant choux et radis qui deviendront *panch'an* au plus froid de l'hiver. Au monastère de Songgwang à Sunch'ŏn, quand vient l'automne, le travail de communauté consiste à aller cueillir des feuilles de sésame dans les champs. Tous les ans, les feuilles sont saumurées dans du fromage de soja, si bien que les feuilles, qui se sont affinées pendant plusieurs années, ont un goût incomparable que l'on ne trouve nulle part ailleurs. Dans la plupart des monastères de *piguni*, l'autosuffisance en *panch'an* de base est assurée par les travaux communautaires dans les champs et jardins potagers. On comprend pourquoi les *k'ŭn sŭnim** (grands moines expérimentés) ont enseigné aux ascètes de ne pas paresser en disant : « ne mange pas le jour où tu ne travailles pas. »

En dehors de cela, les *sŭnim* règlent par les travaux collectifs la question de la lessive des matelas, couvertures, nattes et coussins, et autres linges utilisés par la communauté. Chacun lave son linge personnel pendant les temps libres. Les habits monastiques* en cotons fins* et épais* sont empesés et repassés. Ceci implique de toujours se comporter avec précaution, et il est assez fréquent qu'un méditant qui s'assoupit pendant le Sŏn assis soit réveillé par le bruit des petits craquements de son habit empesé. En l'absence de travaux communautaires, chacun assure sa charge dans le monastère ou bien se perfectionne selon la méthode de sa pratique.

● L'offrande à Bouddha de l'heure du Serpent, *sasi pulgong*, et le déjeuner, *chŏmsim kongyang*

À l'heure dite du Serpent (du zodiaque chinois), *sasi** (entre 9h et 11h du matin), la communauté afflue de nouveau dans la salle du Dharma pour rendre hommage aux Bouddhas. On appelle ceci le *sasi yebul** (« hommage aux Bouddhas à l'heure du Serpent ») ou *sasi pulgong** (« offrandes aux Bouddhas de l'heure du Serpent »). Le déjeuner a lieu après l'office. Il est d'usage de prendre le repas aux bols dans la grande salle (de méditation) du monastère. Récemment, le « repas communautaire* » (le fait de déjeuner librement dans le restaurant du monastère) se généralise. On rapporte que Bouddha ne prenait qu'un repas par jour à l'heure du Serpent. Ceci incite à prendre le strict minimum de nourriture et à ne s'employer qu'à l'entraînement spirituel. Nombreux sont les *sŭnim* à ne prendre qu'un repas quotidien comme Bouddha, ou bien le repas du matin et de midi, et ne plus rien prendre après midi. Le fait de ne pas prendre de repas après midi se dit *ohu pulsik** (litt. « ne pas manger après l'heure du Cheval »).

Perfectionnement libre

Après l'offrande aux Bouddhas de l'heure du Serpent et le repas de midi, le monastère de montagne connaît un rythme de vie plus relâché. Les *sŭnim* peuvent alors utiliser leur temps librement. C'est le temps de la promenade afin de ne pas se départir de l'esprit d'exercice et d'avoir seul un moment de méditation. Certains discutent en petits groupes en buvant du thé. Boire du thé et parler dans la grande salle se produit lors d'occasions officielles. La politesse veut que l'on obtienne l'accord préalable des *sŭnim* avant de les visiter et de prendre le thé* avec eux afin de ne pas perturber leur pratique.

Les objets utilisés au quotidien dans le monastère sont appelés *sangjumul** (litt. « objets à demeure »). Parmi ces objets à demeure, on distingue ceux qui sont utilisés en commun des objets individuels. Les objets communs sont préparés dans le monastère, mais les objets individuels sont fournis de manière privée. Une anecdote d'un *sŭnim* âgé, qui faisait une stricte distinction entre propriété collective et privée, est devenue un modèle à suivre. On rapporte en effet qu'un ancien, quand il traitait de tâches collectives, allumait sa lampe avec l'huile fournie par le monastère, mais qu'il allumait sa lampe avec une huile achetée par ses soins quand il en avait un usage individuel.

Certains accessoires monastiques* (viatique) sont portés en permanence par les ascètes. Il s'agit du *kasa*, de la robe de cérémonie, des bols et du sac à dos*. Le baluchon, qui contient les objets nécessaires lors de sorties ou de déplacements, est un symbole de la dépossession des ascètes. La simple vue des *sŭnim* marchant dans les chemins de montagnes avec leur modeste sac sur le dos suscite un sentiment de foi*. Les *sŭnim* se font raser la tête*

à dates fixes. Les jours de tonsure sont le premier* ou bien le quinzième jour du mois du calendrier luni-solaire (mois de trente jours). Signe de la suppression nette des tourments mentaux* de toutes sortes ainsi que des pensées vaines, la tonsure est la marque extérieure des religieux ayant quitté leur famille* pour se consacrer totalement au perfectionnement de la pratique spirituelle.

Repas du soir et hommage vespéral aux Bouddhas

Le soir des monastères de montagne vient plus rapidement que dans le monde. Le repas y est pris aux alentours de cinq heures du soir. Après la courte pause qui suit le repas, on se rassemble dans la salle du Dharma pour le rite d'hommage du soir aux Bouddhas*. Comme pour l'office du matin, l'hommage du soir commence par la percussion des quatre instruments rituels.

Exercices du soir et coucher

Après l'office, chacun va s'exercer selon sa méthode, et la plupart se couchent à neuf heures. Une partie des *sŭnim* s'entraîne toute la nuit : c'est le *ch'ŏrya chŏngjin**. D'autres ne ferment les yeux que deux ou trois heures avant d'accueillir l'aurore. C'est la raison pour laquelle, lors d'une journée au monastère de montagne, il est fréquent que des lumières ne s'éteignent pas de la nuit, visibles derrière les ouvertures (portes et fenêtres) tendues de papier blanc. Avant de mettre fin à leur journée, les *sŭnim* récapitulent leur pratique par le rituel : « chaja ! » (allons dormir !). On dit qu'autrefois un certain moine qui avait pratiqué de manière concentrée toute la journée étendit les jambes avant de se coucher et se mit à sangloter bruyamment.

C'était par regret de n'avoir pu s'exercer avec l'acharnement souhaité. De la même façon, dans les monastères de montagne, les ascètes passent leur journée dans une tension continuelle sans dispersion.

La culture bouddhique coréenne

-

Symboles et significations contenus dans le monastère bouddhique
-
Assemblées du Dharma et fêtes bouddhiques
-

Symboles et significations contenus dans le monastère bouddhique

La Corée est un pays dont les textes font remonter l'origine il y a cinq mille ans. De plus, cela fait mille sept cents ans que le bouddhisme fut introduit officiellement dans la péninsule coréenne. Une des choses qui donne à ressentir le souffle d'une si longue histoire est le monastère bouddhique de Corée. Les monastères coréens sont des lieux où demeurent vivantes la culture bouddhique ainsi que la culture traditionnelle de la Corée. Dans la mesure où, pour de nombreuses personnes, il est un lieu où s'apprend l'enseignement de Bouddha, on ne peut pas se contenter d'y passer seulement pour la satisfaction des yeux.

Dans l'espace du monastère, tout vit et tout nous parle. Celui-ci nous dit parfois d'examiner notre intériorité. À d'autres moments, il ne dit rien, mais nous prend par la main et nous dit de ne pas partir avant d'avoir pris un peu de repos. Mais, plus que tout, il est un lieu qui contient le zèle de tous ceux qui l'habitent.

La structure du monastère et le Mont Sumeru

Toute chose du monastère est l'esprit de Bouddha, l'enseignement de Bouddha. En outre, l'enseignement de Bouddha apparaît aussi au travers de symboles. Un des axes structurants de ces symboles est la vision du monde centrée sur le Mont Sumeru*.

S'étant mis en chemin vers le monastère, le chemin n'est pas un simple chemin. C'est le chemin qui mène à Bouddha. Il n'est nul lieu où Bouddha ne soit présent, mais l'on considère que, pour la foule des êtres, Il se trouve au sommet du Mont Sumeru, le lieu le plus élevé du monde. Aussi appelle-t-on « autel du Sumeru* », l'endroit où Bouddha prend place dans la salle du Dharma du monastère. Afin de rencontrer Bouddha situé au sommet du Mont Sumeru, nous avons fait un long voyage. Quel en est le point de départ ? Précisément le continent Jambudvīpa* où nous vivons.

Au temps de Bouddha, en Inde ancienne, la conception était la suivante : le monde était entouré de neuf montagnes – incluant le Mont Sumeru – de formes circulaires et concentriques comme les cernes d'une souche, entre lesquelles se trouvaient huit mers. Au milieu de la dernière mer, existait un royaume dans chacun des quatre orients. Nous vivons dans l'un d'entre eux : le Jambudvīpa. Son nom signifie « vaste partie continentale » du Sud. Au-dessus, se déploient les cieux du Monde du Désir*. Vu depuis le continent, le lieu le plus élevé est le sommet du Mont Sumeru.

Par conséquent, le chemin qui mène au monastère est celui que nous prenons, depuis le continent du Sud où nous vivons, pour rencontrer Bouddha au lointain sommet du Mont Sumeru. De la même façon que diverses pensées nous naissent lorsque nous gravissons une montagne, nous sommes traversés par des pensées pendant notre cheminement vers le monastère. Comme pour tenir jusqu'au bout afin de parvenir au sommet, nous contrôlons nos pensées pour enfin rencontrer Bouddha dans la salle du Dharma. Se rendre au monastère bouddhique n'est pas simplement une visite touristique pour le plaisir des yeux, c'est un long cheminement où l'on examine son esprit.

En route ! Partons maintenant, l'esprit net, rencontrer Bouddha au sommet du Mont Sumeru.

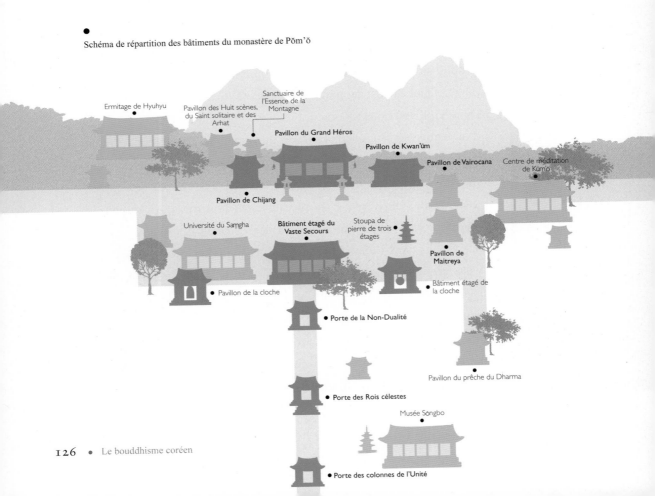

Schéma de répartition des bâtiments du monastère de Pŏm'ŏ

Du Pont du Paradis jusqu'à la Porte des colonnes de l'Unité

La métaphore du Mont Sumeru s'applique au monastère bouddhique, que celui-ci soit situé en centre ville ou bien dans la montagne. Le parcours qui mène à l'entrée d'un monastère symbolise la traversée de la mer du continent Jambudvīpa et le franchissement de la montagne.

Le Pont du Paradis, Kŭngnakkyo

En chemin vers le monastère, nous allons rencontrer nécessairement, à un moment ou à un autre, un pont surplombant un ruisseau. Ce pont de pierre

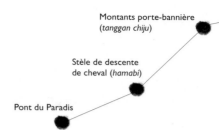

Montants porte-bannière
(*tanggan chiju*)

Stèle de descente
de cheval (*hamabi*)

Pont du Paradis

n'est pas un simple pont. Il est le pont qui franchit les Huit mers permettant d'accéder, depuis le Jambudvīpa, au Mont Sumeru. Ce pont nous fait traverser la mer de souffrances des êtres sensibles pour nous conduire vers les bras de Bouddha. Par conséquent, on appelle ce pont le *Kŭngnak kyo** (litt. « Pont du Paradis ») ou *Haet'al kyo** (litt. « le Pont de l'Extinction »). Parfois, une tête de dragon est gravée sous le pont. Le dragon est chargé de chasser les groupes malintentionnés cherchant à entrer dans l'espace saint du monastère. Ces groupes sont dans nos esprits : traverser le pont signifie que nous devons rectifier nos cœurs.

La stèle de descente de cheval, *hamabi*

Juste avant d'atteindre la Porte des colonnes de l'Unité qui marque l'entrée du monastère, on aperçoit une stèle de pierre sur laquelle sont inscrits les trois sinogrammes « ha-ma-bi* » (litt. « stèle de descente de cheval »). Cela signifie qu'il faut descendre de cheval. Autrefois, ceux qui se déplaçaient à cheval devaient s'arrêter et descendre à cet endroit. Le fait de monter à cheval était alors un signe de haute position dans la société. Mais, quelle que fût l'autorité de la personne, à partir de cet endroit, elle n'était plus qu'un disciple de Bouddha comme les autres.

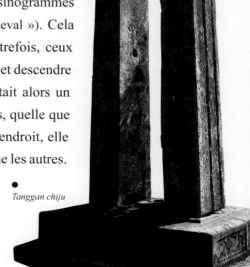

Tanggan chiju

Ce n'est qu'en s'abaissant que l'on peut approcher de la vérité.

Les montants porte-bannières, *tanggan chiju*

Les deux colonnes de pierre situées devant la Porte des colonnes de l'Unité sont des montants porte-bannières*. Ils supportaient des hampes de drapeaux. Ce n'est plus le cas aujourd'hui, mais autrefois des drapeaux flottaient haut au bout d'une hampe. Ces bannières indiquaient que certains événements avaient lieu dans le monastère, ou bien l'appartenance à une école bouddhique*. Avant tout, ce signal manifestait la présence d'un lieu saint marqué par l'enseignement de Bouddha.

De la Porte des colonnes de l'Unité jusqu'à la Porte de la Non-Dualité

Partis du Jambudvīpa puis ayant traversé les mers et franchi les montagnes, nous voici arrivés à l'entrée du Mont Sumeru. En faisant retour sur nos pensées, nous avons tenu bon et sommes parvenus jusqu'ici. Il nous faut à présent, en renouvelant notre cœur, gravir le Sumeru jusqu'au sommet. Le sommet sera atteint après le passage par trois ou quatre portes.

La Porte des colonnes de l'Unité, Ilchumun

La première porte par laquelle on pénètre dans le monastère – c'est-à-dire dans le monde de Bouddha – est la Porte des colonnes de l'Unité, *ilchumun**. Elle correspond à l'entrée du Mont Sumeru. Ce n'est pas parce qu'elle n'aurait qu'une colonne qu'elle est appelée *ilchumun* (litt. « une-colonne-porte »), mais parce que ses colonnes sont alignées. Disposer bien en ligne les colonnes avant d'y poser le toit signifie l'unité (ou la constance) de l'esprit*. Le long voyage a été l'occasion d'observer son esprit. Il s'agit maintenant d'approcher de Bouddha en franchissant cette porte après avoir unifié son esprit par l'abandon des pensées discriminantes. Par conséquent, lorsque l'on passe la porte, on joint les mains et l'on fait une demi-prosternation avec la plus grande ferveur en direction de la salle du Dharma. Sur la Porte des colonnes de l'Unité, ce ne sont pas les sinogrammes : « il-chu-mun » que l'on trouve, mais généralement le nom de la montagne *san** (山) et du monastère *sa** (寺) : « ○○山 ○○寺 » (XX*san*XX*sa*). Il arrive aussi que l'on trouve le mot « Cho-gye-mun* » (litt. « Porte de Chogye »).

La Porte Kŭmgang, Kŭmgangmun

Après la Porte Ilchumun, on trouve parfois la Porte des Quatre rois célestes*, mais il arrive également qu'entre les deux se dresse la Porte Kŭmgang*. Même si cette dernière est absente, sur les battants des portes de la Porte des Quatre rois célestes, on peut trouver représentés des guerriers puissants porteurs de *vajra** (foudres). À l'intérieur de la Porte Kŭmgang, deux guerriers à l'aspect redoutable surveillent les êtres qui passent. Ils ont pour fonction de faire barrage aux groupes malintentionnés qui approcheraient du monastère. L'un est Narayŏn Kŭmgang*, l'autre est Milchŏk Kŭmgang*. Narayŏn Kŭmgang a la force de cent éléphants. On le nomme aussi « A Kŭmgang yŏksa* » parce qu'il ouvre la bouche en prononçant le son « a ». Quand à Milchŏk Kŭmgang, son nom signifie « traces secrètes* » parce qu'il fit le vœu d'écouter parler des actions secrètes de Bouddha. On l'appelle également « Hum Kŭmgang yŏksa* » parce qu'il ouvre la bouche pour prononcer la syllabe « hum » (sans. *hŭṃ*). « A » est le premier son de l'univers, tandis que « hum » en est le dernier. Si

Ilchumun

l'on fusionne les deux syllabes, cela donne « Om » (sans. *Oṃ*). Contenant le premier et le dernier son de l'univers, « Om » est la syllabe qui contient toute chose dans l'univers.

La Porte des Rois célestes, Ch'ŏnwangmun

Les Quatre rois célestes sont à l'origine les esprits célestes* vivant dans le Ciel des Quatre rois célestes perché à mi-pente du Mont Sumeru. Émerveillés par l'enseignement de Bouddha, ils sont devenus des généraux divins* gardiens de la Loi bouddhique. Ces rois célestes sont les gardiens des quatre orients : à l'Est, Chiguk Ch'ŏnwang* (litt. « le roi céleste qui maintient le royaume ») ; à l'Ouest, Kwangmok Ch'ŏnwang* (litt. « le roi céleste au large regard ») ; au Sud : Chŭngjang Ch'ŏnwang* (litt. « le roi céleste qui aggrandit [le royaume] ») et au Nord, Tamun Ch'ŏnwang* (litt. « le roi céleste qui entend beaucoup »). Ils portent chacun des attributs spécifiques qui les distinguent ; respectivement : une épée, un dragon et une perle-relique* (litt. « perle qui réalise les vœux »), un trident et un stoupa en matière précieuse, et un luth. Sous leurs pieds, sont représentés les êtres coupables de nombreux crimes. Sans doute, ces êtres ne sont pas autres que les pensées erronées de mon intériorité. Il reste un long chemin à parcourir. Il faut bien observer mes pensées sur le chemin à la rencontre de Bouddha.

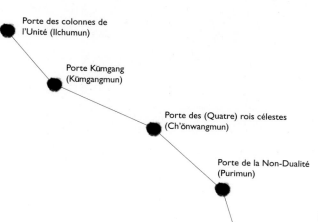

Porte des colonnes de l'Unité (Ilchumun)

Porte Kŭmgang (Kŭmgangmun)

Porte des (Quatre) rois célestes (Ch'ŏnwangmun)

Porte de la Non-Dualité (Purimun)

Porte Kŭmgang du monastère de
Kŭmsan

La Porte de la Non-Dualité, Purimun

La Porte de la Non-Dualité* est celle qui mène à la Terre Pure du Royaume
de Bouddha* où Il réside. Le terme « pur-i » (litt. « non-deux ») désigne la
position à partir de laquelle disparaissent toutes les pensées discriminantes
causées par les illusions*. C'est l'instant où, une fois monté au sommet, la
montagne, le ciel et moi ne faisons qu'un. C'est la position où disparaissent
toutes les pensées erronées distinguant le « je » du « tu », le vrai du faux.
C'est la position où tous les tourments mentaux ont disparu. On nomme
ceci « l'Extinction* ». Aussi appelle-t-on cette porte la Porte Haet'al*
(« Porte de l'Extinction »), ou encore Porte du Paradis*. Passée la porte,
nous sommes au pays de Bouddha, la Terre Pure du Royaume de Bouddha.

Porte des Quatre rois célestes

Le pavillon de la cloche bouddhique et les quatre instruments

En franchissant la Porte de la Non-Dualité, nous faisons connaissance avec le pavillon de la cloche bouddhique* ou du bâtiment étagé de la cloche*. Dans le pavillon de la cloche, se trouvent les quatre instruments rituels : la cloche de bronze, le tambour du Dharma, le poisson de bois, le gong-nuage. Les quatre instruments sont des accessoires du culte bouddhique servant à transmettre largement l'enseignement de Bouddha afin de sauver la foule des êtres sensibles.

La grande cloche bouddhique sert à guider* les êtres des cieux et des enfers. À l'aube, elle est frappée vingt-huit fois, et trente-trois fois, le soir. Plusieurs interprétations sont données à la signification de ces nombres, mais, généralement, on considère que vingt-huit représente la somme du nombre des cieux des différents mondes : les six cieux du Monde du Désir,

les dix-huit cieux du Monde de la Forme* et les quatre cieux du Monde de l'Absence de forme*, éveillant ainsi les êtres des vingt-huit cieux ; tandis que trente-trois correspond à l'ouverture de la porte du Ciel Tuṣita* aux trente-trois « dieux » (Deva, êtres célestes).

Le tambour du Dharma, qui transmet l'enseignement, sert à guider les êtres vivants sur la terre ferme. Avec une peau de vache et une peau de bœuf tendues chacune sur l'une des faces du tambour, l'harmonie du yin et du yang est réalisée.

Le gong-nuage sert, quant à lui, à guider les êtres volant dans les airs ou encore les âmes* tournoyant dans le vide. Fabriqué en bronze ou en fer et en forme de nuage, on le nomme *unp'an**.

Le poisson de bois a pour objet de guider les êtres vivant dans l'eau. Il est construit dans un tronc de bois creusé, sculpté en forme de poisson. Le son est produit en frappant le ventre creux de la sculpture à l'aide de petits marteaux. Par ailleurs, la référence au poisson, qui a les yeux ouverts en permanence, est une incitation pour les pratiquants à s'exercer assidûment en étant constamment en état d'éveil.

●
Pavillon de la cloche du monastère de T'ongdo

La salle du Dharma et Bouddha

Entrant dans la salle du Dharma

Le pays de Bouddha rempli de lumière

Une fois passés la Porte de la Non-Dualité ainsi que le bâtiment de la cloche, s'étend alors la cour du monastère. Le pays de Bouddha. En face, devant soi, se trouve la salle du Dharma abritant Bouddha. Depuis le Jambudvīpa, nous avons franchi les montagnes, traversé les mers, puis gravi le Mont Sumeru, avant de faire finalement la rencontre avec Bouddha.

Ordinairement, la salle du Dharma est construite sur un soubassement de pierres entassées, surélevé par rapport au niveau de la cour. Pour ce soubassement, on utilise des pierres de couleur claire. Quand on regarde devant la salle du Dharma, on peut parfois observer de la terre de couleur claire, solidement tassée. Le fait d'utiliser des pierres et de la terre de couleur claire sert à créer un éclat naturel. Les rayons du soleil se reflètent sur les pierres et la terre blanches et éclairent le Bouddha à l'intérieur de la salle du Dharma. La lumière est renvoyée par le corps de Bouddha qui remplit la salle d'une lumière dorée. L'utilisation de la lumière naturelle montre la perspicacité des Coréens. Cela reproduit le pays de Bouddha rempli de lumière.

La Maison de Bouddha, Maison de la Vérité

Originellement, la salle du Dharma était appelée « salle dorée* ». Une des raisons d'une telle appellation est la couleur du corps de Bouddha : un violet doré*. La couleur du corps de Bouddha est dorée tirant sur le rouge ; elle émane de son corps, justifiant la dénomination de Kŭmin* (litt. « homme d'or »). Par conséquent, la « salle dorée » signifie la « Maison de Bouddha », la « Maison où l'on honore Bouddha ».

La salle du Dharma, signifie littéralement « la Maison de la Loi ». La Loi dont il est ici question est l' « enseignement de Bouddha », autrement dit la « Vérité ». Donc, la salle du Dharma est la « Maison emplie de l'enseignement de Bouddha », la « Maison où est transmis l'enseignement de Bouddha », la « Maison de la Vérité », la « Maison remplie de Vérité ».

Les personnes qui se rendent pour la première fois dans un monastère bouddhique n'entrent pas spontanément dans la salle du Dharma. La plupart rôdent à l'extérieur. Nous sommes venus au sommet du Sumeru, jusqu'au pays de Bouddha, alors faisons un pas de plus et entrons à l'intérieur. Même sans être fidèles bouddhistes, entrons avec les dispositions de personnes qui en rencontrent une autre en lui faisant confiance ou bien en la respectant. Demandons l'aide des personnes autour. Si l'on ne se comprend pas en paroles, alors recourons, à travers les autres, aux gestes ; sinon, asseyons-nous à l'intérieur et ressentons, à travers les autres, ce que peut être le pays de Bouddha. Ensuite, si nous nous sentons disposés,

joignons les mains et prosternons-nous, ou bien faisons tout autre rite en imitant les autres. Mieux vaut essayer par soi-même une fois que de regarder une centaine de fois.

D'innombrables Bouddhas et Bodhisattvas

Dans le monastère, sont présents de nombreux Bouddhas. Pourquoi sont-ils si nombreux ? Premièrement, parce que si l'on se réfère aux enseignements, tout le monde peut devenir Bouddha. Si tous peuvent devenir Bouddhas, il n'y a pas de raison qu'il n'y en ait qu'un seul. Deuxièmement, parce que les souhaits des êtres envers Bouddha sont divers. Plusieurs Bouddhas sont là pour répondre en fonction de ces demandes variées : le Bouddha Vairocana, le Bouddha Śākyamuni, le Bouddha Amitābha*, le Bouddha Maître des Remèdes*, etc. De plus, dans le monastère, il n'y a pas que des Bouddhas. Il y a aussi des Bodhisattvas (Êtres d'Éveil ; cor. Posal). « Bouddha » veut dire « personne éveillée », tandis que « Bodhisattva » désigne quelqu'un pratiquant avant de devenir Bouddha. Les Bodhisattvas, en haut, recherchent l'Éveil ; et, en bas, cherchent à secourir les êtres. Les Bodhisattvas aussi sont plusieurs : le Bodhisattva Kwanse'ŭm (Avalokiteśvara), le Bodhisattva Chijang* (Kṣitigarbha), le Bodhisattva Munsu* (Mañjuśrī), le Bodhisattva Pohyŏn* (Samantabhadra), etc. Avec Bouddha sont encore présents de nombreux êtres très divers, à commencer par ses grands disciples : les *Nahan* (sans. *arhat*), la foule des Esprits, l'esprit de la montagne*, le roi dragon*, etc.

La salle du Dharma et les Bouddhas et Bodhisattvas

Le Palais précieux de la Tranquillité, Chŏngmyŏl pogung

Le Palais précieux de la Tranquillité* est le lieu où sont conservées les
« reliques du corps authentique* » de Bouddha. Dans la salle du Dharma,
où sont déposées les reliques du corps authentique de Bouddha, il n'y a pas
de statues de Bouddha. Les reliques étant précisément Bouddha, on ne Lui
rend pas séparément hommage devant une représentation. « Tranquillité* »
signifie Nirvana : un état obtenu par la disparition des tourments mentaux.
En Corée, on parle de Cinq grands Palais précieux de la Tranquillité :
le monastère de Pongjŏng* des monts Sŏrak*, la terrasse du Milieu du
monastère de Sangwŏn* des monts Odae*, le monastère de Chŏngam*
des monts T'aebaek*, le monastère de Pŏphŭng* des monts Saja*, le
monastère de T'ongdo des monts Yŏngch'uk.

Le Pavillon du Grand Héros, Tae'ungjŏn

Dans le Pavillon du Grand Héros*, on honore généralement le Bouddha
Śākyamuni comme Bouddha de dévotion principale*. L'expression

Pavillon du Grand Héros

*tae'ung** vient du *Soutra du Lotus** où elle exprime l'admiration à l'égard de Bouddha. Sŏkkamoni* signifie « sage du clan des Śākya* ». Lui qui est venu dans le monde il y a quelques 2600 ans, Il a donné aux êtres de nombreux enseignements par Sa sagesse et Sa compassion. Sa sagesse et Sa compassion se sont perpétuées jusqu'à nos jours. Par conséquent, aujourd'hui encore, on se perfectionne en quête de Sa compassion et pour acquérir Sa sagesse pour maintenant. À gauche et à droite de Bouddha Śākyamuni, se trouvent les Bodhisattvas (cor. Posal) Munsu (Mañjuśrī) et Pohyŏn (Samantabhadra). Munsu Posal représente la sagesse, et Pohyŏn Posal, la compassion et sa mise en pratique. Sont également présents le Bouddha Maître des Remèdes et le Bouddha Amitābha.

Le Pavillon de la Grande lumière de la Tranquillité, Taejŏkkwangjŏn

Dans le Pavillon de la Grande lumière de la Tranquillité*, on honore le Bouddha Vairocana comme Bouddha de dévoltion principale. Le Bouddha Vairocana est le Maître de l'enseignement* du *Soutra de l'Ornement de Splendeur*, le Bouddha du corps du Dharma*, corps de la Vérité éternelle. Vairocana* signifie « lumière » ou « soleil ». La « Grande lumière de la Tranquillité » a le sens de « manifestation de tous les mondes tels qu'ils sont par la clarté de la sagesse dans la tranquillité ». La suppression de tous les tourments mentaux fait place à la tranquillité, si bien que l'apparence véritable du monde se manifeste telle qu'elle est, et illumine.

À son geste, le Bouddha Vairocana est reconnaissable au premier coup d'œil. Les mains l'une sur l'autre à la hauteur de la poitrine, l'index dressé de sa main gauche est entouré par les doigts de sa main droite. On appelle ce « geste » (sans. *mudrā*) le « sceau (manuel) du poing de sagesse* ». À gauche et à droite du Bouddha Vairocana se trouvent généralement le

1_ Pavillon de la Grande lumière de la Tranquillité
2_ Pavillon du Paradis
3_ Pavillon du Maître des Remèdes

1
2 3

Bouddha Nosana* et le Bouddha Śākyamuni, formant une triade.

Le Pavillon du Paradis, le Pavillon de l'Incommensurable Longévité

Dans le Pavillon du Paradis*, le Bouddha Amitābha est honoré comme Bouddha de dévotion principale. Le Bouddha Amitābha réside dans la Terre pure de l'Ouest*. On parle de « Terre pure » parce que le pays où se trouve le Bouddha est un territoire pur. En ce lieu, pas la moindre souffrance, mais seulement du plaisir ; c'est pourquoi on le nomme « paradis ». En sanscrit, Amitābha a le sens de « longévité incommensurable », « clarté incommensurable ». Le Bouddha Amitābha observent les êtres à la lumière de la vie incommensurable. Il les sauve des souffrances de la mort et les conduit en paradis. L'être, le plus mauvais soit-il, qui appelle le Bouddha Amitābha avec ferveur, peut aller en paradis. À gauche et à droite du Bouddha Amitābha se trouvent le Bodhisattva Kwanse'ŭm et le Bodhisattva Taeseji* (sans. Mahāsthāmaprāpta). Ce dernier est parfois remplacé par le Bodhisattva Chijang, sauveur des êtres tombés dans les enfers.

Le Pavillon du Maître des Remèdes, le Pavillon de l'Éclat de Béryl

Dans le Pavillon du Maître des Remèdes*, on honore le Bouddha Maître des Remèdes comme Bouddha de dévotion principale. Le Bouddha Maître des Remèdes réside dans la Terre pure de l'Est, « Éclat de Béryl* ». Le Bouddha Maître des Remèdes guérit les maladies de tous les êtres, Il les sauve des catastrophes et, de là, les aide à parvenir à l'Éveil. Sur une de ses paumes est posé un pot à médecine qui soigne les êtres de leurs souffrances. À sa gauche et à sa droite, se trouvent respectivement le Bodhisattva Sūryaprabha* (litt. « clarté du soleil ») et le Bodhisattva Chandraprabha* (litt. « clarté de la lune »).

Le Pavillon de Mirŭk, Yonghwajŏn

Dans le Pavillon de Mirŭk*, on honore le Bouddha Mirŭk* (Maitreya) comme Bouddha de dévotion principale. Le Bouddha Mirŭk est le Bouddha du futur qui doit venir sur la terre dans cinq milliards six cent soixante-dix millions d'années. Actuellement, en tant que Bodhisattva, Il instruit les êtres dans le Ciel Tuṣita*. « Mirŭk » signifie « compassion » ou « amitié ». Le Bodhisattva Maitreya, qui viendra sur terre dans un lointain futur, obtiendra l'Éveil sous l'arbre Nāga-puṣpa* (litt. « arbre aux fleurs dragons ») et deviendra Bouddha. Sa prédication en trois étapes guide quelques trente milliards d'êtres. On appelle cela le Yonghwa Samhoe* (litt. « les Trois assemblées de l'Arbre aux fleurs dragons »). Cependant, pour les êtres de cette terre, cinq milliards six cent soixante-dix millions d'années ne représentent qu'un nombre. Ils souhaitent ardemment que le Bouddha Mirŭk, Bouddha du futur, vienne immédiatement sur terre pour surmonter la dure réalité.

Le Pavillon de Kwan'ŭm, le Pavillon Wŏnt'ong

Dans le Pavillon de Kwan'ŭm*, on honore le Bodhisattva Kwanse'ŭm comme Vénérable principal*. Résidant dans le Mont Potalaka*, Il est le corps de transformation* de la compassion dispensant la compassion en écoutant la voix pressante de tous les êtres. Son pouvoir s'étend en tout temps et partout, si bien qu'Il est appelé Wŏnt'ong taesa* (litt. « Grand Bodhisattva de la Communication Parfaite »). Le Bodhisattva Kwanse'ŭm est diversement représenté : avec quarante-deux mains, ou bien avec mille mains et mille yeux, ou encore avec onze visages. Cette foule de mains, d'yeux et de visages manifestent les moyens et la sagesse du Bodhisattva pour répondre aux souhaits divers et multiples de la foule des êtres.

1_ Pavillon de Kwan'ŭm
2_ Pavillon de Mirŭk
3_ Pavillon Myŏngbu

1 2
3

●
1_ Pavillon P'alsang
2_ Pavillon de la Grande
   Corbeille de Hae'insa
3_ Pavillon Ŭngjin

Le Pavillon de Chijang, le Pavillon Myŏngbu

Le Bodhisattva Chijang est le Vénérable principal honoré dans le Pavillon de Chijang*. Le Bodhisattva Chijang a fait le serment de ne pas devenir Bouddha* tant qu'il resterait un seul être dans les enfers. On appelle Myŏngbu* (litt. « Cour des Ténèbres ») le lieu du jugement des êtres défunts, décidant de leur destination dans leur prochaine vie. Dans la Cour des Ténèbres, dix rois sont chargés du jugement. Dans ce lieu, le Bodhisattva Chijang fait office d'avocat, cherchant à conduire les êtres dans un bon lieu. Ceci dit, Chijang Posal ne concerne pas uniquement le monde à venir : penser à Chijang Posal dans le monde présent recèle de nombreux mérites.

Le Pavillon Yŏngsan, le Pavillon P'alsang

Le Pavillon Yŏngsan* tire son origine du pic des Vautours* (Yŏngch'uksan) où le Bouddha Śākyamuni expliqua le Dharma. C'est pourquoi, dans le Pavillon Yŏngsan, on trouve les grands disciples autour de Bouddha Śākyamuni. On y trouve aussi parfois des images montrant le grand récit de la vie de Bouddha en huit scènes principales. Ces images sont appelées P'alsangdo* (litt. « dessin des Huit scènes »). Le pavillon où ces images sont déposées est appelé Pavillon aux Huit scènes*, P'alsangjŏn*.

Le Pavillon Ŭngjin, le Pavillon des Arhat

Le Pavillon Ŭngjin* (litt. « Pavillon de la Conformité Authentique ») ou Pavillon des Arhat*, est la salle du Dharma où sont déposés, parmi les disciples de Bouddha, les saints ayant obtenu les « fruits des Arhat* ». Le terme Arhat* désigne les saints ayant obtenu le plus grand Éveil. En sinogrammes, ce terme est souvent abrégé en Nahan. Ces Arhat ont à faire à la Vérité si bien qu'on les appelle aussi, en traduction, Ŭngjin* (litt. « adéquation à la vérité »). Dans le Pavillon Ŭngjin sont honorés des groupes de seize, dix-huit ou cinq cents Arhat, représentés en ascètes que l'on peut facilement distinguer des Bouddhas et Bodhisattvas. La plupart d'entre eux ont une apparence simple et spontanée qui leur confère un sentiment de proximité avec nous.

La Pavillon de la Grande Corbeille, le Pavillon de la Corbeille du Canon bouddhique

Le Pavillon de la Grande Corbeille* (les Écritures bouddhiques étant classées en « corbeilles », sans. *piṭaka*) ou Pavillon de la Corbeille du Canon bouddhique* sont des lieux de conservation des planches gravées pour l'impression des Soutras et autres Écritures bouddhiques. Les Soutras correspondant au Joyau du Dharma parmi les Trois Joyaux du bouddhisme, on appelle aussi « Pavillon du Joyau du Dharma* » le lieu où ceux-ci sont déposés. Dans la mesure où les planches gravées des

Écritures y sont conservées, on parle aussi à son endroit de « Pavillon des Planches* ». Au centre du Pavillon de la Grande Corbeille, on honore le Bouddha Vairocana, Bouddha du corps du Dharma signifiant la Vérité en elle-même, ou bien le Bouddha Śākyamuni, explicateur du Dharma* pour la foule des êtres.

Le Pavillon des Patriarches, Chosajŏn*

Le Pavillon des Patriarches est l'endroit destiné à célébrer les Patriarches ou bien les moines fondateurs ou reconstructeurs du monastère. Le terme « Patriarche » désigne un moine fondateur d'école bouddhique ou bien un moine qui en a transmis l'enseignement. Le mot peut également inclure les religieux devenus des modèles à suivre. L'initiateur de la fondation est celui qui fut le premier à construire le monastère et à diffuser l'enseignement de Bouddha. Quant au reconstructeur, il est celui qui, par la suite, a remis le monastère en état de fonctionnement et l'a fait de nouveau prospérer.

Le Pavillon aux Trois Saints, Samsŏnggak

Dans le Pavillon aux Trois Saints* sont honorés le Tathāgata* (« Ainsi Venu », une des dix principales appellations de Bouddha) des Sept étoiles de la Grande Ourse*, le Saint solitaire*, et l'Esprit de la montagne. Quand ils sont honorés chacun dans un sanctuaire particulier, ceux-ci sont appelés respectivement : Ch'ilsŏngak*, Pavillon de Ch'ilsŏng ; Toksŏnggak*, Pavillon de Toksŏng, et Sansin'gak*, Pavillon de Sansin.

« Ch'ilsŏng* » (litt. « sept étoiles ») désigne les Sept étoiles du Boisseau du Nord*. Les croyances autochtones relatives aux étoiles furent absorbées dans le bouddhisme. Le fait de nommer les étoiles du Pôle Nord « Ch'isŏnggwang yŏrae* » (litt. « Ainsi Venu à l'éclat éblouissant ») ou « Tathāgata des Sept étoiles », les sept étoiles du Boisseau du Nord, relève de la croyance dans la constellation des Sept étoiles. Quand les enfants meurent précocement, on présente une prière au Seigneur Ch'ilsŏng*.

Toksŏng désigne le saint qui s'exerce solitaire dans les monts Tiantai* avec l'intention de guider les êtres au cours de la phase terminale de la Loi*. Dans la peinture du sanctuaire, il est représenté sous la forme d'un vieillard avec une barbe blanche et de longs sourcils, lui donnant l'apparence d'un Immortel*. On l'appelle généralement Vénérable Naban* (autre nom de l'Arhat Piṇḍdola Bharadvāja, un des disciples du Bouddha Śākyamuni).

En Corée, du fait que le territoire est majoritairement constitué de montagnes, depuis les temps anciens, forte est la croyance dans les esprits des montagnes. On pensait que celui qui veillait sur notre existence – en particulier sur les travaux agricoles – était l'esprit de la montagne. Il est représenté en compagnie d'un tigre. Plutôt qu'une croyance spécifique au bouddhisme, la croyance en l'esprit de la montagne relève des croyances autochtones.

Pavillon de Sansin

Peintures murales

Des peintures murales ornent la salle du Dharma et transmettent parfois de manière visuelle l'enseignement de Bouddha. Leur contenu est divers, mais les plus représentatives sont « la peinture des Huit scènes* » et « la peinture de la Quête du Bouvier* ».

La peinture des Huit scènes, *p'alsangdo*

La peinture des Huit scènes illustre en huit étapes les principaux événements du récit de la vie du Bouddha Śākyamuni :

① le Bodhisattva Chandragupta* (litt. « Bodhisattva Protecteur de Lumière ») descend du Ciel Tuṣita, monté sur un éléphant blanc à six défenses. Il est le nom donné à l'incarnation antérieure du Bouddha Śākyamuni lorsque celui-ci se trouvait dans le Ciel Tuṣita. ② Bouddha naît à Lumbinī, fils du roi Śuddhodana* et de la reine Māyā*. ③ Le Prince Siddhārtha Gautama prend connaissance du monde en passant respectivement chacune des quatre portes (situées aux quatre orients de la cité de Kapilavastu). À la porte du Nord, il voit un ascète et décide de quitter sa famille. ④ Le Prince franchit les murailles du palais de Kapilavastu afin de quitter sa famille. ⑤ Le Prince, ayant quitté le monde, pratique pendant six années dans les monts Himavat* (Himalaya). ⑥ Sous le pipal (*ficus religiosa*), à Bodh-Gayā, Bouddha vainc Mārā*, le roi des démons, et obtient l'Éveil. ⑦ Dans le Jardin des Cerfs*, Bouddha diffuse le Dharma pour la première fois à cinq ascètes *bhikṣu* (cor. *pigu*). ⑧ Bouddha entre dans son *parinirvāṇa* (extinction définitive) entre la paire d'arbres sāla*.

La peinture de la Quête du Bouvier, *simudo*

La peinture de la Quête du Bouvier représente dix étapes de la recherche du bœuf (par le bouvier). Il s'agit d'une peinture du Sŏn* montrant visuellement, à travers la métaphore du cœur figuré par un bœuf, le cheminement de l'ascète comprenant la véritable apparence de l'esprit*.

① « À la recherche du bœuf » : début de l'entraînement à la recherche de la véritable apparence de l'esprit. ② « Découverte des empreintes du bœuf » : sensation confuse des traces de la véritable apparence de l'esprit. ③ « Découverte du bœuf » : la véritable apparence de l'esprit n'est pas encore connue, mais l'on s'en approche. ④ « Le bœuf est capturé » : la véritable apparence de l'esprit est trouvée sans que les tourments mentaux aient disparu. ⑤ « Le bœuf est dressé » : les tourments mentaux disparaissent, mais la prudence est de mise vis-à-vis du relâchement de l'esprit après l'Éveil. ⑥ « Le retour chez soi, monté sur le bœuf » : débarrassé des illusions, on entre dans la véritable apparence de l'esprit. ⑦ « Le bœuf oublié, il ne reste que l'homme (le bouvier) » : l'entrée dans la véritable apparence de l'esprit est effective, mais la pensée d'y être entré n'est pas présente. ⑧ « Le bœuf et le bouvier sont tous deux oubliés » : arrêt de l'action de toutes les pensées discriminantes, état de vacuité atteint. ⑨ « Retour à la source » : à l'esprit dépourvu de discriminations, le monde apparaît tel qu'il est. ⑩ « Entrée dans le marché les mains suspendues (les bras ballants) » : entrée dans le village pour guider les êtres.

1 2 3 4 5
6 7 8 9 10

La peinture en dix scènes de la Quête du Bouvier au monastère de Songgwang

1_ À la recherche du bœuf
2_ Découverte des empreintes du bœuf
3_ Découverte du bœuf
4_ Le bœuf est capturé
5_ Le bœuf est dressé
6_ Le retour chez soi, monté sur le bœuf
7_ Le bœuf oublié, il ne reste que l'homme (le bouvier)
8_ Le bœuf et le bouvier sont tous deux oubliés
9_ Retour à la source
10_ Entrée dans le marché les mains suspendues (les bras ballants)

Stoupa et lanterne
de pierre

Stoupas et lanternes de pierre, urnes à reliques

Stoupa, *t'ap*

Dans la cour de devant la salle du Dharma, se dressent un ou deux
stoupas (pagodes). Le stoupa est le lieu saint où sont déposées les reliques
authentiques de Bouddha, ou des Soutras. Par conséquent, le stoupa n'est
pas simplement une tombe ou un monument de pierre, mais un lieu où vivent
et respirent Bouddha et son Enseignement. En tant que lieu de présence
de Bouddha, on fait une demi-prosternation en direction du stoupa, ou
bien l'on glorifie Bouddha en en faisant le tour (circumambulation). Si l'on

observe ensuite les alentours du monastère, on y découvre des petites pagodes faites de pierres empilées. Ce sont les stoupas qui contiennent les vœux accumulés des esprits des visiteurs.

Selon les spécificités propres à chaque pays bouddhiste, les stoupas sont édifiés selon des modalités et avec des matériaux particuliers. Généralement, on dit que la Corée est le pays des stoupas de pierre, que la Chine est celui des stoupas de briques, et que le Japon est celui des pagodes de bois. La Corée est en effet un pays où, comparativement, la qualité du granite est bonne, et où excellent les techniques de traitement de la pierre.

Les réalisations les plus emblématiques sont le Sŏkkat'ap* (litt. « Stoupa de Śākyamuni ») et le Tabot'ap* (litt. « Stoupa aux Nombreux trésors ») du monastère de Pulguk* à Kyŏngju, le stoupa de pierre de cinq étages du site du monastère de Chŏngnim* à Puyŏ*, et le stoupa de pierre de trois étages du site du monastère de Kamŭn* à Kyŏngju.

Les lanternes de pierre, *sŏktŭng*

Dans la cour de devant la salle du Dharma, devant les stoupas et devant les urnes à reliques, on trouve des lanternes de pierre, *sŏktŭng**. La lanterne de pierre fait certes briller son feu, mais elle est un des symboles ornant le monastère, terre de Bouddha. Au sein du monastère, le feu de la lanterne symbolise la sagesse, l'enseignement et l'Éveil. La Vérité à laquelle Bouddha s'est éveillée est devenue feu de lanterne qui éclaire le chemin aux êtres dont la vie est plongée dans l'obscurité.

Les urnes à reliques, *pudo*

Dans un lieu tranquille sur un côté du monastère, se trouvent les urnes à reliques ou les stèles des urnes* contenant la mémoire des anciens *sŭnim*. Alors que l'on appelle stoupa (*t'ap*), l'endroit où sont conservées et honorées les reliques de Bouddha ou les textes canoniques, *pudo** est le terme utilisé pour désigner les sites où sont honorées les reliques des religieux. Après le décès des maîtres, les urnes à reliques sont édifiées avec

le plus grand soin et avec la ferveur la plus intense par leurs disciples. Les urnes furent construites en grand nombre à la fin du Grand Silla (668-935) à partir du moment où les écoles du Sŏn commencèrent à prospérer. Ceci était logique dans la mesure où les écoles du Sŏn accordent une importance particulière à la transmission de l'enseignement des maîtres. Honorant leurs reliques, les disciples cherchaient à transmettre l'enseignement de leurs maîtres à la postérité. La tradition d'une telle pratique s'est perpétuée jusqu'à nous.

Assemblées du Dharma
et fêtes bouddhiques

Signification des assemblées du Dharma

L'assemblée du Dharma désigne la réunion au cours de laquelle on transmet l'enseignement de Bouddha. Elle tire son origine des prédications de Bouddha Śākyamuni. Les moines du temps de Bouddha pouvaient parfois – avec son assentiment – le remplacer pour transmettre l'enseignement. Aujourd'hui encore, l'assemblée du Dharma est une réunion symbolisant la transmission de l'enseignement du temps de Bouddha Śākyamuni. À l'appellation « assemblée du Dharma » on substitue parfois les termes : offrandes à Bouddha* (cor. *pulgong*), « prière* ou office d'offrandes* (*chae*) ». *Pulgong** veut dire présenter des offrandes aux Bouddhas. *Chae** signifie faire des offrandes aux Bouddhas et au Saṃgha en se purifiant le corps et l'esprit. En présentant avec ferveur ces offrandes aux Bouddhas et au Saṃgha, on offre des prières pour obtenir la sagesse et la compassion de Bouddha.

De nos jours, dans les monastères de Corée du Sud, se déroulent diverses assemblées du Dharma. Il existe des assemblées périodiques ayant lieu régulièrement chaque semaine ou tous les mois, ainsi que des assemblées particulières organisées lors de jours de grandes occasions telles que le jour de l'Avènement de Bouddha. Les assemblées périodiques du Dharma* se tiennent ordinairement les jours consacrés par la tradition : les premiers et quinzièmes jours du mois du calendrier luni-solaire. Toutefois, la pratique s'organise aujourd'hui d'une manière adaptée à la vie moderne : le dimanche ou bien un jour fixé en semaine. Il existe également des assemblées de prières au cours du mois : l'office d'offrandes à Chijang*, le dix-huitième jour du mois du calendrier luni-solaire ; l'office d'offrandes à Kwan'ŭm*, le vingt-quatrième jour du mois ; l'office d'offrandes à

Yaksa*, le huitième jour du mois. Parmi les assemblées particulières du Dharma, existe l'assemblée de l'Avènement de Bouddha, ou assemblée de Pongch'uk* (litt. « assemblée du Dharma de célébration respectueuse ») ; l'assemblée d'adoption des règles de vie* au cours de laquelle les disciples de Bouddha s'engagent ; l'assemblée de libération des êtres vivants* où l'on met en pratique le respect de la vie (en relâchant des animaux capturés vivants).

Toutes ces cérémonies n'ont pas nécessairement lieu au sein des monastères. Cela dépend de la situation de chaque monastère. Cependant, si les conditions du culte sont différentes, le cœur des fidèles qui participent à ces assemblées, lui, ne varie pas. En présentant des offrandes à Bouddha avec la plus grande sincérité, ils souhaitent tous ensemble demander son enseignement et participer de sa sagesse et de sa compassion.

Les cinq grandes fêtes du bouddhisme

Le jour de l'Avènement de Bouddha, *Puch'ŏnim osin nal** (le 8e jour du 4e mois du calendrier luni-solaire), le jour des offrandes de la Réalisation de l'Éveil, *sŏngdo chae'il* (le 8e jour du 12e mois), le jour des offrandes de la Sortie du monde séculier* du Bouddha Śākyamuni, *ch'ulga chae'il* (le 8e jour du 2e mois du calendrier luni-solaire), le jour d'offrandes du Nirvana*, *yŏlban chae'il* (le 15e jour du 2e mois du calendrier luni-solaire) sont les quatre grandes fêtes du bouddhisme. À celles-ci s'ajoute la fête de l'Uranbun* ou Paekchung* (le 15e jour du 7e mois), faisant le total de ce que l'on appelle « les cinq grandes fêtes bouddhiques ».

Toutefois, les quatre grandes fêtes ont lieu à des dates différentes

1_ Monastère de Kwan'ŭm
2_ Monastère de Pongŭn

selon les pays, à commencer par le jour de l'Avènement de Bouddha. Ceci s'explique par le fait que les textes canoniques présentent quelques différences, mais aussi en raison des calendriers utilisés localement. Dans le cas du jour de l'Avènement de Bouddha, la date du 8e jour du 4e mois du calendrier luni-solaire a cours à Taïwan, Hong Kong et dans les États de l'Asie du Nord-Est – Corée du Sud en tête –, mais, au Japon, c'est le calendrier occidental qui s'impose, car ce jour est célébré le 8 avril. Au Népal, il est célébré le quinze du premier mois du calendrier népalais, et correspond au 15e jour du 4e mois du calendrier luni-solaire indien en vigueur en Asie du Sud-Est : en Thaïlande, au Miyanmar, au Laos, au Cambodge, au Sri Lanka et en Inde.

Le jour de l'Avènement de Bouddha

Le 8e jour du 4e mois luni-solaire (aux alentours de mai) correspond au jour où le Bouddha Śākyamuni est venu sur cette terre. On appelle ordinairement ce jour : *sawŏl ch'op'aril** ou *ch'op'aril**. Ce jour-là, dans tous les monastères de Corée du Sud, se déroulent différents événements à commencer par les assemblées de Pongch'uk.

Quelques jours avant, les fidèles bouddhistes accrochent des lanternes dans tous les monastères et dans toutes les rues pour célébrer la venue de Bouddha sur cette terre. Ils allument des lanternes de différentes formes et défilent dans les rues, célébrant ainsi la fête des Lanternes devenue aujourd'hui célèbre dans le monde entier. La lumière des lanternes symbolise la sagesse, elle symbolise la compassion. Les fidèles bouddhistes prient avec ferveur pour qu'en allumant les lanternes, la sagesse et la compassion de Bouddha remplissent le monde entier de leur clarté.

Au cours de l'assemblée du Dharma du jour de l'Avènement de Bouddha, se déroule la cérémonie du lavement de l'Enfant Bouddha* nouveau-né. Ce rite provient du récit de la naissance de Bouddha selon lequel, lorsqu'il naquit, neuf dragons lui lavèrent le corps avec des eaux parfumées aux cinq couleurs. Le rite est l'occasion pour la foule des êtres vivants de se laver de la crasse des désirs ; il exprime aussi le vœu d'obtenir une sagesse sans mélange en vue de devenir Bouddhas.

Le jour de l'office des offrandes de la Réalisation de la Voie

Le 8ᵉ jour du 12ᵉ mois du calendrier luni-solaire (aux environs de janvier) est le jour où Bouddha obtint l'Éveil. Ce jour-là, reconsidérant le sens de l'Éveil de Bouddha, on fait la promesse de s'engager dans la pratique avec la détermination de parvenir à l'Éveil. Selon les monastères, on s'exerce à partir de sept jours avant le jour de la Réalisation de la Voie. Dans certains monastères, on pratique le *ch'amsŏn* pendant une semaine sans dormir*. Généralement, on médite à partir du soir de la veille du jour de l'office des offrandes de la Réalisation de la Voie et jusqu'au lendemain matin. De plus, depuis la veille, on prie pour que l'enseignement de Bouddha se répande au loin, et, toute la nuit, on accroche des lanternes allumées. Ceci parce que Bouddha obtint l'Éveil au petit matin.

Les jours d'offrandes de la Sortie du monde et de l'Entrée dans le Nirvana

Le 8ᵉ jour du 2ᵉ mois du calendrier luni-solaire (aux alentours de mars) est le jour où Bouddha « quitta sa famille » (le monde séculier). Ce jour-là, Bouddha déploya la force d'un grand vœu : « Je sauverai les êtres des tourments, je supprimerai les entraves de l'égarement*, je ferai cesser les vues mauvaises*, et je sortirai les êtres du cycle des renaissances*. » Le 15ᵉ jour du 2ᵉ mois du calendrier luni-solaire (vers mars) est le jour

Fête de l'Uranbun

où Bouddha fit son *Parinirvāṇa** (extinction définitive). En entrant dans le Nirvana, Bouddha prononça les paroles suivantes : « Le monde est impermanent : pratiquez ardemment ! »

La durée comprise entre le jour de la Sortie du monde et celui du *parinirvāṇa* est de sept jours complets. Depuis 1996, cette semaine a été fixée comme « semaine d'exercice des bouddhistes* » afin de rappeler l'enseignement de Bouddha et de s'engager dans la Voie de Bodhisattva*.

La fête de l'Uranbun

La fête de l'Uranbun du 15e jour du 7e mois du calendrier luni-solaire est aussi appelée *paekchung* (litt. « avouer à la communauté ») ou *paekchong**

(« cent espèces »). Ce jour est celui où le Vénérable Mongnyŏn* (Maudgalyāyana), grand disciple de Bouddha, secourut sa mère de la voie des esprits affamés. Conformément à l'enseignement de Bouddha, le dernier jour de la retraite d'été, le 15ᵉ jour du 7ᵉ mois, on présente des offrandes aux *sŭnim*, et l'on organise la fête de l'Uranbun à destination des parents et des ancêtres selon l'exemple fondateur de Mongnyŏn parti secourir sa mère. « Uranbun* » est la transcription du sanscrit *ullambana* qui signifie « suspendu à l'envers ». Selon le *Soutra de la Grandeur des Bienfaits des Parents*, quand les êtres tombent dans les enfers, ils ne franchissent pas de porte, mais y viennent poussés par le vent (c'est-à-dire la force) de leur karma*, suspendus la tête en bas. De plus, dans la mesure où la fête de l'Uranbun se tient le dernier jour de la retraite d'été, il est l'occasion d'avouer ses manquements à la communauté, justifiant son appellation de *paekchung*. Par ailleurs, on parle aussi de *paekchong* parce que ce jour-là on prépare cent sortes différentes de nourriture afin de sauver les êtres par le mérite que représentent les offrandes faites à Bouddha.

Aujourd'hui, la fête de l'Uranbun procède du souhait de sauver de la souffrance les âmes transportées* des parents et des ancêtres en s'appuyant sur la force spirituelle des religieux, en prenant modèle sur l'esprit de piété filiale du Vénérable Maudgalyāyana.

Si Bouddha a fixé ce jour le 15ᵉ jour du 7ᵉ mois, c'est précisément pour faire renaître les âmes en paradis ou dans une terre pure par la puissance des mérites* des moines réunis dans un même lieu en cette joyeuse occasion du jour où s'achève la retraite d'été. Cela signifie donc que la puissance des mérites à pratiquer par les religieux sortis du monde, quand elle est conjuguée à celle que constituent les offrandes effectuées par les donateurs*, est susceptible de sauver les êtres* ayant un mauvais karma.

Les fêtes saisonnières célébrées au sein des monastères bouddhiques

Depuis qu'il a été transmis en Corée il y a quelques mille sept cents ans, le bouddhisme n'a cessé d'exercer une grande influence sur la culture de la vie quotidienne, tout en étant lui-même influencé par elle. Ceci est d'autant plus vrai que le bouddhisme, plutôt que rejeter, accueille les autres cultures en réalisant un ensemble harmonieux avec elles. Le bouddhisme coréen a donc joué, et joue encore, un rôle important en transmettant et développant la culture traditionnelle de la Corée. Le monastère bouddhique conserve toujours aujourd'hui la culture traditionnelle, qui tend peu à peu à être oubliée, en en restituant les aspects visibles. Examinons à présent plusieurs de ces aspects remarquables liés aux fêtes saisonnières du calendrier*.

Le solstice d'hiver, *tongji*

La division du calendrier en vingt-quatre parties établies en fonction du cycle du soleil, constitue les vingt-quatre divisions saisonnières*. La division saisonnière marquant le début d'un nouveau cycle, sitôt que le précédent s'achève, est le solstice d'hiver. En Asie, le passage au solstice d'hiver s'accompagne de l'allongement de la durée d'ensoleillement, si bien qu'il est considéré comme le début de l'année, et, à ce titre est appelé « petit nouvel an* ». Le solstice d'hiver correspond environ au 22 ou 23 décembre du calendrier occidental.

Par conséquent, une des importantes coutumes du solstice d'hiver était le don de calendriers. De nos jours, cette pratique consistant à donner des calendriers le jour du solstice d'hiver a disparu de la plupart des lieux, mais elle subsiste dans les monastères bouddhiques. Une autre coutume propre au solstice d'hiver est la consommation de bouillie de haricots rouges *p'atchuk**. On mange certes de la bouillie de haricots, mais on peut aussi en répandre partout autour de la maison, ou bien encore l'enduire. Ceci procède de la croyance selon laquelle la couleur rouge du haricot chasse l'énergie obscure des mauvais esprits*. Le rouge symbolise en effet la vie et la lumière. Dans les monastères bouddhiques, on organise une assemblée du Dharma afin de prier pour le bonheur pendant une année entière, et l'on mange ensemble le *p'atchuk*.

L'équinoxe de printemps, *ipch'un*

Le terme *ipch'un** signifie littéralement « entrée dans le printemps ». Du point de vue du calendrier, il correspond à la troisième division saisonnière après celle du « Petit froid » et du « Grand froid », mais en tant que division annonçant le début du printemps, elle est considérée comme la première des vingt-quatre divisions. Elle correspond généralement au 4 ou 5 février du calendrier occidental.

Ce jour-là, la coutume veut que l'on colle sur les portails des habitations des écrits pour souhaiter le bonheur pendant une année entière. Les formules traditionnelles peuvent être écrites à la main et de manière individuelle, mais on peut également se les procurer dans les monastères. Dans les monastères bouddhiques, on fait une assemblée du Dharma pour prier afin que toutes les entreprises prévues dans l'année se déroulent sans encombre. On effectue aussi ensemble un rite pour éliminer en les brûlant tous les énergies néfastes* qui viendraient dans l'année.

Avant et après l'équinoxe de printemps, se déroulent ordinairement les assemblées du Dharma dites du début* et du milieu du premier mois*. L'assemblée du début du premier mois marquant le début de la nouvelle année se déroule généralement du 3e jour du 1er mois du calendrier luni-solaire et ce, pendant trois ou sept jours. L'assemblée du milieu du mois a lieu, quant à elle, le 15e jour du 1er mois. Les fêtes du jour du milieu du 1er mois, *taeborŭm*, constituent un grand événement dans les villages, de sorte qu'elles occupent également une place importante dans les monastères bouddhiques. Les *sŭnim* participent parfois aux événements organisés dans les villages pour souhaiter le bonheur.

Le jour du *taeborŭm*, il est fréquent de réunir des « assemblées du Dharma pour la libération des êtres vivants » *pangsaeng pŏphoe*. *Pangsaeng* signifie « sauver des vies ». Ce jour-là, on relâche en mer des poissons pêchés, ou bien l'on rend aux forêts des oiseaux capturés, ou encore l'on dissémine de la nourriture dans la montagne pour les bêtes sauvages. Il est possible aussi d'envoyer des messages d'espoir aux personnes retenues prisonnières. Le *pangsaeng* est un rite qui met en pratique et fait ressentir le respect de la vie.

Ch'ilsŏk

Le Ch'ilsŏk* (litt. « septième soir ») est le 7e jour du 7e mois du calendrier luni-solaire. Ce jour-là est le jour où, une fois dans l'année, se rencontrent les étoiles Altaïr* (l'étoile du Bouvier, la plus brillante de la constellation de l'Aigle) et Véga (« étoile de la Tisserande », la plus brillante de la constellation de la Lyre). Dans les villages, ce jour donne lieu à diverses pratiques en lien avec la Légende du Bouvier et de la Tisserande. Les femmes préparent des fruits dans les cours des maisons, et l'on prie pour que s'améliore leur habileté à coudre. On prie aussi pour que la descendance des familles ait une longue vie épargnée par la maladie. On appelle cela le « pont de vie », *myŏngtari** (litt. « pont de tissu », en ramie ou en coton).

Le Ch'ilsŏk a été intégré dans le bouddhisme si bien qu'il existe le rite d'offrandes de Ch'ilsŏk*. Ce rite est centré sur la croyance en les Sept étoiles (de la Grande Ourse) qui fait référence au Tathāgata Tejaprabha, Ch'isŏnggwang yŏrae. La croyance en les Sept étoiles fait des étoiles du Pôle Nord le Tathāgata Tejaprabha, et des Sept étoiles du Boisseau du Nord, le Tathāgata Ch'ilsŏng*. Ces astres président à la longévité humaine et à la prospérité matérielle. Par conséquent, les Coréens prient Seigneur Ch'ilsŏng de leur assurer une vie longue et sans maladies, en lui présentant une offrande de pelotes tressées en fil de coton.

L'office des offrandes pour la guidance des âmes, ch'ŏndojae

Le rite de *ch'ŏndo** sert à prier en vue de la renaissance des défunts dans les cieux (comme êtres célestes) ou en terres de paradis. La fête de l'Uranbun précédemment évoquée est incluse dans le rite de la guidance des âmes*.

Les offrandes du Quarante-neuvième jour, *sasipku chae*

Le jour des offrandes du Quarante-neuvième jour* fait partie des rites qu'il est fréquent d'observer dans les monastères bouddhiques. *Sasipku chae** est un rite de souhait pour le bonheur *post mortem myŏngbok** (litt. « bonheur dans les ténèbres ») des personnes décédées. À partir du jour de la mort et pendant quarante-neuf jours, on présente des offrandes à Bouddha en priant pour que le mort aille dans un bon lieu.

Après la mort, l'être humain peut recevoir sitôt après un corps en vue d'une nouvelle naissance, ou bien il renaît au bout de sept ou encore quarante-neuf jours. Par conséquent, après les funérailles, en comptant le jour du décès, on fait des offrandes tous les sept jours. De ces espaces de sept jours dépend en effet la prochaine renaissance. Au moment des offrandes du Quarante-neuvième jour, l'important est la ferveur que montrent les membres de la famille en deuil priant pour que le défunt

Les offrandes pour les êtres des eaux et des terres, *suryukchae*

Le *suryukchae** est un rite pour les esprit solitaires* se trouvant dans l'eau ou sur la terre ferme, ainsi que pour les esprits affamés. Il est spécialement destiné aux « âmes transportées » sans descendance, tournant dans le vide. Quand de mauvais actes étaient commis en grand nombre dans le pays, ceux-ci étaient considérés comme autant de signaux envoyés par les âmes sans descendance demandant de les secourir. C'est pourquoi, autrefois, des offrandes aux êtres des eaux et des terres étaient réalisées par l'État. Toutefois, de nos jours, elles ont lieu dans tel ou tel monastère.

Il n'est pas facile de prier pour des défunts avec lesquels nous n'avons aucun lien. Cet état d'esprit est précisément celui des Bodhisattvas.

Les offrandes au pic des Vautours, *yŏngsanjae*

Le *yŏngsanjae** est la réactualisation en ce monde de l'apparence de Bouddha Śākyamuni lorsque celui-ci expliquait le Dharma au pic des Vautours, Yŏngch'uksan*. Par le biais de cette assemblée du Dharma, on guide les âmes transportées, mais on peut aussi prier pour le pays, la paix et le progrès.

La dimension du rite du *yŏngsanjae* est très importante. Celui-ci se déroule en effet à l'extérieur : on suspend de grandes peintures portatives* de type *thangka* sur l'aire de culte, et, devant, l'on prépare un autel pour les Bouddhas*. Ensuite, se déroule le rite d'hommage et de louange aux mérites de Bouddha. Le monde de Bouddha et ses enseignements sont exprimés alors par chaque type d'instruments et par des danses bouddhiques *parach'um** effectuées à l'éventail et au rythme du tambour du Dharma. Ensuite, a lieu le rite proprement dit de guidance des âmes transportées.

Les offrandes en vue de la mort, *saengjŏn yesujae*

Le *saengjŏn yesujae** (litt. « offrandes faites au préalable avant la naissance ») est un rite d'offrandes pour réaliser des mérites par anticipation, de son vivant. Il constitue pour les vivants une préparation par anticipation de leur avenir *post mortem*. Selon l'opinion séculière, on dit aussi qu'il permet à quelqu'un d'effectuer à l'avance les offrandes de son 49e jour.

Les offrandes par anticipation s'effectuent pendant un mois intercalaire du calendrier luni-solaire. Elles sont, par conséquent, présentées à intervalle de deux ou trois ans. Le mois intercalaire étant un mois « en plus », on dit qu'à la différence des « lunes » ordinaires, elle est une lune sans entrave et sans problème. Ceci explique que, jusqu'à aujourd'hui, a été transmise l'idée selon laquelle ce mois intercalaire constitue la période

la plus favorable au déroulement des offrandes par anticipation qui ne concernent pas seulement la préparation - menée avec le plus grand soin - du bonheur dans le monde présent, mais également de celui dans le monde à venir.

Dans la mesure où il s'agit d'une pratique réalisée à titre anticipé, il convient, avec un esprit fervent, de faire, pendant le rite, un retour sur soi ainsi que l'examen de son entourage.

Les monastères de Corée du Sud

-

Des bons usages lors de la visite d'un monastère bouddhique

-

Les principaux monastères de Corée

-

Des bons usages lors de la visite d'un monastère bouddhique

Le monastère bouddhique est une aire de culte sacrée où, ayant fait table rase de toutes sortes de tourments mentaux, on prie en présentant ses respects aux saints Bouddhas. Le monastère bouddhique est un sanctuaire où l'on honore Bouddha qui, en ce monde, nous a montré la Vérité. Il est le lieu où l'on apprend son enseignement et où l'on s'exerce à le mettre en application. Il est l'espace où s'exprime la croyance fervente de nombreux êtres.

Dans ces conditions, lorsque l'on se rend dans un monastère, il convient de se conformer au minimum des usages ayant cours et valables pour quiconque, en adoptant une tenue vestimentaire correcte et en faisant montre d'un esprit sincère et fervent.

La façon d'exprimer le respect et de saluer

Les mains croisées, *ch'asu*

Croiser les mains, *ch'asu**, est la position que l'on adopte en temps ordinaire dans le monastère quand on n'a pas les mains occupées. Les mains sont l'une sur l'autre, les doigts croisés dans une position naturelle, portées à hauteur du bas-ventre (zone dite du « champ de cinabre ») avec lequel celles-ci sont légèrement en contact. Elles expriment humilité et calme.

Les mains jointes, *hapchang*

Posture la plus élémentaire, les mains jointes, *hapchang**, sont une expression de respect propre au bouddhisme. Les paumes des mains sont l'une contre l'autre et portées à hauteur de la poitrine. Les mains jointes, réunies comme ne faisant plus qu'une, expriment un esprit constant et sans discrimination.

Les prosternations

Les prosternations sont une expression rituelle d'abaissement de soi et de vénération des Trois Joyaux du bouddhisme (le Bouddha, le Dharma et le Saṃgha), ainsi que de respect à l'égard d'un tiers à qui l'on fait face. Les prosternations sont aussi une méthode bouddhique d'entraînement spirituel. Elles correspondent à l'un des enseignements de Bouddha qui préconisa de faire preuve d'humilité.

La demi-prosternation consiste, tout en ayant les mains jointes, à incliner de manière naturelle la tête et les hanches d'environ 45 à 60 degrés, puis de se redresser. Il est d'usage de faire la demi-prosternation quand on se place en direction de la salle du Dharma depuis la Porte des colonnes de l'Unité ou bien depuis la porte de Montagne* ; quand on rencontre des *sŭnim* à l'extérieur des bâtiments, quand les fidèles bouddhistes se saluent, ou encore, quand les circonstances ne justifient pas de faire des grandes prosternations.

La grande prosternation, *k'ŭnjŏl**, est appelée *och'et'uji* (litt. « cinq parties du corps posées au sol ») parce que cinq parties du corps (les coudes, les genoux et le front) sont en contact avec le sol. Elle se distingue de la prosternation qui a cours dans des pays comme l'Inde ou le Tibet, où le corps est entièrement en contact avec le sol. Il est d'usage d'exprimer du respect à l'égard des Trois Joyaux par trois grandes prosternations successives en plusieurs occasions : quand on se prosterne devant le Bouddha dans la salle du Dharma, quand on commence à réciter à haute voix les textes canoniques, quand on rencontre des *sŭnim* à l'intérieur des bâtiments. On peut effectuer encore des grandes prosternations au moment de prières, par série de cent huit, mille ou trois mille.

Des bons usages élémentaires dans le monastère

Comme le dit l'adage : « Si tu es à Rome, vis comme les Romains (*si fueris Romae, Romano vivito more*). » Ceci étant dit, il n'est pas possible d'imposer à tous les bons usages en vigueur dans les monastères bouddhiques sud-coréens. Cependant, si l'on suit les recommandations minimales suivantes, il sera possible d'approcher la culture monastique, non pas de l'extérieur, mais dans sa vie même.

⊙ Éviter les habits trop chics ou trop ouverts, mais avoir une tenue vestimentaire propre et correcte.

⊙ Venir en ayant préparé des offrandes pour Bouddha (encens, plantes, fleurs, fruits, riz…) est mieux que venir les mains vides.

⊙ Circuler dans les bâtiments par les côtés et en évitant les allées centrales, les escaliers du milieu et le milieu de la salle du Dharma (et des sanctuaires).

⊙ S'incliner en direction de la salle du Dharma lorsque l'on passe la première porte et quand on passe devant le milieu de la salle du Dharma, permet de se familiariser avec la culture du monastère.

⊙ On ne bavarde pas en élevant la voix et l'on ne court pas, même si l'on est pressé.

⊙ Dans le monastère, on ne consomme pas de nourriture telle qu'alcool ou viande ; on ne fume pas, on n'y entre pas non plus en état d'ébriété.

⊙ On restreint les expressions d'affection entre amoureux telles que le fait de se tenir la main ou de s'enlacer. Le monastère n'est pas un site touristique mais une aire de culte sainte pour pratiquer.

⊙ Tous les objets qui se trouvent dans le monastère doivent être utilisés avec précaution et rester à leur place en tant qu'objets précieux des Trois Joyaux utilisés en commun. On ne frappe pas inconsidérément sur la cloche ni sur le tambour.

⊙ Entrons dans la salle du Dharma si l'on y est disposé. Toutefois, empruntons pour cela les portes latérales en évitant la porte du milieu. Sitôt à l'intérieur, inclinons-nous en direction de Bouddha.

⊙ Allumons à présent un bâtonnet d'encens. Remplaçons alors celui qui se trouve déjà dans le brûle-encens*.

⊙ Asseyons-nous dans la salle du Dharma et examinons notre esprit. Il est préférable d'avoir au préalable fait trois grandes prosternations devant Bouddha. Si l'on ne sait pas comment faire, le mieux est d'apprendre en prenant modèle sur quelqu'un ou de demander en paroles ou par gestes.

⊙ Si l'on est amené à prendre un repas monastique, on ne se sert que la quantité que l'on peut entièrement consommer, et l'on ne laisse rien après avoir mangé. On est reconnaissant vis-à-vis de tous ceux qui l'ont préparé.

Les principaux monastères de Corée

Il existe de très nombreux monastères en Corée du Sud. Certains ont plus de mille ans d'histoire, d'autres ont été construits récemment. Certains sont situés dans des lieux reculés des montagnes, d'autres se trouvent dans les centres-villes. Du temps du Bouddha Śākyamuni, les monastères étaient situés dans des lieux ni trop proches ni trop éloignés des villages. Trop éloignés des habitations, rencontrer les gens devient difficile ; s'ils sont trop proches, en revanche, la pratique spirituelle est perturbée par l'agitation.

En Corée, grâce à la présence de montagnes propices à la pratique, mais aussi à cause de la répression subie par le bouddhisme à l'époque du Chosŏn* (1392-1897), un nombre relativement important de monastères se situent dans les montagnes. Cependant, sont également répandus les monastères des centres urbains dédiés à la pratique et à l'enseignement des foules. Parmi les très nombreux monastères existant en Corée, il est intéressant de présenter les plus importants en relation avec plusieurs thèmes.

Les monastères Trois Joyaux, Sambo sach'al

Les Trois Joyaux, Sambo*, désignent le Bouddha, le Dharma – son enseignement – et le Saṃgha, la communauté des ascètes ayant quitté le monde séculier. Chacun est appelé respectivement le Joyau du Bouddha, Pulbo*, le Joyau du Dharma, Pŏppo* et le Joyau du Saṃgha, Sŭngbo*. Ils sont objets de vénération pour les bouddhistes. En relation avec les Trois Joyaux existent en Corée du Sud les « monastères Trois Joyaux », Sambo

sach'al*. Le monastère de T'ongdo (litt. « Lien à l'Inde »), est appelé « monastère Joyau du Bouddha » parce qu'il recèle les reliques du Bouddha Śākyamuni*. Le monastère de Hae'in (litt. « Sceau de l'Océan »), est appelé « monastère Joyau du Dharma » en ce qu'il abrite les quatre-vingt-mille planches gravées de la Grande Corbeille, support de l'enseignement de Bouddha. Le monastère de Songgwang (litt. « Pin Vastitude ») porte l'appellation de « monastère Joyau du Saṃgha* » parce que de lui sont sortis d'éminents sŭnim, à commencer par seize maîtres du royaume*, depuis l'époque du Koryŏ* (918-1392).

T'ongdosa des monts Yŏngch'uk, monastère Joyau du Bouddha

Province du Kyŏngsang du Sud, Yangsan-si, Habuk-myŏn, T'ongdosa-ro, 108
(055) 382-7182 www.tongdosa.or.kr

Le monastère de T'ongdo fut fondé par le maître de Vinaya* Chajang* (590-658) à l'époque du Silla (dates officielles : - 57, 935). En 643, le maître Chajang rapporta du pays des Tang (618-907) des reliques de Bouddha, le *kasa* (robe monastique) qu'il porta, ainsi qu'une collection d'Écritures. Il fonda le monastère de T'ongdo vers les années 646 et y fit le dépôt d'une partie des reliques ainsi que du *kasa*. Par conséquent, le monastère de T'ongdo, monastère Joyau du Bouddha, fut organisé autour du « Palais précieux de la Tranquillité » où avaient été déposées les reliques. Le site fut appelé « Autel des préceptes de Diamant* » parce que les adeptes de Bouddha y adoptaient des règles de vie fermes comme le Diamant*.

L'appellation de « monastère Joyau du Bouddha » ne se justifie pas uniquement par le dépôt et le culte des reliques de Bouddha. Elle se justifie parfaitement en raison de l'histoire et de la dimension du monastère, mais aussi parce que celles-ci forment un tout avec la pratique spirituelle. Le monastère de T'ongdo est le monastère principal de la 15e circonscription de l'ordre de Jogye ; il administre plus d'une centaine de monastères secondaires dans tout le pays ainsi qu'une dizaine de centres de propagation du Dharma à l'étranger. Les nombreux temples (Pavillon de Kŭngnak*, Pavillon de Yaksa*, Pavillon de Yŏngsan*, Pavillon de Kwan'ŭm, Pavillon de Yonghwa*) ainsi que les ermitages* disséminés partout dans les montagnes environnantes témoignent de la longue histoire et de la dimension du monastère de T'ongdo.

Le monastère est appelé grand centre Yŏngch'uk, en tant que centre de pratique plurifonctionnel comportant un centre de méditation, un centre d'études, un centre de Vinaya et un centre de prière d'invocations de Bouddha*. Yŏngch'uk est le nom de la montagne où le monastère est niché. Le mont Yŏngch'uk est précisément la reprise du nom du relief en Inde (le pic des Vautours) où le Bouddha Śākyamuni prêcha le Dharma.

Sur la Porte des colonnes de l'Unité, à l'entrée du monastère, sont écrites les formules suivantes : « Monastère de T'ongdo des monts Yŏngch'uk* », « Grand monastère du Pays* », « Maison de la Lignée principale de Bouddha* ».

Le monastère de Hae'in des monts Kaya, monastère Joyau du Dharma

Province du Kyŏngsang du Sud, Hapch'ŏn-kun, Kaya-myŏn, Haeinsa-gil, 122
(055) 934-3000 ; www.haeinsa.or.kr

Le monastère de Hae'in fut fondé en 802 par deux moines de la lignée spirituelle du maître Ŭisang (625-702) du Silla : Sunŭng* et Ijŏng*. Maître Ŭisang diffusa largement l'enseignement de l'Avataṃsaka* au royaume de Silla. Ceci explique que le monastère de Hae'in compta parmi les monastères édifiés en vue de répandre au loin la philosophie contenue dans le *Soutra de l'Avataṃsaka**. L'appellation même de « Hae'in » (« litt. Sceau de l'Océan ») tire son origine du « *samādhi* du Sceau de l'Océan* » (une appellation de la « concentration parfaite de Bouddha ») que mentionne ce soutra. Le *samādhi* du Sceau de l'Océan désigne l'état dans lequel la suppression totale des tourments de l'esprit rend visible l'apparence vraie de l'esprit, de la même manière que l'apparence du monde se reflète dans une mer calme. Au cœur du monastère de Hae'in, dans la salle du Dharma appelée « Pavillon de la Grande lumière de la Tranquillité », est honoré le Bouddha Vairocana, le héros dispensateur de l'enseignement du *Soutra de l'Avataṃsaka*. Actuellement, le monastère de Hae'in est le monastère principal de la 12e circonscription de l'ordre de Jogye du bouddhisme sud-coréen ; il est un site où demeurent vivants divers enseignements centrés sur l'école du Sŏn, et où la pratique spirituelle est intense. En tant que grand centre bouddhique plurifonctionnel pour la pratique de la Voie, le monastère est appelé Hae'in ch'ongnim*.

Le monastère de Hae'in est situé dans une vallée reculée des monts Kaya*. « La coulée du torrent aux reflets (d'érables) rougis » qui se déploie le long du chemin de montagne qui mène au monastère, est de toute beauté. De plus, admirable est l'agencement des portes et des bâtiments du monastère, s'étendant depuis la Porte des colonnes de l'Unité jusqu'au Pavillon de la Corbeille du Canon bouddhique*. La présence de la Grande Corbeille aux quatre-vingt mille planches gravées (Koreana Tripitaka) dans le Pavillon de la Corbeille du Canon bouddhique fait que le monastère est considéré comme le « monastère Joyau du Dharma ». Le Pavillon du dépôt des planches a été enregistré au patrimoine culturel mondial de l'UNESCO en 1995 ; les planches xylographiées, quant à elles, ont été inscrites au patrimoine documentaire de la « Mémoire du Monde » de l'UNESCO en 2007.

Le monastère de Songgwang des monts Chogye*, monastère Joyau du Saṃgha

Province du Chŏlla du Sud, Sunch'ŏn-si, Songgwang-myŏn, Songgwangsaan-gil, 100
(061) 755-0108 ; www.songgwangsa.org

Le monastère de Songgwang fut fondé par le maître de Sŏn Hyerin (?-?) à la fin du Silla. On ne connaît pas de source relative à la date précise de sa fondation. À l'origine, il était une modeste aire de culte appelée Kilsangsa*. Après que le maître du royaume Pojo (1158-1210), ayant formé la Congrégation du Chŏnghye* (litt. « Congrégation du Recueillement et de la Sagesse »), s'installa dans le monastère ; celui-ci se dota des installations qui en firent un grand centre de pratique. La Congrégation du Chŏnghye désigne un mouvement centré sur la pratique, instauré en vue de remettre en question le monde bouddhique alors en place. À ce moment-là, le monastère était appelé Susŏnsa* (litt. « Pratique du Sŏn »), mais à l'époque du Chosŏn, il fut renommé Songgwangsa, l'appellation actuelle.

Sur la base de cette tradition spirituelle et à la suite du maître du royaume Pojo, furent issus du monastère d'éminents *sŭnim*, à commencer par quinze maîtres du royaume. Aussi, le monastère de Songgwang est-il appelé « monastère Joyau du Saṃgha ». L'esprit de pratique spirituelle de maître Pojo joue un rôle important dans le bouddhisme coréen contemporain. Actuellement, Songgwangsa est le monastère principal de la 21e circonscription de l'ordre de Jogye du bouddhisme sud-coréen, en même temps qu'il est grand centre bouddhique plurifonctionnel : Chogye ch'ongnim* . Il transmet les usages d'une illustre école de pratique du Sŏn.

Les pavillons du monastère sont regroupés de manière concentrique autour du Pavillon précieux du Grand Héros* et de sa cour attenante.

Autrefois, la densité des bâtiments était telle que, même quand il pleuvait, on pouvait circuler dans le monastère sans être mouillé. Aujourd'hui, le nombre des bâtiments donne une idée de ce à quoi pouvait ressembler le monastère, du fait de la présence des pavillons (Pavillon de Yaksa, Pavillon de Yŏngsan, Pavillon de Chijang, Pavillon de Sŏngbo*, Pavillon de Kwan'ŭm, Pavillon des Kuksa*...) et des bâtiments conventuels abritant la communauté*. Dans le Pavillon des Kuksa sont déposés les portraits funéraires* de seize maîtres du royaume comprenant l'initiateur de la

fondation. En outre, il convient de remarquer les peintures illustrant la
« Quête du Bouvier », réalisées sur le mur extérieur du Pavillon de Sŏngbo
(litt. « Pavillon des Saints Joyaux », musée du monastère).

Ermitage de Pongjŏng des monts Sŏrak

Les Cinq grands Palais précieux de la Tranquillité

Il y a quelques deux mille cinq cents ans, en Inde, le Bouddha Śākyamuni entrait dans son *parinirvāṇa*. Après avoir procédé à sa crémation, ses disciples déposèrent ses reliques dans huit stoupas. Par la suite, vers le troisième siècle av. J.C., le roi Ashoka (-304, -232) de l'empire Maurya, en Inde, répartit les reliques de Bouddha dans quatre-vingt quatre mille stoupas. Au cours de ce processus, des reliques de Bouddha furent transmises en Chine, à travers l'Asie centrale*, puis en Corée.

Les lieux où sont déposées les reliques de Bouddha sont appelés « Palais précieux de la Tranquillité ». La « Tranquillité » désigne le Nirvana, l'état de tranquillité obtenu par la disparition des tourments de l'esprit. En Corée, il existe plusieurs Palais précieux de la

Tranquillité. On parle tout particulièrement des Cinq grands Palais précieux : celui de l'ermitage de Pongjŏng dans les monts Sŏrak, de la terrasse du Milieu des monts Odae, du monastère de Chŏngam de la chaîne des T'aebaek, du monastère de Pŏphŭng des monts Saja et du monastère de T'ongdo des monts Yŏngch'uk. Ces lieux recèlent tous une partie des reliques de Bouddha apportées en 643 depuis les Tang par le maître de Vinaya Chajang, au temps du Silla. Nous avons déjà évoqué ce qu'il en était du monastère de T'ongdo lors de la présentation des monastères coréens des Trois Joyaux.

Le Palais précieux de la Tranquillité de l'ermitage de Pongjŏng des monts Sŏrak

Province du Kangwŏn, Inje-kun, Puk-myŏn, Paektam-ro, 1700
(033) 632-5933/-4 ; www.bongjeongam.or.kr

L'ermitage de Pongjŏng, Pongjŏngam (litt. « ermitage du sommet du Phénix ») est une aire de culte située dans les monts Sŏrak, à une altitude de 1244 m. Pour y accéder, tout le monde – sans exception – doit gravir la montagne le long d'une vallée escarpée à partir du monastère de Paektam*, pendant cinq ou six heures. La vue y est magnifique à la mesure de l'altitude et de l'escarpement.

De retour des Tang, Maître Chajang fut guidé en ce lieu par un phénix. Il y déposa des reliques et y construisit un petit ermitage. Cela se passait en 644. Le rocher où le phénix se posa a conservé jusqu'à nos jours l'aspect de Bouddha. Au centre de l'ermitage de Pongjŏng se trouve le stoupa contenant les reliques de Bouddha. Il est en pierre et comporte cinq étages. Pour

sa base, on a utilisé la roche naturelle de la montagne. Cela sous-entend que l'ensemble des monts Sŏrak forme le stoupa, que la chaîne montagneuse entière constitue la Terre de Bouddha marquée par sa Présence. Cela prouve que le paysage qui se déploie à partir du stoupa est précisément le Paradis.

Les personnes qui se rendent en pèlerinage au Palais précieux de la Tranquillité de l'ermitage de Pongjŏng portent en elles une motivation et une foi profondes. Se retrouver accueillis dans les bras de Bouddha, à l'issue d'un long périple, procure joie et confiance en soi. C'est la croyance que l'on se trouve en compagnie de Bouddha pendant la prière offerte toute la nuit.

La Palais précieux de la Tranquillité de la terrasse du Milieu des monts Odae

Province de Kangwŏn, P'yŏngch'ang-kun, Chinbu-myŏn, Naedongsan-gil

Les monts Odae (litt. « monts des Cinq terrasses ») sont un des lieux saints de la Corée depuis l'époque du Silla. Les Cinq terrasses sont une montagne célèbre où demeurent cinquante mille Bodhisattvas. Sur chaque terrasse : terrasse de l'Est*, du Sud*, de l'Ouest* et du Nord*, séjournent dix mille Bodhisattvas. Le Palais précieux de la Tranquillité des monts Odae se situe sur la terrasse du Milieu, à une altitude de 1190 m. La terrasse du Milieu

est le lieu où séjournent dix mille Bodhisattvas Munsu (Mañjuśri). Maître Chajang qui désirait ardemment rencontrer le Bodhisattva Mañjuśrī édifia ce Palais précieux sur la terrasse du Milieu pour y déposer des reliques de Bouddha.

Dans la province du Kangwŏn, partant du monastère de Wŏlchŏng*, il faut parcourir environ 8,5 km de chemin sans asphalte pour se rendre au monastère de Sangwŏn. Puis, de là, quelques quarante minutes de marche sur un sentier de montagne sont nécessaires pour parvenir au Palais précieux de la Tranquillité. La crête qui entoure le Palais précieux est en forme de fleur de lotus. C'est réellement un lieu calme et paisible. Si l'on se tient debout devant le Palais aux reliques, on réalise de soi-même pourquoi le site est un lieu saint de Corée.

Dans le Palais précieux, il n'y a pas de statue de Bouddha puisqu'il en abrite les reliques. À une cinquantaine de mètres derrière la salle du Dharma, se dresse une stèle de pierre inscrite, de la taille d'un petit stoupa. Ce reliquaire n'est qu'un symbole, car personne ne sait où se trouvent les reliques de Bouddha. L'ensemble des monts Odae est Bouddha et Terre de Bouddha.

Le Palais précieux de la Tranquillité du monastère de Chŏngam des T'aebaek

Province du Kangwŏn, Chŏngsŏn-kun, Kohan-ŭp, Hambaeksan-ro, 1410
(033) 591-2469 ; http://www.jungamsa.com

Lorsque l'on se rend au monastère de Chŏngam (litt. « monastère de la roche pure »), la première chose qui attire le regard est le stoupa Sumano* (litt. « agate d'eau »). Il se situe en effet à mi-pente de la montagne, sur un site

élevé. Le stoupa contient les reliques de Bouddha. Le Palais précieux de la Tranquillité se trouve en contrebas, orienté vers le stoupa.

Le maître de Vinaya Chajang voulut dresser un stoupa aux reliques de Bouddha dans la chaîne des T'aebaek, mais il échoua à plusieurs reprises. Comme il priait ardemment, en l'espace d'une nuit, trois racines de vigne de puéraire sortirent sur la neige et s'arrêtèrent à trois endroits. Là, il édifia un stoupa ainsi qu'un sanctuaire, et y déposa des reliques de Bouddha. Cela se passa en l'an 645.

À l'origine, quand il fonda le monastère, trois stoupas furent dressés : un stoupa d'or, un d'argent et un d'agate d'eau. Cependant, s'inquiétant du fait que cela ne suscitât l'envie à l'avenir, il dissimula les stoupas d'or et d'argent. Quand Maître Chajang revint de la Chine des Tang, il ramena une roche d'agate déplacée par la force surnaturelle déployée par le Roi Dragon de la mer de l'Ouest*, si bien qu'il appela Sumano (« agate des eaux ») le stoupa édifié avec cette pierre. Le stoupa Sumano est construit en briques de pierre et atteint une hauteur de 9 m. Dans la cour du monastère, se trouve un vieil arbre sec. On dit qu'il poussa à partir du bâton de Maître Chajang, qu'il devint arbre puis sécha. Quand il reverdira, on dit que le Maître renaîtra.

Le Palais précieux de la Tranquillité du monastère de Pŏphŭng des monts Saja

Province du Kangwŏn, Yŏngwŏl-kun, Suju-myŏn,
Mureungpŏphŭng-ro, 1352
(033) 374-9177/-8 ; www.bubheungsa.or.kr

Le monastère de Pŏphŭng, Pŏphŭngsa (litt. « monastère de l'essor du Dharma ») est, parmi les Cinq Palais précieux, le dernière monastère fondé par Maître Chajang. Il s'appelait alors monastère de Hŭngnyŏng*. Par la suite, à la fin du Silla, le monastère devint aire de culte principale de la Montagne Saja* (litt. « Porte de la Montagne du Lion »), une des Neuf Montagnes. Reconstruit en 944, il subit ensuite un incendie, si bien que pendant près d'un millénaire, il ne fit que subsister. Depuis sa reconstruction en 1902, il a été renommé monastère de Pŏphŭng.

Le Palais précieux de la Tranquillité du monastère de Pŏphŭng est entouré par les monts Saja. On dit que c'est derrière le Palais précieux que les reliques de Bouddha ont été déposées, mais ce n'est pas certain. On dit en effet que pour préserver perpétuellement les reliques de Bouddha, Maître Chajang les aurait cachées quelque part dans les monts Saja avant d'édifier le palais. À côté du stoupa aux reliques, se trouve une grotte de pierre souterraine appelée grotte de Chajang* dans laquelle le Maître aurait pratiqué.

Les biens inscrits au patrimoine culturel mondial de l'UNESCO

Le monastère de Pulguk, l'ermitage de Sŏkkul

Province du Kyŏngsang du Nord, Kyŏngju-si, Pulguk-ro, 3
Pulkuksa (054) 746-9913 ; Sŏkkuram (054) 746-9933 ; www.bulguksa.or.kr

Le monastère de Pulguk, Pulguksa (litt. « monastère du Pays du Bouddha)
fut fondé en 528. Par la suite, en 751, au Silla, le conseiller d'État Kim
Taesŏng* (700-774) entreprit de reconstruire le monastère pour ses parents,
puis il fit bâtir l'ermitage de Sŏkkul* (litt. « ermitage de la Grotte de pierre »)
pour les parents de sa vie antérieure*. Kim Taesŏng mourut pendant la
période des travaux qui dura plus de trente ans, si bien que l'État prit
en charge leur achèvement. Une fois terminé, le monastère de Pulguk
comprenait un ensemble de quelques quatre-vingts bâtiments pour
un total d'environ deux mille travées.

Le monastère de Pulguk est la traduction concrète de la foi
bouddhique en ce qu'il incarne la présence de la Terre de Bouddha
dans le monde présent* que doivent endurer les êtres sensibles.
Aussi, l'architecture et la configuration spatiale
du site reflètent une organisation sous-tendue par
l'enseignement et la pratique bouddhiques.

© Ordre de Jogye

Le monastère de Pulguk constitue un ensemble d'édifices magnifique et imposant, réalisant l'harmonie entre architecture de pierre et de bois. Les très nombreux biens culturels qu'il recèle, à commencer par les stoupas Sŏkka (Sŏkkat'ap) et Tabo (Tabot'ap), en totale harmonie avec l'environnement, donnent à voir la quintessence de la culture bouddhique. Dans le même temps, Pulguksa, en tant que monastère principal de la 11e circonscription de l'ordre bouddhique sud-coréen de Jogye, est un lieu traditionnel de culte et de pratique, où se perfectionnent de nombreux moines.

L'ermitage de Sŏkkul, quant à lui, se situe à environ 3 km de Pulguksa, accessible par un chemin de montagne. Il est un lieu de culte centré sur une grotte de pierre artificielle construite en blocs de granite blanc à mi-pente du mont T'oham*. La structure de la grotte comporte une antichambre carrée et une chambre principale en forme de rotonde, reliées par un couloir. Particulièrement remarquable est la technique employée pour l'édification du plafond en forme de dôme de la rotonde, fait d'un assemblage ingénieux de plus de trois cent soixante dalles de pierres, sans équivalent dans le monde. À l'intérieur de la grotte, sur les parois autour du Bouddha de dévotion principale (le Bouddha Śākyamuni), a été sculpté en hauts-reliefs et en bas-reliefs un ensemble de trente-neuf représentations de Bodhisattvas*, Disciples de Bouddha*, Vajrapānis* et Rois célestes*. Ce sont tous des chefs-d'œuvre de la sculpture bouddhique. D'apparence très naturelle, le Bouddha de dévotion principale est une représentation idéale d'une intériorité profonde et noble qui semble d'elle-même dispenser la compassion à l'égard de tous les êtres sensibles. Ainsi, l'ermitage de Sŏkkul est un sommet de l'art religieux où se combinent de manière organique architecture, numérologie (théorie mathématique), géométrie, religion et art.

Pulguksa et Sŏkkuram ont été inscrits au patrimoine culturel mondial de l'UNESCO en 1995.

Les zones historiques de Kyŏngju

Province du Kyŏngsang du Nord, Kyŏngju-si (une partie de la ville de Kyŏngju)

Les zones historiques de Kyŏngju* concentrent des vestiges bien préservés de l'histoire et de la culture de Kyŏngju, ancienne capitale du royaume de Silla (dates officielles : 57 av. J.C. - 935). Comparativement à d'autres zones historiques d'autres pays enregistrées au patrimoine mondial, les vestiges de Kyŏngju sont considérés comme présentant une plus grande diversité et se caractérisent par leur proximité spatiale. Aussi ont-ils été inscrits en décembre 2000 au patrimoine mondial.

Les zones historiques de Kyŏngju se divisent en cinq zones selon les

particularités des sites. On distingue ainsi : la zone de Namsan* (litt. « zone de la montagne du Sud »), précieuse réserve d'art bouddhique ; la zone de Wŏlsŏng (litt. « zone de l'enceinte de la Lune »), site de l'ancien palais royal de la dynastie millénaire des Kim ; la zone du parc des Tumuli* où sont regroupées les grandes tombes, à commencer par les tombes royales du Silla ; la zone du site du monastère de Hwangnyong* (litt. « zone du monastère du Dragon Empereur »), fleuron du bouddhisme du Silla, et la zone de la forteresse de montagne*, cœur des installations défensives de la capitale. Les cinquante-deux biens culturels de ces zones font partie de la liste du patrimoine mondial.

La zone de Namsan, véritable musée vivant à ciel ouvert – d'ailleurs, appelée « sanctuaire à ciel ouvert » – a conservé telles quelles les traces de la culture du Silla et du bouddhisme. À Namsan, montagne haute de

419 m, Bouddha est gravé sur chaque rocher, et l'on trouve en tous lieux des vestiges d'anciens sites de monastères. Le Bouddha en pierre assis à Mirŭk-kol*, la statue de pierre du Bouddha debout à Pae-ri*, les Bouddhas gravés sur les parois rocheuses* de l'ermitage de Ch'ilbul* (litt. « ermitage des Sept Bouddhas »), les stoupas et les Bouddhas gravés sur la roche de T'ap-kol*, les statues de Bouddha à Naeng-kol*, le stoupa de pierre et les statues de Bouddha de l'ancien site du monastère de Yongjang* (litt. « monastère de la Perpétuelle abondance »), ainsi que les autres vestiges manifestent que toute la montagne est un temple, une salle du Dharma. Namsan est un lieu où l'on peut ressentir le souhait des hommes du Silla de faire de leur territoire une Terre de Bouddha.

Dans la zone du site du monastère de Hwangnyong, se trouvent l'ancien site du monastère de Hwangnyŏng ainsi que le monastère de Punhwang*. Le monastère de Hwangnyong fut détruit lors des invasions mongoles du XIIIe siècle, mais le site mis au jour par les archéologues permet de nous faire une idée de ses dimensions et du caractère imposant qu'il pouvait avoir à l'époque. Les quelques quarante mille objets mis au jour lors des fouilles du site constituent de précieuses données pour la recherche sur l'histoire du Silla. Édifiée pour assurer la paix du royaume, la pagode de bois de neuf étages du monastère de Hwangnyong* fut entièrement brûlée lors d'une invasion mongole, mais ses pierres de soubassement ont été conservées. La taille de ces pierres nous permet de savoir que les dimensions de la pagode étaient considérables. Une reconstitution supposée de l'aspect que pouvait avoir la pagode est exposée au Musée national de Kyŏngju.

Tripitaka Koreana du monastère de Hae'in

Le Pavillon de la Corbeille du Canon bouddhique et les planches gravées du Tripitaka Koreana du monastère de Hae'in

Province du Kyŏngsang du Sud, Hapch'ŏn-kun, Kaya-myŏn, Haeinsa-kil, 122
Haeinsa (055) 934-3000

Dans le Pavillon de la Corbeille du Canon bouddhique du monastère de Hae'in sont conservées les planches xylographiées pour l'édition du canon*, fabriquées au XIIIᵉ siècle. On appelle « Grande Corbeille* » les textes du Canon comportant, en premier lieu, les Soutras, qui consignent l'enseignement de Bouddha, ainsi que les règles de vie monastiques. Les planches xylographiées de la Grande Corbeille désignent les planches de bois gravées utilisées pour l'impression de la grande collection des Écritures du Canon bouddhique. Dans la mesure où celles-ci furent fabriquées et gravées à l'époque du Koryŏ (918-1392), on les nomme également « planches de la Grande Corbeille du Koryŏ* ». De plus, on dit que leur contenu relate quatre-vingt quatre mille enseignements sur le Dharma*, si bien que l'on parle des « planches de la Grande Corbeille de Quatre-vingt mille* ». Leur nombre dépasse quatre-vingt mille. À l'époque du Koryŏ, l'État joua un rôle central pour la réalisation de ces planches dans la mesure où l'initiative procédait du souhait de bénéficier de la puissance salvatrice* de Bouddha afin

Planches xylographiées de la Grande Corbeille du
monastère de Hae'in

de refouler les envahisseurs khitan et mongols. La Première gravure de la Grande Corbeille*, étalée entre 1011 et 1087, fut réalisée consécutivement à une invasion des Khitan, mais elle fut détruite par le feu par les troupes mongoles en 1232. Une seconde gravure débuta en 1236, et fut achevée au bout de seize ans de labeur, en 1251. Les planches ainsi gravées furent déplacées en 1398 (époque du Chosŏn) au monastère de Hae'in et déposées dans l'actuel Pavillon de la Corbeille du Canon bouddhique où elles sont conservées jusqu'à nos jours. Le bois utilisé pour les planches du Canon bouddhique fut plongé dans l'eau de mer pendant trois années puis séché avant d'être taillé, si bien qu'il a été conservé jusqu'à nos jours sans déformation. En outre, la gravure est d'une rare perfection : la forme des caractères est élégante et si uniforme que ceux-ci semblent avoir été écrits par le même calligraphe ; de plus, on ne déplore aucun caractère fautif ou manquant. Le soin apporté y fut extrême : à chaque caractère gravé, l'artisan (séculier ou religieux) faisait une prosternation. Ainsi, les planches xylographiées de la Grande Corbeille du Koryŏ, à la longévité durable et au contenu irréprochable, constituent un aboutissement de haute précision dans l'art de l'imprimerie.

Par conséquent, la Grande Corbeille du Koryŏ est considérée comme la plus importante et la plus achevée des collections du Canon dans le monde bouddhiste. Elle fut utilisée comme référence pour la compilation de la nouvelle collection canonique japonaise de l'ère Taishō, le Taishō Shinshū Daizōkyō* (1924-1935) ; réintroduite telle quelle en Chine même, et diffusée dans plusieurs pays du monde, elle exerce une influence considérable dans les études bouddhiques internationales.

Le Pavillon de la Corbeille du Canon bouddhique du monastère de Hae'in a été édifié vers le XVe siècle pour assurer une parfaite conservation des planches gravées en les préservant de la corruption et des déformations.

Le pavillon est unique au monde en tant que dépôt de planches gravées pour l'impression du Canon bouddhique. Il comporte deux bâtiments de grande dimension, implantés au nord et au sud et respectivement appelés Sudarajang* (litt. « dépôt des Soutras ») et Pŏppojang* (litt. « dépôt du Joyau du Dharma). De plus, à l'Est et à l'Ouest du dépôt (formant un rectangle) se trouvent deux édifices plus petits où sont conservés les planches xylographiées autrefois fabriquées dans le monastère. Le plus remarquable, lors de la construction du dépôt, consiste dans le fait d'avoir régulé la température et l'humidité de l'air des bâtiments en enfouissant dans le sol de grandes quantités de sel et de charbon, mais aussi d'avoir conçu spécialement la disposition et la taille de fenêtres afin d'y assurer une ventilation naturelle. Ce sont ces dispositions techniques particulières qui ont permis la préservation complète des planches gravées de la Grande Corbeille jusqu'à maintenant.

Le Pavillon de la Grande Corbeille (« les dépôts des tablettes du Tripitaka Koreana ») a été inscrit au patrimoine mondial de l'UNESCO en 1995 ; les planches, elles, ont été enregistrées en 2007 au Registre Mémoire du monde de l'UNESCO (« Les tablettes de bois du Tripitaka Koreana et d'autres textes sacrés du bouddhisme »).

Le *Chikchi simch'e yojŏl*

Le titre original de l'ouvrage est *Paegun hwasang ch'orok pulcho chikchi simch'e yojŏl** (litt. « Extraits de l'Essentiel sur la constitution originelle de l'Esprit par la montrance directe des Patriarches du Révérend Paegun »). Il contient l'enseignement correct sur le Sŏn que le Révérend Paegun* souhaitait transmettre à ses disciples. Le manuscrit fut imprimé en caractères métalliques mobiles en 1377 dans le monastère de Hŭngdŏk* (litt. « monastère de l'Essor de la Vertu ») à Ch'ŏngju, dans la province du

Ch'ungchŏng du Nord. Exposé lors de l'Année internationale du Livre en 1972 à l'UNESCO, il a été reconnu comme le plus ancien livre dans le monde à avoir été imprimé par la technique des caractères métalliques mobiles. Jusqu'alors, l'Allemand Gutenberg (v.1400-1468), avec sa Bible imprimée, était généralement considéré comme l'inventeur de cette technique, mais l'ouvrage coréen la devance de plus de soixante-dix ans, si bien qu'il fallut reconnaître la Corée comme « le premier pays du monde à avoir découvert les caractères métalliques mobiles ». L'ouvrage est actuellement conservé à la Bibliothèque Nationale de France à Paris.

Alors qu'auparavant l'impression par planche xylographiée comportait des problèmes tels que l'usure par frottements, l'usage des caractères métalliques mobiles permit une édition plus pratique, à moindre coût et facile à corriger. Par conséquent, les livres purent être fabriqués plus vite. La technique coréenne révolutionnaire influença donc l'histoire mondiale de l'imprimerie. Reconnu pour sa valeur novatrice, le *Chikchi simch'e yojŏl* a été inscrit au patrimoine documentaire mondial de l'UNESCO en 2001.

Des montagnes, des mers et puis des monastères

Le monastère de Pusŏk

Province du Kyŏngsang du Nord, Yŏngju-si, Pusŏk-myŏn, Pusŏksa-ro, 345
(054) 633-3464 ; www.pusoksa.org

Le monastère de Pusŏk* (litt. « monastère de la Pierre flottante ») fut fondé en 676 (époque du Silla) par le Grand maître Ŭisang (625-702). Il est le site que le Grand maître choisit pour pratiquer après avoir pérégriné pendant cinq ans dans tout le pays, après son retour de la Chine des Tang. Là, Maître Ŭisang fit de très nombreux disciples à travers l'enseignement de la philosophie de l'Avataṃsaka. Le monastère avait donc tout le prestige requis pour devenir monastère de cette école. À l'origine, il était de dimension modeste, mais il s'agrandit peu à peu.

Le monastère de Pusŏk comporte neuf terrasses successives à soubassements de pierres, entre la Porte des Rois célestes, à l'entrée, jusqu'au Pavillon de l'Incommensurable Longévité*. Une telle structure symbolise le « mandala des Neuf degrés* » du monde du paradis d'Amitābha. Les soubassements de pierre datent du IXe siècle. L'espace ainsi divisé en terrasses séparées par des escaliers de pierre forme un ensemble harmonieux reliant, du bas vers le haut : les colonnes porte-bannières, la Porte des Rois célestes, le Pavillon de la cloche, le bâtiment étagé d'Anyang*, la lanterne de pierre, le stoupa de pierre de trois étages et le Pavillon de l'Incommensurable Longévité.

Le Pavillon de l'Incommensurable Longévité compte parmi les plus anciennes constructions en bois existant dans la péninsule coréenne. On estime en effet que le pavillon fut bâti vers le XIIIe siècle. À l'intérieur du pavillon se trouve une statue du Tathāgata Amitābha assis*, confectionnée en terre à l'époque du Koryŏ. La salle des Patriarches* est un édifice important du point de vue de l'histoire de l'architecture en bois de la Corée. Splendide entre tout est le point de vue qu'offre le bâtiment étagé d'Anyang sur les montagnes et la cour. Derrière le Pavillon de l'Incommensurable Longévité, la roche inscrite des caractères « pu-sŏk* (litt. "pierre-flotter") », ainsi que le Pavillon de Sŏnmyo* témoignent des récits de fondation du monastère.

Le monastère de Sŏnam

Province du Chŏlla du Sud, Sunch'ŏn-si, Sŭngju-ŭp, Sŏnamsa-kil, 450
(061) 754-5247 ; www.seonamsa.or.kr

Le monastère de Sŏnam* (litt. « monastère de la Roche des Immortels »)

fut fondé en 529 (époque du Paekche) par le Révérend Ado* (?-?). Maître Ado aurait fondé un ermitage à mi-pente de l'actuel mont Chogye, appelé Piro'am* (litt. « ermitage de Vairocana ») des monts Ch'ŏngnyang. En 861, le maître du royaume Sŏn'gak* alias Tosŏn* (827-898) lui donna son appellation actuelle de Sŏnamsa et y fit prospérer la pratique du Sŏn de manière éclatante. En 1094, le maître du royaume Taegak* alias Ŭich'ŏn* (1055-1101), le fit reconstruire et renomma les monts Ch'ŏngnyang en monts Chogye.

Durant l'époque du Chosŏn, le monastère connut plusieurs destructions dues aux incendies, mais il fut reconstruit à chaque fois. Actuellement, la plupart des bâtiments existants furent rebâtis après l'incendie de 1823 (époque du Chosŏn). Sur la soixantaine de pavillons de l'époque, seule une vingtaine subsiste aujourd'hui. Le monastère de Sŏnam est organisé en terrasses et bas remblais de pierres. Divers pavillons prennent place à chaque terrasse : le Pavillon du Grand Héros, le Pavillon aux Huit scènes, le Pavillon de la Communication Parfaite*, le Pavillon Ŭngjin (des Arhat)*, le Pavillon du Souverain de l'Éveil* et le Pavillon aux Mille Bouddhas*. Le monastère dégage en tout lieu une impression de distinction et de douceur. Depuis l'élégante arche de pierre du pont Sŭngsŏn* (litt. « pont de l'ascension des Immortels) et en direction du bâtiment étagé Kangsŏn* (litt. « bâtiment de la descente des Immortels ») en aval : le point de vue qui se déploie dans une harmonie de forêts et de torrents est de toute beauté.

Dans une partie du monastère se trouve une plantation de thé traditionnelle dont l'origine est lointaine. Le monastère joue ainsi un rôle important de préservation et de diffusion de la culture coréenne du thé.

L'actuel monastère de Sŏnam est l'unique grand centre bouddhique plurifonctionnel de l'ordre bouddhique sud-coréen de Taego* (T'aego), le T'aego ch'ongnim*, où pratiquent de nombreux *sŭnim* de cet ordre.

Le monastère de Naksan

Province du Kangwŏn, Yangyang-kun, Kanghyŏn-myŏn, Naksansa-ro, 100
(033) 672-2447/-2448 ; www.naksansa.or.kr

Le monastère de Naksan* (litt. « monastère du mont Potalaka ») fut fondé en 617 (époque du Silla) par le Grand maître Ŭisang. En partie à flanc de montagne, niché dans un splendide environnement naturel, le monastère offre une vue qui permet, en surplomb, d'embrasser du regard la mer de l'Est. « Naksan » vient de la transcription abrégée du toponyme sanscrit Potalaka*. D'après les textes canoniques, Potalaka est le lieu de séjour permanent du Bodhisattva Avalokiteśvara (Kwanse'ŭm Posal). Revenu de la Chine des Tang, le Grand maître Ŭisang se rend dans la Grotte de Kwan'ŭm* (« grotte d'Avalokiteśvara) de la mer de l'Est et y pria pour rencontrer le Bodhisattva Kwanse'ŭm. Au bout de quelques jours, du ciel descendit un rosaire en perles de cristal, puis le maître reçut du Dragon de la mer de l'Est* une perle merveilleuse*. Finalement, il rencontra Kwanse'ŭm Posal. Conformément aux directives du Bodhisattva, Maître Ŭisang fonda un monastère pour y déposer une statue d'Avalokiteśvara, le rosaire de cristal, la perle merveilleuse, et lui donna le nom de Naksansa.

Le monastère de Naksan est, à la fois pour la Corée et le monde, un lieu saint abritant Kwan'ŭm. Le Bodhisattva y est représenté sous des aspects multiples : statue d'Avalokiteśvara assis du Pavillon de la Communication Parfaite*, statue monumentale d'Avalokiteśvara sur la Mer*, la plus grande d'Asie, l'Avalokiteśvara aux Sept apparences* du Pavillon Pot'a* (« Pavillon du Potalaka ») et toutes ses images du Bodhisattva, la statue de l'ermitage de Hongnyŏn* (litt. « ermitage du Lotus rouge »). L'ermitage de Hongnyŏn est particulièrement remarquable : il est construit à flanc de falaise, au-dessus de la Grotte de Kwan'ŭm, lieu de la rencontre entre le Grand maître Ŭisang et le Bodhisattva Avalokiteśvara. Une lucarne dans le plancher de bois de l'ermitage permet de voir la mer en contrebas, à pic.

En 2005, un feu de forêt a causé de nombreux dommages aux pavillons

et biens culturels du monastère, détruisant une partie de la végétation environnante ; toutefois, grâce aux vœux et à la ferveur des fidèles et du public, Naksansa a pratiquement retrouvé son ancienne apparence.

Monastère de Ku'in

Province du Ch'ungch'ŏng, Tanyang-kun, Yŏngch'uk-myŏn, Ku'insa-kil, 73
(043) 423-7100 ; www.chentae.org

Le monastère de Ku'in* (litt. « monastère du Secours par la Bienveillance ») est le monastère principal de l'ordre bouddhique sud-coréen de Cheontae* (Ch'ŏnt'ae) et le lieu de pratique de référence pour les adeptes de l'ordre. Le monastère a été fondé en 1945 par le Patriarche Sangwŏl Wŏn'gak* (1911-1974). Le Patriarche Sangwŏl refonda l'ordre bouddhique de Cheontae en 1967, et créa les conditions favorables à un nouvel essor du bouddhisme coréen. Il rétablit la lignée de l'école de Ch'ŏnt'ae interrompue à l'époque du Chosŏn.

Modeste ermitage à l'origine, le monastère de Ku'in commença à rassembler de nombreux adeptes, si bien qu'il a pris la dimension importante que nous lui connaissons aujourd'hui. Il comporte au total une quarantaine de bâtiments, à commencer par la grande salle de Dharma de cinq étages édifiée dans les années 1980. Le monastère est niché dans une vallée étroite et encaissée. Dans la mesure où la salle du Dharma a été bâtie sans pratiquement toucher à la montagne, vu de face, l'édifice fait cinq étages, mais il n'en paraît que deux si on l'aborde par l'arrière. Dans le Pavillon du Grand Patriarche* est honorée l'effigie vénérable du Patriarche Sangwŏl, fondateur du monastère et rénovateur* de l'ordre de Ch'ŏnt'ae. Le pavillon, construit en bois et de facture traditionnelle, comporte trois étages et culmine à vingt-sept mètres. Il est un des bâtiments représentatifs de l'architecture bouddhique contemporaine.

Les *sŭnim* de Ku'insa travaillent la journée et pratiquent toute la nuit. L'invocation ininterrompue du Bodhisattva Kwanse'ŭm, vingt-quatre heures sur vingt-quatre, accompagne au quotidien les prières des fidèles. D'autres monastères, comme Kwanmunsa* à Séoul ou Samgwangsa* à Pusan, partagent la même ferveur.

227

Les principaux monastères de Séoul

Le monastère de Jogye, Jogyesa

Ville spéciale de Séoul, Chongno-ku, Uchŏngguk-ro, 55
(02) 732-2183 ; www.jogyesa.org

Le monastère de Jogye est le monastère principal de l'ordre* bouddhique sud-coréen de Jogye en même temps que monastère principal de la circonscription de direction administrative* de l'ordre. À Jogyesa se trouvent les administrations centrales de l'ordre de Jogye : la Direction générale* et le Centre de formation*, le Centre de propagation du Dharma* et autres, ainsi que le Mémorial de l'Histoire et de la Culture du bouddhisme coréen*.

Le monastère de Jogye fit ses débuts à Kakhwangsa* (litt. « monastère du souverain de l'Éveil), fondé en 1910. Pendant la période d'occupation de la Corée par l'Empire colonial nippon, alors que le bouddhisme de tradition coréenne se dénaturait au contact des Japonais, au monastère de Kakhwang, en revanche, furent préservés la tradition et l'historicité du bouddhisme coréen. Le monastère de Kakhwang fut déplacé sur son site actuel en 1937, avant d'être renommé T'aegosa* l'année suivante, en raison du transfert du monastère de T'aego dont il avait adopté la configuration et qui se trouvait auparavant dans les monts Samgak* (litt. « mont des Trois Cornes »). Ce fut à cette époque que fut achevé le Pavillon du Grand Héros que nous connaissons aujourd'hui. En 1954, il prit l'appellation de Jogyesa en adoptant le nom de l'ordre bouddhique de Jogye

nouvellement fondé.

Jogyesa se situe au cœur de Séoul, capitale de la Corée du Sud. De plus, avec les palais royaux de l'époque du Chosŏn comme le palais Kyŏngbok*, les rues d'Insadong, il forme un quartier de la culture coréenne traditionnelle. De ce fait, Jogyesa compte parmi les monastères du centre de Séoul les plus visités par les visiteurs étrangers. Aux urbains toujours pressés, le monastère offre un lieu de repos pour l'esprit. Aujourd'hui encore, autour des Pavillon du Paradis et du Grand Héros, ainsi que du stoupa aux reliques du Bouddha, les prières des fidèles se succèdent sans discontinuer. Matin et soir, en particulier, le son de la cloche bouddhique et du tambour du Dharma suscitent en tous une joie débordante.

Le monastère de Pongŭn, Pongŭnsa

Ville spéciale de Séoul, Kangnam-ku, Pongŭnsa-ro, 531
(02) 511-6070/-4 ; www.bongeunsa.org

Le monastère de Pongŭn* est un « monastère traditionnel* » situé à Séoul, à Samsŏng-tong, dans le *ku* de Kangnam, arrondissement en pointe en matière de culture dernier cri du XXIᵉ siècle. Le monastère de Pongŭn commença comme monastère de Kyŏnsŏng* (litt. « monastère de la Vision de la bouddhéité ») fondé par le maître du royaume Yŏnhoe* (?-?) en 794

(époque du Silla). Reconstruit en 1498 comme « monastère de vœu* » de la Tombe Sŏn*, mausolée du roi Sŏngjong (r. 1469-1495), il fut renommé Pongŭnsa. À l'époque du Chosŏn où le bouddhisme était réprimé, le système des écoles bouddhiques classées en écoles scolastiques* et du Sŏn* fut rétabli grâce aux efforts de restauration du bouddhisme entrepris par le Grand maître Po'u* (1509-1565) et la Reine mère Munjŏng (1501-1565). Ainsi, en 1551, le monastère de Pongsŏn* devint monastère principal des écoles scolastiques, tandis que le monastère de Pongŭn devint monastère principal des écoles du Sŏn. Par la suite, d'éminents moines comme les Grands maîtres Sŏsan* (1520-1604) et Samyŏng* (1544-1610) y furent nommés supérieurs*. En 1911 (période de l'Occupation japonaise, 1910-1945), le monastère fut désigné par décret* comme l'un des trente et un monastères principaux*, à la tête de plus de quatre-vingts monastères de la région de Séoul et d'une partie de la région capitale du Kyŏnggi. Actuellement, le monastère est placé sous le contrôle direct de la Direction générale de l'ordre bouddhique sud-coréen de Jogye.

Précédemment, une partie de ses anciens bâtiments avait brûlé dans le grand incendie de 1939 qui ravagea le monastère, mais, par la suite, ceux-ci furent continuellement reconstruits jusqu'à maintenant. Organisé en divers pavillons (Pavillon du Grand Héros, Salle bouddhique du Concours*, Pavillon du Pic des Vautours*, Pavillon précieux du Pôle Nord*, Pavillon aux Planches xylographiées*, Salle de la Quête du Glaive de sagesse*, bâtiment étagé du Roi du Dharma*, Sanctuaire de Po'u*, Porte de l'Ainsité*, et comportant la statue de pierre monumentale du grand Bouddha Mirŭk*), l'actuel monastère de Pongŭn, avec sa forêt environnante, a su conserver l'aspect d'un monastère de montagne au cœur de la cité. Le monastère et ses sentiers de montagne dans la forêt, qui entoure l'espace intra-muros de la capitale, constituent un bon lieu de repos, en particulier pour les citadins.

Le monastère de Tosŏn, Tosŏnsa

Ville spéciale de Séoul, Kangbuk-ku, Samyang-ro 173-gil, 504
(02) 993-3163/-3 ; www.doseonsa.org

Le monastère de Tosŏn* est une « aire de culte pour les prières de repentance pour la Protection du pays* » située à mi-pente des monts Pukhan*. Les monts Pukhan sont une montagne célèbre de Corée du Sud, accessibles à une heure de transport du centre-ville de Séoul. Le monastère de Tosŏn fut fondé en 862 (époque du Silla) par le Maître Tosŏn. Prévoyant que, mille ans plus tard, la Loi de Bouddha prospérerait de nouveau, Maître Tosŏn aurait fait graver, lors de la fondation, une image du Bodhisattva Avalokiteśvara sur une paroi rocheuse de près de six mètres de haut qui se trouvait à côté du monastère. Aujourd'hui encore, dans le sanctuaire à ciel ouvert situé devant le Bodhisattva, les prières des enfants de Bouddha s'égrènent sans interruption.

À l'époque moderne, en 1903, le monastère fut désigné par l'empereur

Kojong (r. 1863-1907) comme « aire de culte pour les prières de demande pour l'État* ». Plus que tout, Tosŏnsa connut un développement remarquable sous l'égide de Ch'ŏngdam Sŭnim* (1902-1971) quand celui-ci devint supérieur du monastère à partir de 1961. En 1968, le président de la République de Corée Pak Chŏnghŭi (Park Junghee) et son épouse comptèrent parmi les donateurs du monastère, si bien que fut construit le Centre de repentance pour la Protection du pays* et que furent mises en place des activités bouddhiques de grande ampleur.

Le monastère de Tosŏn continue de jouer le rôle de lieu de prière fervente des bouddhistes en commémorant la pensée de Ch'ŏngdam Sŭnim cristallisée dans la notion de « bouddhisme de repentance pour la Protection du pays* » incluant une philosophie pour l'exercice spirituel, ainsi que la mise en pratique des enseignements au quotidien. Pour ceux qui cherchent à se rendre dans les monts Pukhan, il constitue un lieu de ressourcement pour l'esprit.

Le monastère de Pongwŏn, Pongwŏnsa

Ville spéciale de Séoul, Sŏdaemun-ku, Pŏngwŏnsa-gil, 120
(02) 392-3007/-8 ; www.bongwonsa.or.kr

Le monastère de Pongwŏn* est le monastère principal de l'ordre bouddhique sud-coréen de Taego. Il débuta en 889 comme monastère de Panya* (« monastère de la Sagesse Suprême ») fondé par le maître du royaume Sŏn'gak (Tosŏn) sur l'actuel site de l'Université Yonsei (Yŏnse). À la fin du Koryŏ, T'aego Po'u Sŭnim (1301-1382) le reconstruisit en grand. Transféré en 1748 (époque du Chosŏn) à son emplacement actuel, il fut renommé Pongwŏnsa l'année suivante. À l'époque, en tant que monastère nouvellement rebâti, il fut également appelé Saejŏl* (« Nouveau monastère »). À la fin de la période

impériale (1897-1910), il joua le rôle de berceau du Parti Kaehwa* (litt. « Parti de l'ouverture et des réformes »).

La plupart de ses bâtiments furent détruits au moment de la Guerre de Corée (1950-1953), mais les pavillons actuels reconstituent son apparence d'autrefois. En 1994, le Pavillon du Grand Héros fut restauré, et, la même année, fut édifié le Pavillon aux Trois mille Bouddhas*.

L'actuel monastère de Pongwŏn, en tant que monastère principal de l'ordre bouddhique sud-coréen de Taego, perpétue une pratique de transmission du Dharma et d'entraînement spirituel. Dans le domaine de la culture traditionnelle notamment, il transmet sans interruption aux futures générations l'apprentissage de l'art pictural ornemental du *tanch'ŏng** (litt. « cinabre et cyan ») et du *pŏmp'ae** (litt. « hymnes en sanscrit »). La cérémonie de Yŏngsan* (litt. « cérémonie ou offrandes au Pic des Vautours »), dont la transmission est protégée par l'Association pour la préservation du Yŏnsanjae*, constitue l'un des fondements de la culture traditionnelle coréenne. La cérémonie de Yŏngsan est un rite bouddhique réactualisant la scène au cours de laquelle le Bouddha Śākyamuni prêcha le *Soutra du Lotus*. Les éléments musicaux, théâtraux et de danse, constitutifs du Yŏngsanjae, ont contribué au développement de la culture coréenne.

Le monastère de Hwagye, Hwagyesa

Ville spéciale de Séoul, Kangbuk-ku, Hwagyesa-kil, 117
(02) 902-2663, (02) 903-3361 ; www.hwagyesa.org

Le monastère de Hwagye* se situe dans les monts Samgak (monts Pukhan). Bien que proche du centre-ville de Séoul, le monastère est entouré par la belle nature de la montagne au paysage magnifique.

Le monastère de Hwagye fut fondé en 1522 (époque du Chosŏn) par le maître de Sŏn Sinwŏl* (?-?). À l'époque du Koryŏ, le Grand maître Pŏb'in (900-975 ; alias T'anmun) édifia l'ermitage de Podŏk* (litt. « ermitage de la Vaste Puissance ») dans les environs du monastère. Maître Sinwŏl déplaça l'ermitage de Podŏk à son emplacement actuel et lui attribua l'appellation de Hwagyesa. Par conséquent, il convient de considérer l'ermitage de Podŏk comme l'antécédent du monastère. Même au Chosŏn, période

connue pour sa « politique d'oppression du bouddhisme et de vénération du confucianisme* », le monastère continua de se développer de manière constante grâce au soutien de la famille royale. Il joua un rôle important au point d'être appelé monastère de vœu du Grand prince de la cour de Hŭngsŏn (alias Yi Ha'ŭng, 1820-1898). Dans le monastère, en 1933, fut rédigé le projet de standardisation des règles d'orthographe de l'alphabet coréen par les spécialistes de la langue coréenne, en tant que direction de la Société savante du Han'gŭl*.

Un centre international de méditation* y a été ouvert en 1986, conformément au vœu de Sungsan Sŭnim (1927-2004) qui pratiqua de manière assidue pour la propagation du Dharma à l'international. Le monastère de Hwagye accueille actuellement les ascètes étrangers, jouant un rôle central pour la pratique du *ch'amsŏn* ainsi que pour la propagation internationale du Dharma*.

Le T'apchu Simindang

Ville spéciale de Séoul, Sŏngbuk-ku, Hwarang-ro 13-kil, 17
(02) 913-0751 ; www.jingak.or.kr

Le T'apchu Simindang* (litt. « Salle du Sceau de l'Esprit Seigneur du Stoupa ») est le temple fondé en 1965 au sein du Ch'onginwŏn* (litt. « monastère de Tous les sceaux ») comme direction générale et lieu de culte des adeptes de l'ordre bouddhique sud-coréen du Jingak*(Chin'gak). Le Ch'onginwŏn est le monastère principal de l'ordre de Jingak. Le Ch'onginwŏn comprend, entre autres, le temple du T'apchu Simin, le T'ongniwŏn*, le centre de formation et l'Université Jingak*. Le T'ongniwŏn gère les finances du secrétariat général de l'ordre.

L'ordre de Jingak, dans la mouvance du bouddhisme ésotérique*,

fondé en 1947 par Hoedang Son Kyusang (1902-1973), prône un concept de conversion au bouddhisme ainsi que des méthodes concrètes et appropriées, adaptés à notre temps. Il revendique un « bouddhisme du quotidien* » ayant pour but la « réalisation immédiate de la bouddhéité dans ce corps* (dans la vie présente) ».

Le Simindang* (litt. « Salle du Sceau de l'Esprit ») désigne les aires de culte servant à mettre en pratique les idéaux prônés par l'ordre de Jingak. Celles-ci se situent principalement au cœur des grandes villes de sorte à accompagner constamment de nombreux fidèles, dans la mesure où l'ordre revendique un bouddhisme du quotidien. Simin, le « Sceau de l'Esprit » désigne la « vérité de l'univers se trouvant dans l'esprit des êtres » ou encore la « vérité du Bouddha du corps du Dharma* ». Aussi, le Simindang est l'aire de culte mettant en lumière et révèlant le « Sceau de l'Esprit » qui se trouve en soi. Pour cela, on pratique l'incantation du mantra « Oṃ maṇi padme hūṃ ». De plus, dans le Simindang est honoré le mantra aux six caractères (« Oṃ maṇi padme hūṃ ») comme objet de vénération principale symbolisant le Bouddha Vairocana, corps de Dharma du Maître dispensateur de l'enseignement bouddhique*.

Les centres internationaux du Sŏn

Depuis la seconde moitié du XXᵉ siècle, grâce à de nombreuses initiatives comme celles de Sungsan Sŭnim, le bouddhisme coréen a commencé à se faire connaître à l'international. Profitant de ce mouvement, le *ch'amsŏn*, méthode d'entraînement spirituel de la tradition bouddhique, a conquis le cœur de citoyens du monde. Ressentant un attrait pour le *ch'amsŏn*, des pratiquants du monde entier se rendent en Corée du Sud où la tradition de cette pratique est restée vivante, afin de se perfectionner dans la Voie.

Le centre international du Sŏn de Séoul

Ville spéciale de Séoul, Yanch'ŏn-ku, Moktong Tongno 167
(02) 2650-2200 ; www.seoncenter.or.kr

Le centre international du Sŏn* de l'ordre bouddhique sud-coréen de Jogye a ouvert ses portes le 15 novembre 2011, permettant ainsi facilement, en tant que centre international, à toute personne qui le désire, de faire l'expérience du *kanhwasŏn* propre au bouddhisme coréen, une des sources de la culture spirituelle de la Corée.

Bâtiment de sept étages et à trois sous-sols, le centre est doté d'installations telles qu'un centre de méditation, une résidence pour Templestay, une salle du Dharma, un centre culturel et de formation. Il offre ainsi la possibilité d'expérimenter la pratique du *kanhwasŏn*, mais aussi le Templestay, l'enseignement sur la culture du Sŏn, la diététique et l'art culinaire monastiques, et autres.

En outre, grâce à son système de traduction simultanée et d'information, il permet aux personnes non coréanophones d'aborder sans difficultés la

culture bouddhique coréenne.

Le centre international du Sŏn du monastère de Musang

Province du Ch'ungch'ŏng, Kyeryong-si, Ŏmsa-myŏn, Hyangchŏksan-kil, 129
(042) 841-6084 ; www.musangsa.org

Le centre international du Sŏn du monastère de Musang* a débuté en mars
2000. Le monastère de Musang offre un espace de pratique spirituelle à tous
ceux qui, de par le monde, souhaitent se perfectionner dans le *ch'amsŏn*
selon l'enseignement de Sungsan Sŭnim. Chaque année s'y déroulent les
retraites saisonnières de pratique intensive de la méditation : pendant trois
mois, en été et en hiver. Au printemps et à l'automne sont proposés des
programmes de perfectionnement de courte durée pendant lesquels sont
enseignés les fondamentaux sur le bouddhisme coréen ainsi que sur la
pratique du Sŏn. Des groupes de bouddhistes de différents pays ainsi que
des pratiquants venant de plus d'une centaine de *zen centers* viennent au
monastère de Musang pour s'y entraîner.

Le centre international du Sŏn de Kanghwa Yŏndŭng

Ville à zone étendue d'Inch'ŏn, Kanghwa-kun, Kilsang-myŏn, Kanghwadong-ro, 349-60
(032) 937-7033; www.lotuslantern.net

Le centre international du Sŏn de Kanghwa Yŏndŭng* (centre international
du Sŏn de la Lanterne-lotus de Kanghwa ; angl. Lotus Lantern International
Buddhist Meditation Center) a été créé en 1995 par Wŏnmyŏng Sŭnim (1950-
2003 ; alias Sŏlsandang*). Après avoir œuvré pendant plus de dix ans pour
la propagation du Dharma à destination des étrangers, Wŏnmyŏng Sŭnim
avait ressenti cruellement combien l'espace de pratique du *ch'amsŏn*

pour les étrangers était insuffisant. Il fonda le centre international du Sŏn de Kanghwa à l'occasion du dixième anniversaire de la fondation à Séoul de la Résidence internationale du Bouddhisme de la Lanterne-lotus (Guest House of Lotus Lantern International Buddhism). Le centre de méditation perpétue l'enseignement de Sŏngch'ŏl Sŭnim (1912-1993) qui fut le supérieur général* (litt. « recteur de lignée principale », première autorité spirituelle) de l'ordre bouddhique sud-coréen de Jogye. Le centre organise des programmes divers permettant de faire l'expérience directe de la pratique bouddhique ainsi que de la culture coréenne.

Les centres du Sŏn An'guk

Ville spéciale de Séoul, Chongno-ku, Pukchon-ro, 70
(02) 732-0772 / (02) 744-0772
Ville d'administration directe de Pusan, Kŭmjŏng-ku, Kŭmdan-ro, 124
(051) 583-0999 ; www.ahnkookzen.org

Les centres du Sŏn An'guk* (« centre du Sŏn du Pays Tranquille ») de l'ordre bouddhique sud-coréen de Jogye ont débuté en 1989, à Pusan, à partir du Centre de propagation du Dharma de Kŭmjŏng*. Actuellement, il existe plusieurs centres répartis sur différents sites en Corée du Sud et aux États-Unis d'Amérique : Séoul, Pusan, New York (Manhattan). Les centres du Sŏn An'guk sont des aires de culte centrées sur la pratique du questionnement par les cas, le *kanhwasŏn*, sous la guidance de Subul Sŭnim. Il y existe divers programmes tels qu'assemblées périodiques du Dharma, retraites saisonnières de méditation, enseignement pour les commençants. Par ailleurs, le centre gère une équipe internationale sur les méthodes d'enseignement du Sŏn* à destination des étrangers.

Histoire du bouddhisme coréen

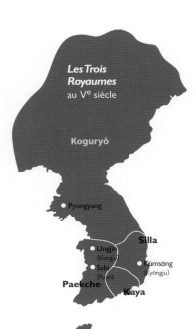

Les Trois Royaumes au Vᵉ siècle

Koguryŏ

● Pyongyang

Silla

● Ungjin
(Kongju)
● Sabi
(Puyŏ)

● Kŭmsŏng
(Kyŏngju)

Paekche

Kaya

Le bouddhisme de l'époque des Trois Royaumes

Le royaume de Koguryŏ

Le bouddhisme fut officiellement introduit au Koguryŏ (dates officielles : - 37, 668) le sixième mois de l'an 372 (an 2 du roi Sosurim). Depuis le territoire des Qin Antérieurs (351-394) qui occupait une zone située dans la partie septentrionale de la Chine, le moine Shundao* (?-? ; cor. Sundo) se rendit au Koguryŏ, porteur d'images bouddhiques et de soutras, constituant ainsi le point de départ de la transmission du bouddhisme au Nord de la péninsule coréenne. Ensuite, en 374 (an 4 de Sosurimwang), le moine Adao (?-? ; cor. Ado) vint à son tour depuis le territoire des Jin Orientaux (317-420) qui avait le contrôle du Sud de la Chine, et diffusa le bouddhisme. Shundao comme Adao étaient venus au Koguryŏ en tant qu'émissaires dépêchés par deux États. Par conséquent, on peut affirmer que la transmission du bouddhisme, qui se réalisa par leur intermédiaire, signifiait la reconnaissance officielle du bouddhisme par le royaume de Koguryŏ. On peut toutefois supposer que des contacts avec le bouddhisme s'étaient produits auparavant. En effet, dans les *Biographies des moines éminents**, il est dit que le moine Daolin (311-366) des Jin Orientaux envoya un message écrit à un adepte de la Voie* originaire du Koguryŏ. Dans la mesure où Daolin connut son *Parinirvāṇa* en l'an 366, on en déduit qu'il existait des religieux au Koguryŏ avant 372 et que le bouddhisme y fut connu avant la transmission faite par Shundao.

Au Koguryŏ, le bouddhisme prospéra grâce à l'aide de la famille royale par des mesures telles que la construction de neuf monastères à Pyongyang, sous le règne de Kwanggaet'o (r. 391-413). De grands maîtres bouddhistes s'y rendirent célèbres : Sŭngnang* (?-?), Hyeja (?-622), Hyegwan (?-?) et autres. Au début du VIᵉ siècle, le moine Sŭngnang partit étudier en Chine et y développa l'enseignement des Trois traités* de manière significative ; il finit son existence en Chine sans retourner au pays. L'enseignement des Trois traités désigne l'enseignement scolastique fondé sur la théorie de la vacuité* et se proposant d'approfondir la compréhension du *Traité du Milieu**, le *Traité des Douze portes** de Nāgārjuna* (?-?), ainsi que le *Traité des Cent** de Kāṇadeva* (?-?). Hyeja, quant à lui, se rendit au Japon avec le moine Hyech'ong (?-?) du Paekche, où il devint le maître de Shōtoku Taishi (574-622). Après avoir étudié les Trois traités en Chine, Hyegwan partit à son tour pour l'archipel japonais où il est actuellement vénéré comme fondateur* de l'école des Trois traités*. Considérant l'activité d'un nombre non négligeable de religieux, on estime qu'au Koguryŏ l'enseignement du bouddhisme était centré sur l'étude des Trois traités.

Le royaume de Paekche

Au Paekche (dates officielles : -18, 660), la date officielle de l'introduction du bouddhisme est le neuvième mois de 384 (l'an 1 du roi Ch'imnyu ; r. 384-385). Dans un premier temps, la même année, la cour du Paekche avait envoyé des émissaires porteurs de présents à la cour des Qin Orientaux pour leur proposer d'établir des relations diplomatiques. En réponse, les Qin lui avaient dépêché le moine indien Marananta (?-?) qui vint transmettre le Dharma au pays. L'année suivante, le deuxième mois, le roi Ch'imnyu fit édifier un monastère dans la capitale et y installa une dizaine de moines. On suppose que des contacts avec le bouddhisme avaient été établis avant cette date. À l'époque, le bouddhisme était florissant dans le territoire des Qin Orientaux ; considérant que les échanges avec le Paekche étaient fréquents, il est vraisemblable que le bouddhisme était déjà connu au Paekche. Ainsi, il n'est pas étonnant que, peu de temps après l'adoption officielle du bouddhisme à la cour, le roi fît construire un monastère en raison de la présence de religieux ayant déjà, en nombre, quitté leur famille.

Au Paekche, le bouddhisme commença véritablement à se développer à partir du règne du roi Sŏng (Sŏngwang, r. 523-554). En 526 (an 4 de Sŏngwang), le moine Kyŏmik (?-?) partit en Inde, puis en rapporta des textes de la section du Vinaya* (règles monastiques) qu'il traduisit. En 541 (an 19 de Sŏngwang), des émissaires de la cour furent envoyés chez les Liang (502-557), dans le sud de la Chine, où ils se procurèrent des soutras tels que le *Soutra du Grand Parinirvāṇa**. À partir de ce moment-là, l'étude du Vinaya* ainsi que celle des Soutras du Nirvana* prospérèrent en même temps que se développa à un haut degré l'étude scolastique des textes canoniques*. De plus, en 552 (an 30 de Sŏngwang), des moines du Paekche, porteurs de soutras et de statues bouddhiques, envoyés au Japon, y transmirent le bouddhisme, si bien que, par la suite, de nombreux religieux étudiants vinrent au Paekche y étudier avant de repartir dans l'archipel. En 634 (an 35 de Muwang), fut achevé le monastère de Mirŭk (litt. « monastère de Maitreya »), le plus grand du royaume, signe que l'adhésion au bouddhisme était à son apogée au sein de la famille royale.

Le royaume de Silla

Au Silla (dates officielles : -58, 935), le bouddhisme ne fut reconnu officiellement que beaucoup plus tardivement qu'au Koguryŏ et au Paekche : en 527 (an 14 de Pŏphŭngwang) et consécutivement au martyr d'Ich'adon (506-527). Toutefois, le bouddhisme y avait été préalablement transmis. En effet, sous le règne du roi Nulchi (r. 417-458), un moine d'Asie centrale appelé Mukhoja (?-?) venu par le Koguryŏ, vécut chez un certain

Morye (?-?), puis, à la cour, guérit une princesse de sa maladie. Plus tard, sous le règne de Pich'ŏ (r. 479-500), le moine indien Ado vint du Koguryŏ donner lecture de soutras et de préceptes monastiques.

Le bouddhisme du Silla se développa avec le soutien de la famille royale. La famille royale cherchait alors à rehausser son autorité en prônant le principe d'identité entre le souverain du royaume et le Bouddha*. Ainsi, le roi Chinp'yŏng (r. 579-632) et son épouse prirent les noms de Chŏngban (Śuddhodana)* et Maya, transcriptions chinoises de l'appellation des parents du Bouddha Śākyamuni ; et, dans le même ordre d'idées, nommèrent leur fille Sŏndŏk*, nom tiré des Écritures bouddhiques. Ces deux exemples sont révélateurs du degré d'adhésion au bouddhisme de la famille royale du Silla.

Dans ce royaume, le bouddhisme commença véritablement à se développer à partir de la période d'activité des moines Wŏn'gwang (542-640) et Chajang (590-658), de retour au pays après un séjour d'études en Chine. Après avoir étudié pendant douze ans, Wŏn'gwang retourna au Silla en l'an 600 (an 22 du roi Ch'inp'yŏng) et y introduisit pour la première fois la philosophie du *yusik** (« rien que conscience ») de l'école Yoga*. En outre, il convertit les foules par le biais des « assemblées du Dharma pour l'examen des oracles sur le bon ou le mauvais karma* ». Il apprit aux *hwarang** (litt. « beaux gentilhommes ») Kwisan* (602-?) et Ch'uhang (?-602) les Cinq règles de vie pour les bouddhistes séculiers*, et présenta l'idéal du bouddhisme comme force de cohésion pour l'unification

Chajang (590-658)

des Trois Royaumes. Chajang, quant à lui, étudia pendant sept ans chez les Tang, puis revint au Silla en 643 (an 12 de la reine Sŏndŏk). Il fit bâtir la pagode de neuf étages du monastère de Hwangnyong*, fonda le monastère de T'ongdo et insista particulièrement sur le respect des préceptes de la morale bouddhique pour convertir la population.

Le bouddhisme de l'époque du Grand Silla

Conversion de la population au bouddhisme

À partir du moment où le bouddhisme fut reconnu officiellement, la famille royale et l'aristocratie abandonnèrent leur foi dans les croyances locales séculaires pour adhérer de plus en plus au bouddhisme. Cependant, il fallait davantage de temps pour que les populations en sachent plus à propos du Dharma. À cela s'ajoute le fait que le système doctrinal compliqué du bouddhisme était quasiment inaccessible à ceux qui n'avaient pas eu d'éducation lettrée. Aussi, jusqu'à l'époque des Trois Royaumes, la grande majorité de la population continuait de s'adonner aux croyances chamaniques* en restant dans l'ignorance du bouddhisme. Celle-ci commença à en connaître un peu plus quand des monastères furent édifiés et qu'augmenta le nombre des « ceux qui quittaient leur famille » pour adopter l'état de religieux. Le peuple avait dès lors sous les yeux des ascètes à la tête rasée séjournant dans des monastères et déambulant dans les rues, ce qui ne pouvait manquer de leur faire constater l'existence du bouddhisme. Toutefois, le bouddhisme restait l'apanage de l'aristocratie.

La population s'appropria le bouddhisme comme religion au cours des activités de propagation du Dharma de nombreux religieux qui se dévouèrent corps et âme, ainsi qu'à l'occasion de la diffusion de la vénération du Bouddha Amitābha. Le moine Hyegong (?-?) déambulait dans les rues, un van sur le dos, et transmettait ainsi les paroles de Bouddha ; Tae'an (?-?), lui, convertissait les foules en faisant le tour des marchés. Parmi les maîtres propagateurs* de cette époque, le plus important fut Wŏnhyo (617-686). Celui-ci popularisa la dévotion envers le Bouddha Amitābha (cor. Amit'abul) en expliquant que quiconque l'invoquerait avec la formule : « Namu Amit'abul », pourrait renaître en Paradis (de l'Ouest)*. Ainsi, les populations prêtèrent l'oreille à l'enseignement de Wŏnhyo qui leur était destiné, et adhérèrent peu à peu au bouddhisme. Contemporain de Wŏnhyo, le moine Ŭisang (625-702) qui avait étudié en Chine, convertit les gens à la croyance en Avalokiteśvara (Kwan'ŭm Posal) après son retour au Silla. Il fonda le monastère de Naksan au bord de la mer de l'Est en affirmant que le Bodhisattva Kwan'ŭm y séjournait en permanence et qu'il y prêchait le Dharma pour tous les êtres. Ainsi, grâce à la prédication de Wŏnhyo et d'Ŭisang, le bouddhisme cessa progressivement d'être l'exclusive de la famille royale et de l'aristocratie pour que les gens du commun se l'approprient.

Plusieurs épisodes rapportés dans le *Samguk yusa** (v. 1285 ; *Histoires oubliées des Trois royaumes*) tels que l'esclave nommée Ungmyŏn (?-?) qui, ayant invoqué le Bouddha, renaquit dans la Terre pure, ou encore celui de l'ascète Kwangdŏk* (?-?) et du paysan Ŏmjang* (?-?), qui, le jour, s'affairaient au labeur agricole et, la nuit, pratiquaient des prières d'invocation aux Bouddhas de sorte qu'ils purent renaître en paradis, nous donnent une idée de la foi en Amitābha à l'époque du Silla. Dans la même source, d'autres passages montrent l'étendue de la vénération, cette fois, envers Avalokiteśvara : l'histoire de Changch'un* qui, parti en bateau pour faire du commerce, dériva jusqu'en Chine où il fut réduit en esclavage, mais parvint à retourner au pays grâce à l'intercession de Kwan'ŭm que sa mère priait au monastère de Minjang*,

Wŏnhyo (617-686)

l'épisode où la mère Hŭimyŏng* laissa son enfant aveugle pour aller prier Avalokiteśvara aux mille bras* au monastère de Punhwang dont la rétribution fut le recouvrement de sa vue, ou encore la relation de Chosin*, en charge du domaine du monastère de Naksan, qui, ayant demandé à Kwan'ŭm Posal de pouvoir épouser la fille d'une riche famille, s'endormit et rêva qu'il vivait le restant de son existence avec une épouse, mais n'y connut que souffrance, avant de finalement se séparer. Par ailleurs, la dévotion envers Maitreya (cor. Mirŭk) et Kṣitigarbha (cor. Chijang) était également répandue si bien que le bouddhisme s'ancrait d'autant plus dans la vie de la population.

Les monastères de Pulguk et l'ermitage de Sŏkkul sont précisément l'incarnation de cette foi populaire. Ils ont été édifiés pour satisfaire le vœu que formula Kim Taesŏng, grand conseiller d'État au temps du roi Kyŏngdŏk (r. 742-765). Bien que l'initiative fut lancée par un donateur ayant le statut d'aristocrate, leur réalisation ainsi que celle des statues bouddhiques n'auraient pu connaître un tel degré de raffinement sans une adhésion fervente de la part de la population. En d'autres termes, Pulguksa et Sŏkkuram sont le produit d'une combinaison harmonieuse et complémentaire entre donation* d'aristocrate et foi populaire.

Développement des études scolastiques bouddhiques

À l'époque du Silla, les études scolastiques bouddhiques connurent un niveau accru de développement grâce à l'activité des maîtres Wŏn'gwang et Chajang revenus de Chine après y avoir longtemps étudié. Toutefois, celles-ci connaissent un saut qualitatif remarquable autour de la période de l'Unification des Trois Royaumes (668) grâce à Wŏnhyo et Ŭisang. Transmis au Silla depuis la Chine, le bouddhisme du royaume coréen fut en effet profondément influencé par le bouddhisme chinois. Au cours des

VIIᵉ et VIIIᵉ siècles, le bouddhisme chinois connut une prospérité sans égale dans son histoire avec l'épanouissement de grandes écoles telles que celles du Faxiang*, du Huayan* et du Tiantai*, parmi lesquelles celles du Faxiang (cor. Pŏpsang) et du Huayan (cor. Hwaŏm ; sans. Avataṃsaka) dominèrent au Silla.

L'école du Pŏpsang, une des écoles fondées sur la notion de *yusik* (« rien-que-conscience »), explique que, dans la mesure où tout chose est formée par l'esprit, il suffit que celui-ci se modifie pour en transformer la conscience. Autrement dit, toute chose identifiée par la conscience en est finalement le produit. L'introduction de ce courant de pensée au Silla fut le résultat de l'activité des moines Wŏn'gwang et Chajang qui avaient préalablement étudié en Chine. Grâce à eux, la pensée bouddhique connut un progrès considérable, car le bouddhisme du Silla était jusqu'alors resté à un stade d'adhésion dont l'argumentation nécessitait d'être renforcée.

Ensuite, la personnalité qui exerça une influence notable sur l'étude du « rien-que-conscience » fut sans conteste le moine Wŏnch'ŭk (613-696). Parti étudier en Chine, Wŏnch'ŭk y acheva, certes, son existence, mais il influença tout de même les études du *yusik* au Silla par le fait qu'il eut de nombreux disciples originaires de ce royaume coréen. L'époque où il se trouvait en Chine coïncida avec l'essor de l'école du Faxiang. De plus, l'école domina les études sur la pensée du « rien-que-conscience » avant d'être transmise au Silla. Ainsi coexista dans la péninsule coréenne, d'une part, l'étude du *yusik* marquée par l'enseignement de

Ŭisang (625-702)

Wŏnch'ŭk, et, d'autre part, le courant d'étude issu de l'école du Faxiang. Le moine T'aehyŏn* (?-?, VIIIᵉ siècle), vénéré comme le Patriarche fondateur de l'école du Pŏpsang (Faxiang) au Silla, synthétisa de manière originale ces deux courants du « rien-que-conscience » au point de constituer une particularité scolastique de l'école du Pŏpsang. À cela s'ajouta une branche de cette école à poursuivre la méthode d'examen des oracles sur le bon ou le mauvais karma préconisée par le maître Chinp'yo* (?-?). La méthode consistait à prédire la rétribution de son karma pour pratiquer ensuite le mode de repentance adapté. Cette branche se développa au sein du peuple au point de devenir un courant puissant de l'école du Pŏpsang. Centrée sur l'étude du « rien-que-conscience » et menant des recherches sur des sujets aussi larges que les préceptes monastiques, l'école du Pŏpsang (des Phénomènes) intégra les dévotions à Maitreya et Kṣitigarbha, dominant ainsi le bouddhisme du Silla.

L'école du Hwaŏm fut introduite au Silla par le moine Ŭisang. Après avoir étudié en Chine, Maître Ŭisang revint au pays et devint le premier patriarche de l'école coréenne du Hwaŏm. Toutefois, il existait quelques différences entre l'école du Hwaŏm du Silla et celle de la Chine des Tang. En effet, alors que l'école du Huayan était centrée sur la théorie, l'étude de l'Avataṃsaka (Hwaŏm) d'Ŭisang mettait l'accent sur la mise en pratique. En 670, quand Ŭisang retourna au Silla, la guerre entre le royaume coréen et les Tang avait certes pris fin et la paix était à peine recouvrée ; néanmoins, la société subissait encore les séquelles du conflit. En cette période troublée, on considérait comme prépondérant le fait de se concentrer sur la mise en pratique des enseignements du Hwaŏm qui prônait justement la conversion des êtres sensibles. L'étude du Hwaŏm constitue un système d'enseignement qui envisage la réalité de manière positive. Le monde, tel qu'il est, est appelé paradis de Bouddha. Le moine Ŭisang prêcha l'esprit du Hwaŏm en expliquant au peuple que se conformer aux enseignements de Bouddha était la réalité de l'Éveil, tout en s'appuyant sur la dévotion à Amitābha et à Avalokiteśvara. Cependant, à la fin du Silla, avec l'introduction de l'école chinoise du Huayan, l'enseignement d'Ŭisang se scinda en différents courants.

Les écoles du Pŏpsang et du Hwaŏm faisaient principalement l'objet d'adhésion de la part de la famille royale et de l'aristocratie. Ceci s'explique, d'une part, par la difficulté de compréhension de leur enseignement qui nécessitait une éducation lettrée ; et, d'autre part, par la nécessité de bénéficier du soutien matériel de la noblesse pour assurer leur prospérité. À cette époque, le degré de développement atteint par les écoles du Pŏpsang et du Hwaŏm conféra aux études scolastiques bouddhiques du Silla son plus haut niveau après celui de la Chine. Toutefois, à la fin du Grand Silla, le rayonnement des écoles du Pŏpsang et du Hwaŏm qui s'étaient développées en se centrant sur l'aristocratie s'affaiblit progressivement du fait de dissensions à la cour au sein de la noblesse, au profit des écoles du Sŏn qui avaient, elles, grandi dans les provinces.

L'introduction du Sŏn et son développement

Le Sŏn (chin. Chan ; jap. Zen), que l'on peut qualifier de plus grande spécificité du bouddhisme coréen, débuta au Grand Silla en 821, année où le moine To'ŭi* (783-?) revint d'un séjour d'étude en Chine. Certes, deux siècles plus tôt, le moine Pŏmnang* (?-?) y avait déjà introduit le Sŏn, mais celui-ci n'avait pas pris véritablement, si bien que l'on peut dire que le Sŏn commença au Silla avec To'ŭi. À la suite de To'ŭi, les moines Hongch'ŏk* (?-?), Hyŏnuk* (787-868), Hyech'ŏl* (785-861), Ch'ejing* (804-880), Muyŏm* (800-888), Pŏmil* (810-889), Toyun* (748-834) se succédèrent, apportant à chaque fois leur expérience d'étude et de pratique en Chine où ils avaient séjourné. Repoussés par les puissantes écoles du Pŏpsang et du Hwaŏm soutenues par les élites de Kyŏngju (anc. Kŭmsŏng*), la capitale, ceux-ci ne purent s'y établir, si bien qu'ils enseignèrent dans les provinces où ils établirent leur base. Ainsi, les écoles du Sŏn grandirent grâce au soutien apporté par les clans influents des provinces qui avaient émergé à cette époque.

Les forces emblématiques ainsi établies furent appelées « écoles de Montagne* » (litt. « Portes de Montagne »), ceci, parce les centaines de religieux et de fidèles qui pratiquaient le Sŏn, se fixaient dans les montagnes. Jusqu'à la période du Koryŏ, les principales écoles de Montagne à connaître une certaine prospérité se comptent au nombre de neuf, d'où l'expression « Neuf écoles de Montagne » désignant : l'école de Montagne de Kaji* (avec Porimsa* pour monastère principal, à Changhŭng) fondée par le moine Ch'ejing (804-880) qui succéda à Maître To'ŭi ; l'école de Montagne de Silsang* (avec Silsangsa comme monastère principal, à Namwŏn) fondée par le moine Hongch'ŏk ; l'école de Montagne de Tongni* (avec T'aeansa*

●
To'ŭi (783-?)

comme monastère principal, à Koksŏng) fondée par Hyech'ŏl (895-861) ; l'école de Montagne de Pongnim* (avec Pongnimsa* comme monastère principal, à Kimhae) fondée par Simhŭi* (855-923), successeur de Hyŏnuk (787-868) ; l'école de Montagne de Saja* (avec Hŭngnyŏngsa comme monastère principal, à Yŏngwŏl) fondée par Chŏlchung* (826-900), successeur de Toyun (798-868) ; l'école de Montagne de Sagul* (avec Kulsansa* comme monastère principal, à Kangnŭng) ; l'école de Montagne de Sŏngju* (avec Sŏngjusa* comme monastère principal, à Poryŏng) fondée par Muyŏm (800-888) ; l'école de Montagne de Hŭiyang* (avec Pongamsa comme monastère principal, à Mun'gyŏng) fondée par Tohŏn* (824-882) et l'école de Montagne de Sumi* (avec Kwangjosa* comme monastère principal, à Haeju) fondée par I'ŏm* (870-939).

Les écoles du Sŏn du Silla se développèrent dans les limites imposées par les écoles scolastiques bouddhiques du Pŏpsang et du Hwaŏm. On parle souvent de l'opposition entre les écoles du Sŏn et les écoles scolastiques : les uns critiquant les autres d'ignorer les enseignement du Bouddha ; les autres, soutenant la supériorité de leur pratique spirituelle. Maître Muyŏm affirma que « le Sŏn est le monde de l'Éveil inexprimable par le langage », tandis que la scolastique* était « le monde de l'édification par le langage », signifiant par là que le Sŏn dépassait la scolastique. En dépit de l'opposition qui pouvait exister à l'époque entre le Sŏn et la scolastique, il n'en reste pas moins que le Sŏn se développa sur la base de la philosophie de l'Avataṃsaka. En effet, la pensée du Hwaŏm affirmant que la réalité, telle qu'elle est, est la vérité, comportait le système d'explication le plus proche de la pensée du Sŏn, qui, elle, estime que l'esprit en son état ordinaire, tel qu'il est, est l'esprit d'Éveil, sans qu'il soit besoin d'apprendre la scolastique. Ainsi, ce fut la pensée du Hwaŏm qui prépara le terrain à la croissance des écoles du Sŏn au Silla. En outre, la plupart des maîtres du Sŏn qui avaient appris le Chan* au cours de leur séjour en Chine avaient commencé, à l'origine, à étudier l'Avataṃsaka. Aussi n'était-il pas étonnant de voir des statues du Bouddha Vairocana – Bouddha principal de l'école du Hwaŏm – honorées dans la plupart des monastères des écoles du Sŏn. En cela, les monastères du Sŏn du Silla se distinguaient nettement de leurs homologues chinois qui n'admettaient aucune statue. Ceci met en évidence une particularité des écoles du Sŏn du Silla.

Le bouddhisme de l'époque du Koryŏ

La période du début du Koryŏ

À la fin du Silla, les écoles scolastiques bouddhiques (écoles du Pŏpsang et du Hwaŏm) avaient prospéré grâce au soutien de l'aristocratie, tandis que les écoles du Sŏn s'étaient développées avec le patronage des clans puissants des provinces. Le phénomène était similaire à celui qui opposait politiquement la noblesse de la cour de Kyŏngju aux clans influents des provinces. Finalement, au début du Xᵉ siècle, le Paekche Postérieur (892-936) et le Koguryŏ Postérieur (901-918) furent établis, si bien que le territoire du Silla se trouva morcelé en trois pays, conduisant à l'avènement de la période dite des Trois Royaumes Postérieurs* (889-935). Les dirigeants des pays du Paekche et du Koguryŏ Postérieurs, respectivement Kyŏn Hwŏn* (867-935) et Kung Ye* (?-918), utilisèrent tous deux la dévotion à Maitreya afin de gagner le soutien des populations. Kung Ye alla jusqu'à soutenir qu'il était lui-même le Bouddha Maitreya. Ceci n'est qu'un aspect révélateur de ce que pouvait être alors l'adhésion dont ce Bouddha faisait largement l'objet parmi le peuple. Par la suite, Wang Kŏn* (877-943) élimina les partisans de Kung Ye et fonda le royaume de Koryŏ. Dans la mesure où celui-ci soutenait depuis longtemps les écoles du Sŏn, il en reçut le ferme soutien jusqu'à son accession au pouvoir. Les écoles scolastiques le soutinrent également, si bien qu'au sein de l'école du Hwaŏm, les groupes favorables à Wang Kŏn se séparèrent de ceux qui avaient été partisans de Kyŏn Hwŏn. Après l'unification politique et territoriale des Trois Royaumes Postérieurs, Wang Kŏn mit en vigueur une politique étatique active de vénération du bouddhisme. À ses descendants, il légua des instructions testamentaires en dix articles appelées « Préceptes en dix articles* » dans lesquels il prescrivait la tenue annuelle des grandes fêtes bouddhiques de l'Éclairement des Lanternes* (fête des Lanternes) et des Huit commandements*.

Les souverains successifs organisèrent donc tous les ans la fête des Lanternes et la fête des Huit commandements, et fondèrent des monastères de vœu afin de prier pour le bonheur *post mortem* de leurs parents défunts ou d'eux-mêmes ; monastères dans lesquels ils installaient des centaines de religieux, dont le nombre put parfois dépasser les deux mille. De plus, en certaines occasions, des assemblées du Dharma pouvaient rassembler plus de dix mille moines, à l'issue desquelles ceux-ci se voyaient offerts un repas ou banquet monastique*. Sous le règne de Kwangjong (r. 949-975), furent instaurés le *sŭnggwa** (litt. « matières monastiques »), concours de recrutement des moines fonctionnaires, ainsi qu'une hiérarchie du clergé conférant des rangs aux religieux. Le concours était organisé en deux groupes d'écoles : celui de la scolastique et celui du Sŏn, dont les lauréats se voyaient conférer le grade de *taedŏk** (litt. « moine de grande vertu » ; sans. *badhanta*). S'ils avançaient dans la carrière, ils pouvaient accéder, au sommet de la hiérarchie, au rang de *sŭngt'ong* (« prieur général ») dans les écoles scolastiques, et à celui de *taesŏnsa* (« grand maître de Sŏn ») dans les écoles du Sŏn. Les moines de grand renom étaient nommés maîtres du roi* ou maîtres du royaume*, et, en tant que maîtres du souverain, avaient un rôle de conseillers. L'organe administratif en charge des affaires liées au bouddhisme était le bureau des Affaires bouddhiques*, qui traitait des tâches telles que la tenue des registres monastiques* ainsi que la nomination des supérieurs de monastères. Les moines qui y officiaient étaient pour la plupart issus du concours monastique. Par conséquent, la réussite au concours monastique, qui permettait d'entrer dans la carrière et d'occuper une haute position dans la société, constituait une autre voie d'accès à l'emploi au sein de l'État.

Les écoles du Sŏn de cette période se développèrent, centrées sur les Neuf écoles de Montagne. Bien que ces écoles de Montagne ne présentaient pas de différences du point de vue de la pensée, la succession s'opérait au sein de chaque branche* particulière. De plus, diverses écoles du Chan furent transmises depuis la Chine dans la péninsule coréenne. La plupart des écoles du Sŏn introduites depuis la fin du Silla relevaient de la branche de l'école chinoise de Hongzhou*, alors que les écoles de Caodong*, de Weiyang* et du Fayan* y étaient déjà implantées et prospères. Cependant, à l'exception de l'école de Hongzhou, elles ne purent finalement pas se maintenir longtemps.

Les écoles scolastiques, quant à elles, avaient été plus ou moins réduites en raison de l'essor des écoles du Sŏn à la fin du Silla, mais elles commencèrent à s'agrandir de nouveau au début du Koryŏ. L'école du Hwaŏm crût grâce à l'action des moines T'anmun (900-975) et Kyun'yŏ* (923-973). Sous le règne de Kwangjong (r. 949-975), T'anmun fut nommé successivement maître du roi puis maître du royaume, et forma des successeurs dans l'étude ; tandis que Kyun'yŏ, lui, tout en se référant aux études chinoises du Huayan, établit les théories de Maître Ŭisang sur le Huayan. Critique vis-à-vis des écoles du Sŏn, ce dernier chercha à affirmer la supériorité de l'école du Hwaŏm. Ainsi, les efforts déployés par les deux maîtres permirent à l'école de recouvrer sa superbe de l'époque du Silla.

L'école du Pŏpsang (chin. Faxiang) fut reconstruite grâce aux moines qui avaient perpétué la dévotion liée à la pratique de l'examen des oracles sur le karma instaurée par Maître Chinp'yo. L'école apparut véritablement sur la scène de l'Histoire du Koryŏ à partir du moment où le roi Mokchong (r. 997-1009) fonda le monastère de Sunggyo* (litt. « monastère de la Vénération de l'Enseignement ») comme son monastère de vœu ; et quand le roi Hyŏnjong (r. 1009-1031) fit édifier le monastère de Hyŏnhwa* (litt. « monastère de la Mystérieuse Transformation ») pour prier pour le bonheur *post mortem* de ses parents défunts. Les deux monastères étaient rattachés à l'école du Pŏpsang. Par la suite, les maîtres du roi et du royaume furent choisis au sein de cette école ; de plus, une partie des descendants du clan des Yi d'Inju (Inch'ŏn) – alors le plus influent – embrassa l'état monastique, si bien que l'école du Pŏpsang domina le monde bouddhiste.

D'un autre côté, le Koryŏ fut tourmenté dans ses relations extérieures par les invasions des Khitan. Au moment de leur deuxième invasion en 1010, Hyŏnjong décida d'entreprendre la gravure sur bois de la Grande Corbeille des Écritures bouddhiques dans l'intention de refouler les ennemis grâce à la puissance salvatrice de la Grande compassion de Bouddha. La gravure débuta en 1011 et connut un premier achèvement en 1029, avant d'être complétée en 1067, puis atteindre sa forme parachevée en 1087. Cette Grande Corbeille, la première gravure, appelée pour cela Ch'ojo taejanggyŏng* (litt. « Grande Corbeille de Première gravure »), était, dans le monde, la collection d'Écritures bouddhiques la plus aboutie de son époque. Le moine Ŭich'ŏn (1055-1101), quatrième fils du roi Munjong (r. 1046-1083), « quitta sa famille » pour entrer en religion dans l'école du Hwaŏm, mais, parti ensuite en Chine, il y étudia l'enseignement du Tiantai* (ayant le *Soutra du Lotus* comme principal soutra de référence), si bien que, une fois revenu au pays, il fonda l'école coréenne du Ch'ŏnt'ae (chin. Tiantai). Il ne s'arrêta pas là, car, dans la Chine des Song (960-1279), il se procura plus de trois mille « rouleaux* » (livres) de documents, et confectionna au Koryŏ le « Catalogue général de la Corbeille des Enseignements scolastiques* » comprenant l'ensemble des textes d'études d'Asie Orientale sur le bouddhisme. Une fois gravé, il reçut l'appellation de *Kyojang** (« Corbeille de la Scolastique »). Cependant, la Première gravure de la Grande Corbeille ainsi que le catalogue furent réduits en cendres au cours de l'invasion mongole de 1232.

La période de Prise de pouvoir par les militaires

En 1170, les fonctionnaires de l'Armée s'emparèrent du pouvoir par un coup d'État. L'événement réduisit drastiquement l'influence des fonctionnaires civils dans le gouvernement, et provoqua de profondes transformations au sein des milieux bouddhistes*. Le monde bouddhiste, qui s'était jusqu'alors développé principalement grâce au soutien de la famille royale et de l'aristocratie, était dans l'obligation de redéfinir ses relations avec les représentants des forces nouvellement apparues sur la scène politique. Au début, plusieurs milliers de moines résistèrent pour renverser les fonctionnaires de l'Armée, mais ils furent bientôt réprimés et peu à peu forcés de reconnaître le pouvoir des militaires. En absorbant les courants bouddhistes influents, le régime militaire cherchait en effet à retourner en sa faveur la confiance du peuple en révolte.

Dans ce contexte, émergea un mouvement prônant la réforme des milieux bouddhistes : le « mouvement des Congrégations* ». Chinul (1158-1210), bien que moine de l'école du Sŏn de la Montagne de Sagul, avait aussi une profonde connaissance de l'étude du Hwaŏm. Tout en se lamentant du fait que les milieux bouddhistes de l'époque fussent compromis, avec quelques compagnons de Voie, il rédigea en 1190 la *Charte de la Congrégation pour l'exhortation à la pratique du Recueillement et de la Sagesse** dans l'ermitage de Kŏjo* (litt. « ermitage du Séjour des Patriarches ») des monts P'algong*, et fonda une congrégation dont la pratique englobait celles des écoles scolastiques et du Sŏn*. Le mouvement est couramment appelé Congrégation du Recueillement et de la Sagesse (cor. Chŏnghye kyŏlsa)*. Avec le temps, le nombre des membres de la congrégation augmenta, si bien qu'en 1200, celle-ci se déplaça dans un lieu plus approprié : le monastère de Songgwang des monts Chogye. À la cour, en 1205, le roi fit don au monastère d'une enseigne de fronton calligraphiée « Susŏnsa » (litt. « monastère de la Pratique du Sŏn »), signe de la reconnaissance officielle de la congrégation. Dans la mesure où le monastère prônait la pratique conjointe de la scolastique et du Sŏn*, englobant ainsi les écoles méditatives et scolastiques, il en reçut le commun soutien. La renommée du monastère augmentant, le plus haut militaire du régime de l'époque, Ch'oe U* (?-1249), lui accorda son appui, et y fit entrer son propre fils pour y devenir religieux. Le monastère reçut ainsi le soutien des détenteurs du pouvoir, et ce, jusqu'à la fin du Koryŏ, si bien que, parmi sa communauté, furent nommés seize maîtres du royaume au cours des générations successives.

Avec la Congrégation du Recueillement et de la Sagesse, la Congrégation du Lotus Blanc* est la plus représentative de la période du Koryŏ. À l'initiative de la création de la Congrégation du Lotus Blanc se trouvait Yose* (1163-1245), moine de l'école du Ch'ŏnt'ae. Il avait participé à la Congrégation du Chŏnghye de Chinul, mais, insatisfait, avait mis en place sa nouvelle congrégation en 1216 dans les monts Mandŏk* (litt. « montagne aux Dix mille vertus »). Dans le cadre de cette congrégation et sur la base de la croyance dans le *Soutra du Lotus* et dans celle de la Terre Pure, le moine Yose pratiqua une rude ascèse consistant à réciter quotidiennement le *Soutra du Lotus*, mille fois le *Soutra Cundīdevidhāranī** (litt. « Mantra de la Pureté » ; invocation d'Avalokiteśvara procurant de la joie à l'humanité) et à invoquer dix mille fois le Bouddha Amitābha. Reconnu pour sa pratique, le monastère de Paengnyŏn* (« monastère du Lotus Blanc ») reçut le soutien du régime des militaires à partir de 1237 ; et, par la suite, huit religieux issus du monastère furent nommés maîtres du royaume ; et ce, jusqu'à la fin du Koryŏ.

À cette époque, le régime des militaires, sous la menace des invasions mongoles, choisit de résister en transférant la cour dans l'île de Kanghwa en 1232. Laissé libre aux exactions des envahisseurs, le territoire du royaume fut la proie de pillages, si bien que la Première gravure de la Grande Corbeille ainsi que le *Catalogue général de la Corbeille des Enseignements scolastiques* conservés au monastère de Pu'in* dans les monts P'algong furent brûlés. Aussi commença-t-on à graver de nouveau la Grande Corbeille afin de chasser les ennemis grâce au soutien protecteur de Bouddha. Sous la direction d'un Conseil provisoire de la Grande Corbeille* installé dans l'île de Kanghwa, assisté d'un bureau détaché à Namhae, la gravure débuta en 1236 et fut totalement achevée en 1251. La Grande Corbeille fabriquée à cette époque se trouve actuellement conservée au monastère de Hae'in sous le nom de Seconde gravure de la Grande Corbeille* : elle comporte plus de quatre-vingt mille planches xylographiées, de sorte qu'elle est aussi connue sous le nom de « Grande Corbeille des Quatre-vingt mille* » (P'alman Taejanggyŏng*).

Seconde période du Koryŏ

En 1270, la cour du Koryŏ capitula en faveur des Yuan (1234.1279-1368) et retourna à Kaesŏng, période à partir de laquelle les milieux bouddhistes eux-mêmes furent influencés par les pratiques impériales. Au cours d'une cérémonie et sous l'égide de moines tibétains, le roi coréen adopta les « règles des Bodhisattvas* » ; par ailleurs, certains habitants du Koryŏ se rendirent dans l'Empire et entrèrent dans les ordres monastiques tibétains. Dans le domaine des arts bouddhiques également, l'influence des Yuan est visible : le stoupa en pierre de dix étages sur le site de l'ancien monastère de Kyŏngch'ŏn* (litt. « monastère du Respect du Ciel ») à Kaesŏng fut construit suivant les techniques en vigueur dans le Grand Pays ; de plus, on trouve certains accessoires bouddhiques* importés. Par ailleurs, oubliant l'esprit de la pratique des congrégations, une partie des ascètes des monastères de Susŏn et de Paengnyŏn cherchèrent à obtenir des avantages économiques par flagornerie vis-à-vis des fonctionnaires des Yuan. À cette époque, désireux de restaurer la fierté nationale, le moine Iryŏn* (1206-1289) compila le *Samguk yusa* (*Histoires oubliées des Trois Royaumes*). En rapportant par écrit et pour la première fois le mythe de Tan'gun*, le *Samguk yusa* confère une dimension sacrée à l'origine du peuple coréen, tout en relatant des éléments particuliers de la culture orale centrée sur le bouddhisme. Entré dans la vie religieuse dans l'école de Montagne de Kaji, il eut également un rôle pionnier en matière d'unification des écoles du Sŏn en organisant des assemblées de fidèles* liées aux Neuf écoles de Montagne.

À la fin du Koryŏ, au moment où la dynastie du pays des Yuan s'affaiblissait progressivement, la pratique du *kanhwasŏn* (chin. *kanhuachan* ; litt. « Sŏn de l'observation des *hwadu* ») de l'école du Chan de Linji* fut introduite depuis la Chine. Le *kanhuachan* de Maître Mengshan Deyi* (1231-1308), qui se trouvait alors à Suzhou, exerça une remarquable influence au Koryŏ. Deux représentants importants des écoles du Sŏn de l'époque, Hon'gu* (1251-1322) et Manhang* (1259-1315) reçurent son enseignement qu'ils transmirent à leurs disciples, à leur retour au pays. De plus, le moine Chigong* (1235 ?-1363 ; chin. Zhigong ; litt. « Montrance de la Vacuité »), d'origine indienne, se rendit au Koryŏ en 1326 après un séjour en Chine ; et, pendant trois ans, influença considérablement le milieu des bouddhistes. Chigong se disait être le descendant à la cent huitième génération de la lignée du Sŏn (depuis le Bouddha) ; il expliquait le Dharma en se référant à la notion de vacuité, et insistait sur le respect des préceptes.

Les personnalités remarquables qui animèrent les milieux bouddhistes à la fin de la dynastie furent les moines T'aego Po'u (1301-1382) et Na'ong Hye'gŭn* (1320-1376). Entré dans l'école de Montagne de Kaji, Po'u parvint à l'Éveil après avoir travaillé sur le *hwadu* du sinogramme *mu*(無) de Maître Zhaozhou (778-897)*, puis partit pour la Chine en 1346. Là-bas, il fit la rencontre de Maître Shiwu Qinggong* (1272-1352), alors le plus vénéré au sein de l'école Chan de Linji, qui lui reconnut l'aptitude à transmettre son enseignement* (litt. « sceau d'approbation »), si bien qu'il retourna au Koryŏ au bout de deux ans. Il fut ensuite nommé maître du roi par le souverain Kongmin (r. 1351-1374), bénéficia d'une Maison avec un domaine, le Wŏnyungbu* (litt. « Maison de la Fusion Parfaite »), et fut à la tête d'un mouvement de réforme du bouddhisme. Hye'gŭn, quant à lui, se rendit en Chine en 1347, où il rencontra Chigong et fut enseigné par lui avant d'être reconnu ultérieurement apte à transmettre l'enseignement d'un autre maître de l'école Chan de Linji, Pingshan Chulin* (1279-1361). De retour au pays en 1358, il voyagea un peu partout et y fit des disciples, puis

●
Na'ong Hye'gŭn (1320-1376)

fut nommé maître du roi en 1371. Cependant, critiqué par une partie nouvellement promue de l'administration, il fut condamné à l'exil et entra dans la béatitude sur le chemin de la disgrâce, au monastère de Sillŭk*. Le style de la pratique du *kanhwasŏn** des enseignements de Po'u et de Hye'gŭn signifie beaucoup dans la mesure où celui-ci fut adopté comme principe directeur à l'époque du Chosŏn. En effet, le bouddhisme de la période suivante fut mené par leurs disciples, autour de la pratique du Sŏn.

Le bouddhisme de la période du Chosŏn

Première période du Chosŏn

La fondation du Chosŏn (1392-1897) transforma radicalement les milieux bouddhistes. Les principaux artisans politiques de la fondation de la nouvelle dynastie, en bons partisans du néoconfuciansime, furent très critiques à l'égard du bouddhisme. Aussi réduisirent-ils progressivement – sinon supprimèrent-ils – les cérémonies et les institutions bouddhiques d'État après l'instauration du Chosŏn. Par exemple, les plus grandes fêtes bouddhiques d'alors qu'étaient la fête des Lanternes et celle des Huit commandements furent supprimées ; de plus, les onze écoles bouddhiques reconnues officiellement par l'État à la fin du Koryŏ furent réduites à deux pour n'exister qu'en tant qu'écoles du Sŏn et écoles scolastiques. En outre, plus de cent mille esclaves qui se trouvaient dans les monastères retournèrent à l'État, tandis que les domaines monastiques* furent réduits. Ainsi, fut mise en vigueur une politique dite de « révération du confucianisme et d'oppression du bouddhisme* ».

En réaction contre la politique de répression de l'État du début du Chosŏn, certains moines frappèrent au tambour des réclamations pour se plaindre de l'injustice des mesures prises ; d'autres se rendirent à la cour des Ming (1368-1644) pour le dénoncer. Par ailleurs, le moine Hamhŏ Kihwa* (1376-1433) rédigea un texte : le *Hyŏnjŏngnon** (litt. « Éclaircissements sur le Juste »), dans lequel il affirme avec force qu'une politique correcte est possible quand bouddhisme et confucianisme coexistent. Toutefois, les efforts d'une partie de la population monastique ne surent en rien infléchir la politique gouvernementale. Néanmoins, le gouvernement n'avait pas le pouvoir d'éliminer complètement l'adhésion au bouddhisme profondément enracinée dans le peuple. Il pouvait certes abolir institutions et rites qui s'étaient jusque là maintenus grâce à son appui, mais il était incapable d'agir sur la foi populaire. De plus, bien que les fonctionnaires des classes civile et militaire* (*yangban*), fussent des lettrés pourvus d'une formation néoconfucianiste, leurs épouses, elles, restaient fidèles à la vénération du bouddhisme.

La série de mesures répressives vis-à-vis du bouddhisme engagées depuis la fondation de la dynastie fut suspendue à la fin du règne de Sejong (r. 1418-1450). D'abord, en fervent zélateur des principes politiques néoconfucianistes, celui-ci commença par accentuer la répression, mais ensuite, dans ses dernières années, il subventionna des cérémonies et fit montre de conviction dans son soutien au bouddhisme. Sejo (r. 1455-1468), qui lui succéda, poursuivit à sa façon la politique de révération du confucianisme et de répression du bouddhisme. Il mit en place le « conseil provisoire pour l'Édition des Soutras* » et fit procéder à la publication en langue coréenne de textes du Canon bouddhique selon l'alphabet promulgué dans le *Hunmin chŏng'ŭm** (litt. « Sons corrects pour instruire le peuple », 1446), et fit reconstruire de nombreux monastères. Cependant, de telles mesures provoquèrent le ressentiment des néoconfucianistes, aboutissant au résultat de renforcer, après sa mort, la politique d'oppression du bouddhisme. Sous les règnes successifs de Sŏngjong (r. 1469-1494) et du Prince de Yŏnsan (r. 1494-1506), particulièrement contraignants vis-à-vis du bouddhisme, les élites politiques ne pouvaient s'attendre, dans ces conditions, à bénéficier davantage de la faveur des milieux bouddhistes. Sŏngjong durcit les conditions d'accès à l'état monastique et fit interdire la fondation des monastères ; tandis que le Prince de Yŏnsan transforma en lieu de divertissements le monastère de Wŏn'gak* (litt. « monastère de l'Éveil Parfait ») de Séoul, et abolit le concours de recrutement des moines fonctionnaires (cor. *sŭnggwa*).

L'époque du roi Myŏngjong (r. 1545-1567) fournit au bouddhisme un tremplin qui lui permit de rebondir dans une certaine mesure. Au début, du fait que Myŏngjong était trop jeune pour régner, la régence fut assurée par la Reine mère Munjŏng (1501-1565), une bouddhiste convaincue qui restaura le concours monastique. À cette époque, le moine Hŏ'ŭng Po'u* (1515-1565) était très influent. Par le biais du concours, Po'u sélectionna un nouveau clergé parmi lequel se trouvait Ch'ŏnghŏ Hyujŏng* (1520-1604). Après la mort de la reine mère, la répression du bouddhisme reprit de plus belle avec la suppression du concours ; toutefois, la courte période de Restauration* permit aux milieux bouddhistes de reprendre de la vigueur. Ceci fut manifeste au cours des invasions japonaises qui survinrent à la fin du XVIᵉ siècle* (litt. « troubles japonais de l'année *im-jin*, 1592), à travers l'action de résistance des moines soldats*. Sitôt le début des invasions en 1592, sous la direction de Hyujŏng Sŭnim, des moines se levèrent en plusieurs lieux du territoire et prirent les armes pour lutter contre les envahisseurs afin de défendre le pays. Finalement, les troupes de moines résistants réalisèrent un mérite éclatant contribuant à la victoire. Ils furent jugés comme étant sujets méritants de l'État du plus haut niveau*. Parmi les disciples de Hyujŏng, Samyŏng Yujŏng* (1544-1610) se distingua particulièrement, non seulement par le rôle déterminant qu'il eut pendant les conflits, mais aussi parce qu'après la guerre, il se rendit au Japon pour en ramener les otages du Chosŏn qui y avaient été conduits

Samyŏng Yujŏng (1544-1610)

de force. Par la suite, au moment de l'invasion des Qing de 1636* (litt. « troubles des barbares du Nord de l'année *pyŏng-ja*), des troupes de moines résistants se soulevèrent de nouveau en plusieurs lieux du pays.

Dernière période du Chosŏn

L'activité déployée par les moines soldats résistants lors des invasions japonaises de la fin du XVIᵉ siècle, ainsi que pendant l'invasion mandchoue de 1636 contribua à faire changer l'opinion que les *yangban** (litt. « les deux classes »), élites de la société, pouvaient avoir du bouddhisme. Pour ces derniers, l'enseignement bouddhique ne pouvait plus se résumer à la formule simpliste du « ni père ni souverain* ». Aussi, après la guerre, la cour mua sa politique d'oppression en politique d'acceptation proche de la gratitude, de sorte que le bouddhisme commença à être reconnu. Les moines se virent confier des corvées d'État telles que la construction ou la réparation de forteresses de montagne* ; par ailleurs, on attribua aux monastères la charge de fabrication du papier, si bien que ceux-ci approvisionnèrent les administrations. Une telle mesure revenait à traiter les religieux à l'égal du statut social du « bon peuple* ». À l'origine, les moines étaient exemptés des obligations liées au statut social, et n'étaient pas astreints aux corvées publiques ; seulement, à partir du début du Chosŏn, ils eurent l'obligation de satisfaire aux corvées assignées aux membres du bon peuple. Si, d'un côté, un tel revirement dans l'attitude du gouvernement eut pour conséquence de sortir les milieux bouddhistes d'une crise vécue comme un abandon, d'un autre côté, il s'accompagna d'une rétrogradation de la position sociale des religieux. Ceci explique qu'à la fin du Chosŏn, certains parmi les *yangban* les traitèrent en « vil peuple* ».

Au XVIIᵉ siècle, la politique de la cour vis-à-vis du bouddhisme connut un tournant. Les religieux étaient certes traités comme membres du « bon peuple », mais, sous le règne d'Injo (r. 1623-1649), ils se virent interdire l'accès à la capitale intra-muros et, sous Hyŏnjong (r. 1659-1674), les deux monastères de *piguni* (nonnes), Insuwŏn* (litt. « monastère de la Durable Bienveillance ») et Chasuwŏn* (litt. « monastère de la Durable Compassion »), qui se trouvaient à l'intérieur des murailles de Séoul, furent désaffectés. Toutefois, à partir du XVIIIᵉ siècle, il n'y eut plus de répression du bouddhisme par le pouvoir séculier. Le principal lieu d'action des milieux bouddhistes qui se trouvait dans la région du domaine royal, le Kyŏnggido, se déplaça vers les régions du Sud de la péninsule. Ainsi, les principaux centres bouddhiques furent désormais les monastères de Songgwang, de Taehŭng* et de Tonghwa*. Fondé à l'époque du Koryŏ par Chinul sous l'appellation de Susŏnsa, Songgwangsa devint le lieu de fixation de Puhyu Sŏnsu* (1543-1615), moine de l'école de Hyujŏng, ainsi que de ses disciples. L'école de Puhyu Sŏnsu s'étendit peu à peu aux monastères des environs : Hwaŏmsa*, Ssangyesa* et autres, constituant une branche du Sŏn. Les monastères de Taehŭng et de Tonghwa, quant à eux, accueillirent les disciples de P'yŏnyang Ŏn'gi* (1581-1644) – lui-même disciple de Ch'ŏnghŏ dans ses vieux jours – qui prospérèrent au point de devenir la branche la plus répandue dans tout le pays.

Le résultat le plus remarquable du bouddhisme de la dernière période du Chosŏn fut la fixation du cursus de la formation monastique*. Il se divisait en quatre étapes : le cursus des *sami* (sans. *śrāmaṇera*)*, celui des Quatre Collections*, des Quatre Enseignements* et du Grand Enseignement*, un peu comme le cursus actuel, allant de l'école primaire jusqu'à l'université. Après avoir « quitté sa famille », on apprenait de manière systématique l'enseignement du bouddhisme par le biais d'un tel cursus. Ce dernier reflète la tendance présente dans le bouddhisme de l'époque à concilier les pratiques de la méditation et de la scolastique*, combien même les écoles du Sŏn fussent-elles clairement affichées comme telles. Il faut ajouter à cela le fait que les pratiques de dévotion par invocations étaient très encouragées. Finalement, les ascètes pratiquaient le Sŏn, l'étude scolastique et les prières d'invocations, ensemble que l'on désigne couramment par l'expression : « exercice et étude des trois voies d'accès* ».

Parmi les « trois voies d'accès », l'étude scolastique consistait en l'étude de l'Avataṃsaka. En effet, à la fin du Chosŏn, on ne trouve pratiquement plus traces d'études telles que celles de l'enseignement du « rien-que-conscience », ni du Ch'ŏnt'ae. À la fin du Chosŏn, la vogue de l'étude de l'Avataṃsaka s'explique directement par le naufrage en 1681 d'un navire de commerce chinois échoué sur l'île d'Imja dans la province du Chŏlla. Rencontrant un typhon sur sa route vers le Japon, l'embarcation avait dérivé, ayant à son bord le *Hwaŏmsoch'o** (litt. « Extraits choisis des Commentaires de l'Avataṃsaka »), traité du moine Qingliang Chengguan* (738-839) des Tang. Expliquant en détail le *Soutra de l'Ornement de Splendeur*, l'ouvrage avait été transmis au Koryŏ, puis perdu au début du Chosŏn. À ce moment-là, le moine Paegam Sŏngch'ong* (1631-1700) le découvrit dans le navire et le réédita, si bien que l'étude de ce soutra fut relancée. Grands spécialistes de l'étude de l'Avataṃsaka au XVIIIe siècle, les moines Mugam Ch'oenul* (1717-1790), Yŏndam Yu'il* (1720-1799) et d'autres se rendirent célèbres.

D'un autre côté, au XVIIIe siècle, les « amicales* » (associations) se développèrent dans la société et même au sein des monastères où elles prirent des formes variées. Les amicales de monastères comptaient des amicales *kap* (de six ans)*, amicales d'invocations*, de Kṣitigarbha*, des Sept étoiles*, des fournitures (nourritures) bouddhiques*, parmi lesquelles les amicales *kap* et d'invocations étaient les plus actives. Au XIXe siècle,

« l'amicale pour dix mille jours d'invocations* » qui se déroula autour du monastère de Kŏnbong* connut un grand retentissement dans la société. Ce fait nous révèle qu'à l'époque l'adhésion aux pratiques d'invocations était profondément ancrée parmi le peuple. Ainsi, au XVIIIe siècle, la pratique pour « l'étude par les trois voies d'accès » se concrétisa à travers une propension nette à organiser des amicales bouddhiques grâce à la vogue des études sur l'Avataṃsaka et la foi dans les invocations.

Cependant, les maîtres de Sŏn qui faisaient du Sŏn la principale composante de leur pratique commencèrent à se préoccuper de l'émergence des études du Hwaŏm et de la faveur des invocations. Parmi eux, la personnalité la plus emblématique fut Paekp'a Kŭngsŏn* (1767-1852). Celui-ci mit en place la Congrégation pour la pratique du Sŏn* et fit la promotion des « trois sortes de Sŏn* » affirmant par là la supériorité du *kanhwasŏn* sur les études scolastiques. Pour lui, les trois sortes de Sŏn étaient, selon l'ordre fixé, le Sŏn des Patriarches*, le Sŏn des Tathāgata* (des Bouddhas) et le Sŏn de principe*. Une telle affirmation fut aussitôt réfutée par Ch'o'ŭi Ŭisun (1786-1866) si bien qu'une controverse éclata. Pour Ŭisun, il n'existait que deux types de Sŏn*, non hiérarchisés : l'un était, du point de vue du Dharma, le Sŏn hors-classe* et le Sŏn de principe ; l'autre, du point de vue humain, le Sŏn des Patriarches et le Sŏn des Tathāgata. Pour lui, une telle distinction n'était qu'un expédient (*pangp'yŏn**), car elle n'existait pas fondamentalement. La controverse entre Kŭngsŏn et Ŭisun suscita un grand intérêt de la part des lettrés confucianistes puisque certains, comme Ch'usa Kim Chŏnghŭi* (1786-1856), prirent position. Commencée au début du XIXe et poursuivie jusqu'au XXe siècle, le débat sur le Sŏn fit souffler un vent nouveau dans les milieux bouddhistes.

Le bouddhisme à l'époque moderne

En Corée, la période moderne débuta certes avec la conclusion de l'Accord de Kanghwa avec le Japon en 1876, mais, en réalité, la modernisation fut engagée dès 1894 à partir des réformes de l'année *kab-o**. Dans la continuité des réformes, fut levé, en 1895, l'interdit qui pesait sur les religieux bouddhistes de pénétrer dans la capitale intra-muros. Leur autoriser l'entrée dans la capitale comportait une grande valeur symbolique puisque cela sonnait officiellement la fin d'une mesure oppressive en vigueur depuis l'époque du Chosŏn. Toutefois, en l'occurrence, le rôle des moines japonais fut déterminant. La mesure fut appliquée parce que la demande en avait été faite à la cour par le moine japonais Sano Genrei* (1859-1912). L'intervention des moines japonais fit oublier aux religieux coréens la visée qu'avait le Japon d'envahir la Corée. Aussi, parmi ces derniers, nombreux louèrent leurs homologues japonais et prirent fait et cause pour l'entrée du bouddhisme japonais en Corée.

Établi en 1897, l'Empire de Corée (Taehanjeguk ; litt. « Empire des Grand Han ») instaura respectivement un bureau d'Administration des monastères* ainsi qu'une Direction monastique* à la tête du bouddhisme. Par là, l'Empire restaurait une structure étatique d'administration du bouddhisme qui avait été supprimée depuis la dernière période du Chosŏn. Cependant, en raison des troubles politiques, l'administration bouddhique ne fut pas en mesure de fonctionner correctement et fut abolie quelques temps après. Stimulée par le bouddhisme japonais, une partie des moines coréens fonda en 1906 l'Association pour l'Étude du bouddhisme* puis l'École Myŏngjin*, avec le projet de rénover le bouddhisme par le biais d'une éducation moderne. En outre, les représentants des monastères de l'ensemble du pays se réunirent et fondèrent l'école du Wŏn* en promouvant Yi Hoegwang* (1962-1933) comme supérieur général de l'école. Cependant, en 1910, sitôt consommée l'annexion de l'Empire coréen par l'Empire nippon, Yi Hoegwang conclut un accord de fédération avec l'école japonaise de Sōtō*. Il s'agissait alors de susciter le renouveau du bouddhisme coréen en s'appuyant sur la force du Japon. Les jeunes moines se lamentèrent alors vivement de ce que, après l'État, annexé, le bouddhisme aussi dût passer au Japon. Aussi fondèrent-ils à leur tour l'école d'Imje* autour de Pak Hanyŏng* (1870-1948) et de Han Yongun* (1879-1944), cherchant à sauvegarder le style des pratiques spécifiques coréennes du Sŏn. Au cours de la seconde moitié du XIXᵉ siècle, la culture spirituelle des exercices du *kanhwasŏn* avait connu un nouvel élan grâce à Kyŏnghŏ* (1849-1912), si bien que ses disciples avaient établi l'école d'Imje en réaction contre l'école pro-japonaise du Wŏn.

Cependant, les écoles du Wŏn et d'Imje furent dissoutes sur ordre de l'Empire japonais. Ce dernier mit en vigueur le « décret sur les monastères* » (1911) tout en attribuant au bouddhisme coréen un nom d'école : le Chosŏn Pulgyo Kyosŏn yangjong* (litt. « Deux écoles du Sŏn et du *kyo* [écoles scolastiques] du bouddhisme coréen »). Ensuite, il plaça sous son contrôle trente monastères principaux qu'il avait déterminés, et dont les supérieurs acceptaient – pour la plupart – les mesures colonialistes japonaises envers le bouddhisme, si bien que l'Assemblée des supérieurs des monastères principaux* fut reconnue par le régime comme le plus important organe de décision du bouddhisme coréen. En réaction, Han Yongun, Paek Yongsŏng* (1864-1940) et d'autres créèrent l'Assemblée du bouddhisme coréen* et firent face aux mesures politiques prises par l'Empire du Japon, en cherchant à restaurer l'autonomie du bouddhisme coréen.

L'Association des ordres bouddhiques sud-coréen et les quatre grands ordres religieux bouddhiques

Doté du plus grand nombre de fidèles en Corée du Sud, le bouddhisme, religion traditionnelle, désireux de développer la solidarité et la coopération entre toutes les obédiences bouddhiques de la République, et incitant à une discussion collective pour les questions à traiter dans les milieux bouddhistes, a cherché à contribuer au renouveau et au progrès du bouddhisme, ainsi qu'à une libre expression et au progrès de la culture nationale. Pour cela, soixante-quinze représentants du monde bouddhiste de tout le pays, comprenant Yi Ch'ŏngdam (ordre de Jogye), Pak Taeryun* (1883-1979 ; ordre de Taego), Mun Changhwan* (bouddhisme du Wŏn*), Kim Un'un* (ordre de Pŏphwa*), Kim Hyegong* (ordre de Jingak), Yi Hongsŏn* (ordre de Kwan'ŭm*), ainsi que Ch'oe Yŏnghŭi*, Kim Sŏn'gyu*, se réunirent en mai 1967 et lancèrent la Fédération générale du Bouddhisme de la République de Corée*, se promettant d'œuvrer pour la réunification des Corées ainsi que pour la concorde universelle en accomplissant jusqu'au bout sa mission de « protection du pays* » ; de sorte qu'en mars 1969, deux cents fondateurs représentant douze obédiences se rassemblèrent pour fonder la Fédération générale du Bouddhisme sud-coréen*.

En octobre 1973, trois cents représentants et dirigeants de dix-neuf ordres se retrouvèrent pour constituer l'Assemblée bouddhique de Corée du Sud*, réunissant la Fédération générale du Bouddhisme sud-coréen ainsi que l'Association bouddhique d'amitié nippo-coréenne* ; et, après son élargissement, en 1974, changea son appellation en Assemblée de la Fédération générale du Bouddhisme de Corée du Sud*. Par la suite, en novembre 1980, l'Assemblée fut renommée Fédération des ordres bouddhiques sud-coréen*, avant d'adopter, en 1989, son appellation actuelle d'Assemblée des ordres bouddhiques sud-coréens* (personne morale de droit privé). L'Assemblée, qui, à ses débuts, comptait douze obédiences, s'est élargie pour atteindre son nombre actuel de vingt-neuf en 2016 et joue son rôle de faire connaître dans le monde le bouddhisme coréen, perpétuant une tradition et une culture de 1700 ans d'histoire.

L'ordre de Jogye du bouddhisme sud-coréen

Prenant pour fondateur le maître du royaume To'ŭi qui, à la fin du Silla, fut le premier à introduire l'école du Sŏn dans le pays et à y établir le *saṃgha* du Sŏn, l'ordre de Jogye du bouddhisme sud-coréen débuta véritablement grâce à l'unification des écoles opérée par le maître du royaume T'aego Po'u ; écoles dont le renouveau avait été l'œuvre de Pojo, maître du royaume au Koryŏ. Faisant l'expérience d'un bouddhisme devenu *de facto* englobant (réunissant toutes les écoles) pendant les périodes du Chosŏn et de l'Annexion par l'Empire du Japon, l'ordre de Jogye perpétua, après la Libération, cette tradition d'un bouddhisme « décompartimenté et englobant* ». En 1962, en tant qu'ordre monastique unifié ne reconnaissant que les religieux *pigu* et *piguni* célibataires, un ordre de Jogye moderne fut mis en place ; ordre qui, par la suite, devenu le plus important de Corée du Sud, joua un rôle d'entraînement de l'ensemble du bouddhisme national.

L'ordre bouddhique sud-coréen de Jogye a adopté comme enseignement fondamental*, celui du *chagakkakt'a kakhaengwŏnman** (litt. « s'éveiller et éveiller les autres, accomplir en plénitude l'Éveil et les actes), et comme principe* : le *chikchi'insim kyŏnsŏng sŏngbul chŏnbŏptosaeng** (litt. « en montrant directement ce qu'est le cœur humain, voir sa nature et réaliser la bouddhéité, transmettre le Dharma et faire traverser les êtres [sur l'autre rive de l'Éveil] »). *Chagakkak t'a* signifie « s'éveiller et guider les autres êtres humains vers l'Éveil » ; *kakhaengwŏnman* veut dire « faire se réaliser pleinement cet Éveil ». Conformément à la Loi de

Bouddha, le principe fondateur de l'ordre bouddhique sud-coréen de Jogye affirme qu'il ne s'agit pas d'un Éveil pour soi, mais de devenir Bouddha en supprimant les souffrances et les égarements de tous les êtres vivants.

Pour l'ordre de Jogye, les Textes les plus importants sont le *Soutra du Diamant* ainsi que les Paroles des grands maîtres du passé contenues dans le *Chŏndŭng pŏbŏ** (litt. « Propos sur le Dharma pour transmettre la Lampe »). L'ordre a su en particulier préserver intégralement, et de manière unique dans le monde, la tradition de la pratique du *kanhwasŏn* qui s'appuie sur l'exercice de doute fondamental à partir de la réception d'un *hwadu* et de l'entretien spirituel avec les maîtres (*ch'amsŏn*), comportant par là une valeur inestimable, non seulement dans l'histoire du bouddhisme coréen, mais aussi dans l'histoire universelle des religions. Aujourd'hui encore, les *sŭnim* de l'ordre de Jogye sont plus de deux mille, tous les ans, à pratiquer assidûment leur *hwadu* dans les salles de méditation présentes dans tout le pays, au cours des retraites d'été et d'hiver.

Le bouddhisme englobant (de synthèse), caractéristique de l'ordre de Jogye, reconnaît les enseignements de diverses écoles sans se cantonner à une seule. La Constitution de l'Ordre* stipule que l'étude des textes canoniques ainsi que les méthodes d'entraînement spirituel ne se limitent pas au *Soutra du Diamant* ni aux *Propos sur le Dharma pour transmettre la Lampe*, et reconnaît pleinement la tradition coréenne du bouddhisme de synthèse consistant à admettre différentes approches que représentent par exemple les courants se référant à l'Avataṃsaka, au *Soutra du Lotus*, à la Terre pure, au bouddhisme ésotérique (cor. *milgyo*).

L'ordre de Jogye comprend, en plus du monastère de Jogye – monastère principal de la 1re circonscription – vingt-cinq autres monastères principaux à la tête de ses circonscriptions, ainsi que de la circonscription spéciale des religieux appelés du contingent*, soit vingt-six monastères principaux, ainsi que plus de trois mille monastères secondaires*, au sein desquels quelques douze mille *sŭnim* se consacrent entièrement à la pratique spirituelle et à la propagation du Dharma.

L'ordre gère par ailleurs une organisation en trois centres : la Direction générale des services, le Centre de Formation et le Centre de Propagation, respectivement en charge de l'administration générale, de la nomination des supérieurs et autres services relatifs au personnel, de la formation des moines et nonnes, de la propagation et de la formation à destination des fidèles et autres. De plus, afin de bénéficier de l'assistance avisée des anciens de l'ordre, en raison de leur compétence et sagesse, un Conseil des Sages* a été constitué. En outre, dans le but de prévenir toute concentration excessive du pouvoir des représentants de l'ordre, et de le partager, ont été mis en place les organes législatifs que sont l'Assemblée centrale* et l'Assemblée des circonscriptions*, ainsi que la Cour de justice pour la sauvegarde de la Règle*. Par ailleurs existent les cinq grands centres bouddhiques (ch'ongnim) de pratique traditionnelle et de formation des monastères de Hae'in, de Songgwang, de Sudŏk, de T'ongdo et de Paegyang.

En 2004, l'ordre a fait construire à Jogyesa le Mémorial pour l'Histoire et la Culture du Bouddhisme coréen à la place des bureaux de l'ancienne Direction générale des services, constituant un nouveau centre de la culture bouddhique au cœur de Séoul ; puis, en 2008, a achevé, en face de l'entrée de Jogyesa, la construction du Centre d'information du Templestay, se dotant ainsi des moyens pour promouvoir le Sŏn traditionnel ainsi que la culture du bouddhisme coréen.

À commencer par l'Université Dongguk qu'il a fondée, l'ordre gère des écoles de tous niveaux (écoles primaires, collèges, lycées et universités) un peu partout en Corée du Sud, ainsi que des organismes d'aide sociale ; et, en tant que principal représentant des milieux bouddhistes du pays, il se donne sans compter pour favoriser le dialogue et la coopération entre les religions. L'ordre édite un quotidien de presse, le *Pulgyo Sinmun** (« Journal du Bouddhisme »), un mensuel pour la propagation locale, le *Pŏphoe-wa Sŏlpŏp** (« Assemblée du Dharma et Enseignements ») ainsi que la revue trimestrielle en anglais, *Lotus Lantern*, et autres périodiques.

Enfin, l'ordre bouddhique sud-coréen

de Jogye, en tant qu'ordre président de l'Assemblée des ordres bouddhiques sud-coréens, joue un rôle d'entraînement, à la pointe du bouddhisme sud-coréen en matière d'échanges internationaux et de développement de la culture bouddhique, mais aussi en ce qui concerne le soutien au bouddhisme de la Corée du Nord, et les activités d'aide internationale.

L'ordre bouddhique sud-coréen de Taego

L'ordre bouddhique sud-coréen de Taego a pris pour fondateur* T'aego Po'u (1301-1382), maître du royaume sous le règne de Kongmin du Koryŏ, héritier de la Tradition du Dharma* de l'école de Montagne de Kaji fondée par To'ŭi, maître du royaume au temps du roi Hŏndŏk (r. 809-826) du Silla.

L'ordre a pour soutras de référence les textes canoniques emblématiques du Grand Véhicule que sont le *Soutra du Diamant* et le *Soutra de l'Ornement de Splendeur*, faisant l'objet d'une adhésion et d'une vénération particulières, et tenant lieu de fondement doctrinal. Il a pour enseignement fondamental vénéré celui du Baghavat* (litt. « Celui que le monde vénère ») Śākyamuni selon lequel il convient de « s'éveiller et d'éveiller les autres êtres », et d'« accomplir en plénitude l'Éveil et les actes », et pour principe fondateur : « voir sa nature et réaliser la bouddhéité », « transmettre le Dharma et guider les êtres égarés vers l'Éveil ». Il se situe dans la Tradition de l'école* de son fondateur T'aego qui prônait la non-dualité du Sŏn et de la scolastique* par l'inclusion des écoles bouddhiques*, et dans un « style de pratiques tendant à la fusion parfaite* » établi sur le principe de « l'absence d'obstacle entre le monde de la nature fondamentale et celui des phénomènes* ». Il perpétue la lignée* représentée au Chosŏn par les maîtres Ch'ŏnghŏ (1520-1604) et Puhyu (1543-1615) qui, par la suite, s'est maintenue de génération en génération.

En tant qu'ordre bouddhique progressiste du Grand Véhicule ayant pour but de mettre en pratique le bouddhisme des Bodhisattvas afin de sauver les êtres et la société – dépassant en cela l'attitude érémitique du bouddhisme du Petit Véhicule centré sur la pratique d'individus – l'ordre de Taego s'enorgueillit d'une histoire au cours de laquelle il s'est, à l'époque de l'Émancipation nationale*, débarrassé du carcan d'une histoire cantonnée au principe de la vénération du confucianisme et rejet du bouddhisme, en fondant des écoles, puis en faisant germer un mouvement de rénovation du bouddhisme en accord avec son temps, rompant ainsi avec le « bouddhisme reclus dans les montagnes* » qui avait prévalu.

L'ordre a conservé tel quel le *kasa rouge** traditionnel coréen. Il recèle par ailleurs un grand nombre de biens culturels du patrimoine national tels que les chant en langue (indienne)* et la peinture bouddhique *tanch'ŏng* ('cinabre et cyan'*), et s'emploie, d'une manière générale, à faire s'épanouir la culture bouddhique.

Depuis les années 1980 et de manière inédite dans les milieux bouddhistes coréens, l'ordre a mis en vigueur des ordinations collectives mixtes*, organisées sur la base d'une formation préalable en vue d'une adoption ultérieure des règles de vie* : un système permettant, chaque année, à plus de deux cents aspirants jugés aptes, de devenir religieux. Ceux-ci, ensuite, emploieront toute leur énergie à s'entraîner spirituellement dans les monastères de l'ordre, ainsi qu'à enseigner et propager le Dharma.

En ce qui concerne la formation, l'ordre a fondé en 1982 l'Université bouddhique de Corée (Taedong Pulgyo taehak*), d'où sont sortis quelques mille deux cents diplômés depuis plus de trente ans. De plus, depuis novembre 2004, il gère l'Université de troisième cycle de Corée (Tongbang taehagwŏn taehakkyo*) agréée par le ministère de l'Éducation et du Développement des ressources humaines. Dans le même temps, un grand centre bouddhique de pratique et de formation, le Taego ch'ongnim mis en place à Sŏnamsa, le monastère principal de l'ordre, forme les religieux à la pratique du Sŏn ainsi qu'à l'études des Écritures bouddhiques afin de guider les nouvelles générations. Avec ses vingt-et-un secrétariats installés dans ses circonscriptions de province et à l'étranger, l'ordre de Taego a sous sa direction quelque trois mille monastères auxquels sont rattachés sept mille *sŭnim*. Il publie l'hebdomadaire *Han'guk Pulgyo Sinmun** (*Journal du Bouddhisme coréen*), périodique de l'ordre, ainsi que le mensuel *Pulgyo** (*Bouddhisme*), qui a une longue histoire pour avoir été créé par Han Yongun Sŭnim (1897-1944) pendant la période d'Occupation par l'Empire du Japon.

Comme œuvre importante promue par l'ordre, il convient de mentionner la fondation du Centre pour la transmission de la culture traditionnelle bouddhique de Corée*, commencée en 2004. Achevé en 2007, le centre comprend un lieu de représentation permanent pour la culture et les arts bouddhiques, une galerie d'exposition des biens culturels et d'œuvres d'art, un centre de formation sur les rites traditionnels de bienséance et l'éducation morale, ainsi que le Centre de recherche de la pensée bouddhique de Taeryun*, fonctionnant ainsi comme un centre culturel bouddhique polyvalent pour la propagation du Dharma et la formation.

À titre d'œuvre permanente, l'ordre a mis en place un Centre général d'aide sociale* permettant d'étendre ses activités grâce à l'organisation d'associations spécialisées au sein des monastères. Il a formé une association nationale pour le bénévolat, qui gère un système de services bénévoles, afin de porter assistance aux personnes en difficulté.

L'ordre a par ailleurs développé divers mouvements et activités : le Mouvement pour les Bons actes* avec le slogan : « un monastère, un mouvement » ; le Mouvement pour le Grand Éveil* prônant la restauration du perfectionnement moral et la possibilité d'une existence véritablement humaine ; l'œuvre culturelle pour la Sépulture écologique* dans les monastères, ainsi que des activités pour la diffusion de l'enseignement des actes de piété filiale afin d'améliorer la culture coréenne spécifique en matière de rites de deuil et d'offrandes aux ancêtres*. Enfin, l'ordre s'est doté d'une Assemblée pour les droits de l'Homme* ainsi que d'une Assemblée pour l'environnement* afin de faire face à ces problèmes avec détermination, favorisant ainsi, et de manière générale, toutes les initiatives d'éducation sociale qui, dans la vie quotidienne, mettent en pratique un bouddhisme de masse pour l'unité de tous les êtres.

L'ordre bouddhique sud-coréen de Cheontae

Le fondateur de l'école coréenne de Cheontae (cor. Ch'ŏnt'ae ; chin. Tiantai) fut Ŭich'ŏn, maître du royaume Taegak (1055-1101) ; le Grand Patriarche Sangwŏl Wŏn'gak* (1911-1974) en fut le refondateur. Fondée en 594 (l'an 14 du règne de Wendi des Sui) par le Grand maître Zhihze* (alias Zhiyi, 538-597), l'école du Tiantai fut introduite au Koryŏ par Ŭich'ŏn Sŭnim, mais la lignée fut interrompue au Chosŏn en raison de la politique de répression du bouddhisme ; le Grand Patriarche Sangwŏl Wŏn'gak la rétablit en 1967.

Le Grand Patriarche quitta le monde séculier à l'âge de quinze ans, puis, à l'issue d'une ascèse douloureuse, réalisa le grand Éveil* à l'âge de quarante-et-un ans, avant de passer le reste de sa vie à œuvrer pour le renouveau du bouddhisme* et le secours des êtres. En 1945, il fonda le monastère de Ku'in ; en 1967, il refonda l'ordre coréen de Cheontae et créa un cadre nouveau pour le développement du bouddhisme coréen. Le supérieur général de la deuxième génération fut le Grand Patriarche Nam Taech'ung (1925-1993) ; le patriarche actuel, de la troisième génération, est Kim Toyong (né en 1943). Le Grand Patriarche Toyong entra dans les ordres avec le Grand patriarche Taech'ung comme maître bienfaiteur*. Après avoir pratiqué l'exercice consistant à ne plus s'allonger, il parvint au grand Éveil et fut authentifié par le Grand Patriarche Taech'ung. Le supérieur général de l'ordre est nommé à vie, il est la colonne spirituelle qui guide l'ordre dans la stabilité.

L'ordre de Cheontae a pour principe fondateur « la fusion parfaite des Trois Vérités* » selon lequel toute chose existant dans l'univers est dotée des Trois Vérités de la vacuité, du « temporaire » et du « médian », et a pour objectif de réaliser les idéaux du *il nyŏm sam ch'ŏn** (litt. « une pensée contient un milliard de mondes ») et du *hoe sam kwi il** (litt. « la réunion des Trois retourne à l'Unité » ; les trois moyens de progression des êtres de différents degrés de sainteté que sont les « Auditeurs », les « Éveillés aux conditions » et les Bodhisattvas reviennent à un seul enseignement). Sur la base d'une telle philosophie, l'ordre a pour enseignement fondamental de mettre en pratique les trois principes directeurs que sont l'accomplissement individuel, la construction de la Terre de Bouddha, l'union avec le corps de nature du Dharma* (l'union du corps et de l'esprit, du religieux et du séculier, de la parole et des actes, du « je » et du « tu »), ainsi que les trois grandes orientations que sont le bouddhisme patriotique*, le bouddhisme du quotidien et le bouddhisme social*. Son soutra de référence est le *Soutra du Lotus*, mais l'ordre considère également comme ses textes canoniques importants les trois grandes sections du *Lotus du Dharma** (commentés par Zhiyi : le

*Commentaire du Soutra du Lotus** ; la *Signification profonde du Soutra du Lotus** et la *Grande contemplation dans l'arrêt des pensées**) ainsi que le *Modèle des Quatre enseignements du Tiantai** (par le moine coréen Chegwan*, ?-970).

L'adhésion des fidèles constitue un aspect particulier de l'ordre de Cheontae. En effet, il existe deux façon d'adhérer : soit en participant à la cérémonie d'initiation aux enseignement* à Ku'insa, monastère principal de l'ordre, expliquant la façon de se rendre dans les assemblées locales du Dharma des monastères secondaires ; soit en s'inscrivant dans les monastères secondaires, puis en participant à la cérémonie d'entrée à Ku'insa. Ainsi, pour devenir fidèle de l'ordre, il convient, dès le début ou par la suite, de passer par la cérémonie d'entrée organisée à Ku'insa. La procédure permet aux fidèles de l'ordre de Choentae d'acquérir une conscience communautaire qui les rattachent au monastère principal de l'ordre.

Actuellement, l'ordre de Cheontae, en plus de son monastère principal de Ku'insa, comporte quelque deux cents monastères dans tout le pays, et cinq cents *sŭnim* (*pigu* célibataires et *piguni*) qui instruisent les fidèles. Il a obtenu de remarquables résultats par la fondation de monastères au cœur des grands centres urbains de Pusan (Samgwangsa) et de Séoul (Kwanmunsa), ainsi qu'en matière de propagation du Dharma.

L'ordre a constamment développé des œuvres d'échanges étroits avec les milieux bouddhistes de plusieurs pays : la Chine, tout d'abord, puis le Japon, la Mongolie et le Miyanmar. De plus, l'ordre gère une université qu'il a fondée : l'Université Geumgang* (Kŭmgang) qui propose un cursus de quatre ans. À leur entrée à l'Université Geumgang, les étudiants disposent d'une bourse couvrant tous leurs frais, et bénéficient par ailleurs d'installations à la pointe de la technique ainsi que du meilleur environnement d'étude.

De plus, l'ordre a développé diverses œuvres d'aide sociale agréées : le Centre d'aide sociale générale pour handicapés de Kumi, le Centre d'aide sociale pour le troisième âge de Ch'unch'ŏn, le Centre d'aide sociale générale de Sangdaewŏn-tong de Sŏngnam, ainsi que deux maisons

pour enfants. À cela s'ajoute le fait que l'ordre a soutenu et achevé la restauration du monastère de Yŏngt'ong* à Kaesŏng grâce au siège du Mouvement Nanu-myŏ hana-ga toegi* (litt. « Devenir un en partageant »). Il poursuit aussi son programme d'envoi de fournitures scolaires et d'ordinateurs aux enfants de Mongolie et de Birmanie.

L'ordre de Cheontae a amélioré le *Ch'ŏnt'ae chongbo** (« Nouvelles de l'ordre de Cheontae »), qu'il publiait depuis 1979, en éditant, depuis 2007, sa nouvelle version : le *Geumgang Sinmun**, publié toutes les deux semaines. De plus, l'ordre publie depuis 1985 la revue mensuelle *Geumgang** qui traite en profondeur des événements des milieux bouddhistes ainsi que des orientations à adopter. En dehors de ces organes de presse, l'ordre imprime, via sa propre maison d'édition, ses textes canoniques, les documents pédagogiques de son université ainsi que des revues académiques. Ainsi, elle édite des revues pour l'enseignement des enfants ainsi que les bulletins d'information d'une quarantaine de monastères secondaires. Enfin, il fait traduire et publier en chinois les textes de l'ordre, diffusés dans les milieux bouddhistes en Chine, contribuant ainsi grandement à son internationalisation.

L'ordre bouddhique sud-coréen de Jingak

L'ordre de Jingak (Chin'gak) est le plus important ordre sud-coréen s'inscrivant dans la transmission légitime du courant du bouddhisme ésotérique (cor. *milgyo*) ; il vise un bouddhisme du quotidien, un bouddhisme de la mise en pratique des enseignements afin d'incarner l'adhésion correcte et l'Éveil véritable.

Fort de soixante-neuf ans d'histoire, l'ordre de Jingak a ouvert ses portes le 14 juin 1947, conformément au vœu du Grand maître de l'ordre*, saint Vénérable du Véritable Éveil* Hoedang Son Kyusang (1902-1963), dans le contexte pressant situé entre la Libération et la Guerre de Corée, avec les cinq mots d'ordre suivants au nom desquels il consacra sa vie, afin de transformer : 1) un bouddhisme centré sur les préceptes en bouddhisme centré sur l'Éveil ; 2) un bouddhisme protocolaire en bouddhisme mis en pratique ; 3) un bouddhisme centré sur les représentations en bouddhisme centré sur la Vérité (ou Impermanence) sans images ; 4) un bouddhisme centré sur la recherche du bonheur dans l'avenir en bouddhisme de purification dans le présent ; 5) un bouddhisme de force extérieure* en bouddhisme de force intérieure*.

La fondation de l'ordre procédait de l'ardent souhait du Grand Patriarche Hoedang de sublimer un bouddhisme coréen rendu méconnaissable et conçu unilatéralement comme difficile, en un bouddhisme populaire et facile d'accès. En effet, il voulait redresser une culture bouddhique coréenne qui, brillante par le passé, s'était dénaturée pendant la période du Chosŏn au cours de laquelle elle avait été rendue exsangue du fait de l'oppression et des atteintes continuelles subies, au point de se dénaturer en un ritualisme centré sur la recherche du bonheur* avec la perspective de renaître dans un paradis futur.

Avec la pensée du bouddhisme ésotérique pour base, le Grand Patriarche créa l'ordre de Jingak en fondant des aires de culte conçues comme des lieux d'exercice spirituel appelés *sim'indang* (litt. « temples du Sceau de l'Esprit »), qui ne soient plus situés dans les montagnes, mais au cœur des villes, permettant ainsi à tout à chacun et à tout moment d'y venir, d'y faire des vœux et d'y pratiquer intensément. Pour cela, il fit traduire et diffuser en coréen les textes canoniques du bouddhisme de sorte que tous puissent les lire et les comprendre facilement. Par ailleurs, il réforma le bouddhisme en en expurgeant les rites et pratiques de toutes le formes confucéennes héritées du passé pour y substituer des formes proprement bouddhiques.

Ne pouvant se satisfaire d'un nouveau bouddhisme dont la réforme n'aurait été que de façade, le Grand Patriarche

Hoedang, brandissant l'étendard de l'œuvre bouddhique de protection de l'État et, dans le dénuement le plus total de la fin de la Guerre de Corée, alors que les balles sifflaient encore, et que partout jaillissaient des gerbes de feu, il fit le vœu que le pays connût enfin la paix et posât les premières pierres du Milgak sim'indang* (litt. « Temple du Sceau de l'Esprit de l'Éveil secret »). Ainsi, l'ordre de Jingak, suivant la même voie que celle de l'Histoire de Corée, a connu plusieurs stades de croissance et compte aujourd'hui cent vingt-deux temples *sim'indang* dans tout le pays, en première ligne en matière d'enseignement des fidèles. Par ailleurs, il a fondé plusieurs temples à l'étranger : États-Unis d'Amérique, Canada, Chine, Sri Lanka et Népal. Actuellement, on évalue à quelque 780 000 le nombre des fidèles pratiquants qui se rendent régulièrement aux assemblées du Dharma organisées par l'ordre dans les temples *sim'in*, notamment le jour *chasŏng** (litt. « jour de sa propre nature », le dimanche).

Conformément aux volontés du Grand Patriarche Hoedang, l'ordre de Jingak mène actuellement diverses œuvres dans quatre secteurs principaux : la propagation du Dharma, l'éducation, l'aide sociale et la culture ; de sorte qu'aujourd'hui il peut jouer pleinement le rôle d'un des ordres bouddhiques sud-coréens de premier plan.

Par le biais de plusieurs institutions spécialisées telles que, principalement, l'Assemblée générale Geumgang*, regroupant l'ensemble des fidèles, mais aussi l'activité généreuse de groupes divers structurés selon l'âge, les goûts et les régions, ainsi que le Centre de recherche international sur le bouddhisme* en charge des relations coréennes bilatérales et des échanges internationaux, le siège sud-coréen du W.F.B. (Organisation Mondiale des Bouddhistes) et enfin les Associations de jeunesse de Vairocana* chargées de la propagation du Dharma parmi les jeunes, l'ordre assure de manière professionnelle la propagation de son enseignement à l'intérieur du pays comme à l'international.

En matière d'œuvres bouddhiques pour l'éducation, fort de la tradition et du dynamisme de l'esprit qui, avant et après la guerre, conduisit aux réformes de l'histoire moderne de la Corée, l'ordre a fondé plusieurs établissements d'enseignement : l'Université Uiduk* (Widŏk)* de Kyŏngju, réglementaire, dont le cursus est de quatre ans, les collèges et lycées Jinseon (Chinsŏn) de jeunes filles*, les collèges et lycées Sim'in à Séoul et Taegu ; il gère par ailleurs une trentaine d'écoles maternelles à l'échelle du pays.

De plus, dans le domaine de l'aide sociale, la Fondation d'aide sociale du Jingak, fondée en 1998, permet d'assurer le fonctionnement d'une quarantaine d'institutions spécialisées : auspices, établissements de cures, centres d'aide généraliste, crèches. À travers le développement d'œuvres particulières telles que l'aide pour la culture, pour la réunification, pour les droits de l'Homme et autres, l'ordre peut s'enorgueillir de sa renommée en tant que pourvoyeur des meilleurs organismes d'aide sociale des milieux bouddhistes sud-coréens.

Enfin, en ce qui concerne les œuvres culturelles, l'ordre est en première ligne en matière de redécouverte de la tradition, en vue de la restauration et de la modernisation de la culture bouddhique séculaire. Dans l'île d'Ullŭng, lieu de naissance de sa Sainteté le Grand Patriarche Hoedang, l'ordre organise, parmi les manifestations les plus importantes, le Festival culturel de Hoedang* dédié à la concorde entre citoyens et à la paix, ainsi qu'un concert pour le « Mouvement pour la préservation et la mémoire du monastère » afin d'en préserver le site, qui, bien qu'abandonné, reste chargé d'histoire.

Ainsi, depuis le passé et au présent, mais aussi tourné vers l'avenir, l'ordre de Jingak continue d'œuvrer et de pratiquer avec ardeur en vue d'être constamment au plus près des êtres, au moyen d'une prédication habile et adaptée au temps pour réaliser, ici et maintenant, le sens profond de la Grande Loi* de la bouddhéité, ainsi que la purification du monde présent*.

REPÈRES CHRONOLOGIQUES

Grandes périodes et découpages dynastiques de l'Histoire de Corée

Période des Trois Royaumes : - 57 ; 668
> Dates officielles du royaume de Koguryŏ : - 37 ; 668 (dynastie des Ko)
> Dates officielles du royaume de Paekche : - 18 ; 660 (dynastie des Puyŏ)
> Dates officielles du royaume de Silla : - 57 ; 935 (dynasties des Pak, Sŏk et Kim)

Période du Grand Silla : 668-935 (dynastie des Kim de Kyŏngju)

Période des Trois Royaumes Postérieurs : 889-935
> Dates officielles du Paekche Postérieur : 892-936
> Dates officielles du Koguryŏ Postérieur : 901-918

Période du Koryŏ : 918-1392 (dynastie des Wang de Songak)
> Période de Prise de pouvoir des militaires (1170-1270)

Période du Chosŏn : 1392-1897 (dynastie des Yi de Chŏnju, régnante jusqu'en 1910)

Période de l'Empire de Corée : 1897-1910

Période du Gouvernement général (annexion par l'Empire du Japon) : 1910-1945

République de Corée : depuis 1948

République populaire démocratique de Corée : depuis 1948
  Guerre de Corée : 1950-1953

Repères chronologiques dans l'histoire du bouddhisme coréen
- dates citées dans l'ouvrage -

372 — Introduction officielle du bouddhisme dans le royaume de Koguryŏ

384 — Introduction officielle du bouddhisme dans le royaume de Paekche

526 — Départ pour l'Inde du moine Kyŏmik du Paekche

527 — Introduction officielle du bouddhisme dans le royaume de Silla

541 — Envoi d'une ambassade du Paekche chez les Liang et don de soutras

552 — Transmission du bouddhisme au Japon par la cour du Paekche

600 — Retour au Silla du moine Wŏn'gwang, introducteur de l'école Yoga

634 — Fondation du grand monastère de Mirŭk au Paekche

643 — Retour au Silla du moine Chajang et fondation de monastères

670 — Retour au Grand Silla du moine Ŭisang, introducteur de l'étude de l'Avataṃsaka

821 — Retour au Grand Silla du moine To'ŭi, introducteur du Sŏn

958 — Instauration supposée du concours de recrutement des moines fonctionnaires au Koryŏ

1011 — Début de la Première gravure de la Grande Corbeille du Koryŏ

1029 — Première version de la Grande Corbeille du Koryŏ

1067 – Compléments à la Grande Corbeille du Koryŏ

1087 – Achèvement de la Grande Corbeille du Koryŏ

1170 – Prise du pouvoir par les fonctionnaires de l'Armée, soutien des écoles du Sŏn

1190 – Rédaction de la Charte de la Congrégation du Recueillement et de la Sagesse par le moine Chinul

1200 – Déplacement des membres de la Congrégation du Recueillement et de la Sagesse au monastère de Susŏnsa

1205 – Susŏnsa est renommé Songgwangsa

1216 – Fondation d'une nouvelle congrégation par le moine Yose

1232 – Transfert de la cour dans l'île de Kanghwa, destruction de la pagode de neuf étages du monastère de Hwangnyong à Kyŏngju

1236 – Début de la Seconde gravure de la Grande Corbeille du Koryŏ

1251 – Achèvement de la Seconde gravure de la Grande Corbeille du Koryŏ

1270 – Capitulation du Koryŏ en faveur des Yuan, retour de la cour à Kaesŏng

1326 – Venue du moine indien Chigong au Koryŏ

1346 – Séjour du moine coréen Po'u dans la Chine des Yuan

1347 – Séjour du moine Hyegŭn en Chine et rencontre de Chigong

1358 – Retour au Koryŏ du moine Hyegŭn

1592 – Début des invasions japonaises initiées par Toyotomi Hideyoshi

1636 – Invasion mandchoue du Chosŏn par l'armée de la future dynastie des Qing

1681 – Naufrage d'un navire marchand contenant les commentaires du *Soutra de l'Avataṃsaka*

1876 – Conclusion de l'Accord de Kanghwa, début de la période moderne

1894 – Grandes réformes de l'État

1895 – Levée symbolique et temporaire de l'interdit pour les religieux bouddhistes de pénétrer dans Séoul intra-muros

1906 – Fondation de l'Association pour l'étude du Bouddhisme et de l'école Myŏngjin

1967 – Fondation de la Fédération générale du Bouddhisme de la République de Corée

1969 – Refondation en Fédération générale du Bouddhisme sud-coréen

1973 – Refondation en Assemblée bouddhique de Corée du Sud

1974 – Refondation en Assemblée de la Fédération générale du bouddhisme sud-coréen

1989 – Refondation en Assemblée des ordres bouddhiques sud-coréens

Carte de localisation des principaux monastères bouddhiques de Corée du Sud

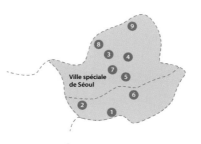

E Monastères proposant un programme de Templestay pour retraitants internationaux

Entre parenthèses romanisation révisée de Corée du Sud, 2000

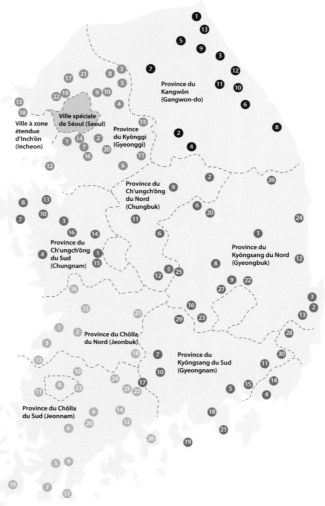

Ville spéciale de Séoul (seoul)

❶ Kwanmunsa (Gwanmun-sa)
02-3460-5340

❷ Centre international de Sŏn
(International Seon Center)
02-2650-2213 🇪

❸ Kŭmsŏnsa (Geumseon-sa)
02-395-9955 🇪

❹ Kilsangsa (Gilsang-sa)
02-3672-0036

❺ Myogaksa (Myogak-sa)
02-763-3109 🇪

❻ Pongŭnsa (Pongeun-sa)
02-3218-4826 🇪

❼ Chogyesa (Jogye-sa)
02-768-8523

❽ Chin'gwansa (Jinkwan-sa)
02-388-7999

❾ Hwagyesa (Hwagye-sa)
02-900-4326

Province du Kyŏnggi (Gyeonggi)
Ville à zone étendue d'Inch'ŏn (Incheon)

❶ Kŭmgang chŏngsa
(Geumgang jeongsa)
02-899-7366

❷ Taegwangsa
(Daegwang-sa)
031-715-3000

❸ Taewŏnsa
(Daewon-sa)
031-582-0477

❹ Myojŏksa (Myojeok-sa)
031-577-1761

❺ Paengnyŏnsa (Kap'yŏng) /
Baengryeon-sa
031-585-3853

❻ Pŏmnyunsa (Beomryun-sa)
010-6766-8700

❼ Pongnyŏngsa
(Bongryeong-sa)
031-256-4127

❽ Pongsŏnsa (Bongseon-sa)
031-527-9969

❾ Ponginsa (Bongin-sa)
031-574-5585

❿ Sujinsa (Sujin-sa)
031-591-3364

⓫ Sillŭksa (Sinreuk-sa)
031-885-9024

⓬ Sinhŭngsa (Hwasŏng) /
Sinheung-sa
031-357-2695

⓭ Centre international
du Sŏn de la Lanterne-
Lotus
032-937-7033

⓮ Yŏnjuam (Yeonju-am)
02-502-3234

⓯ Yongmunsa
(Yangp'yŏng) /
Yongmun-sa
010-5342-5797

⓰ Yongjusa
(Yongju-sa)
031-235-6886 🇪

⓱ Yukchi chŏngsa
(Yukji jeongsa)
031-871-0101

⓲ Chŏndŭngsa
(Jeondeung-sa)
032-937-0152 🇪

⓳ Chunghŭngsa
(Jungheung-sa)
02-355-4488

⓴ Hwaunsa (Hwaun-sa)
031-337-2576

㉑ Hoeamsa (Hoeam-sa)
031-866-0355

㉒ Hŭngguksa
(Koyang) / Heungguk-sa
02-381-7980

Province du Ch'ung-ch'ŏng du Nord (Chungbuk)
Province du Ch'ung-ch'ŏng du Sud (Chungnam)

❶ Kapsa (Gap-sa)
041-857-8921

❷ Ku'insa (Guin-sa)
043-420-7397 🇪

❸ Magoksa (Magok-sa)
041-841-6226 🇪

❹ Muryangsa
(Muryang-sa)
041-836-5099

❺ Panyasa (Banya-sa)
010-8243-7722

❻ Pŏpchusa (Beopju-sa)
043-544-5656 🇪

❼ Pusŏksa (Buseok-sa)
070-8801-3824

❽ Sŏgwangsa
(Seogwang-sa)
041-664-2002

❾ Sŏkchongsa
(Seokjeong-sa)
043-854-4505

❿ Sudŏksa (Sudeok-sa)
041-330-7789

⓫ Yonghwasa (Ch'ŏngju)
/ Yonghwa-sa
043-275-0516

⓬ Yŏngguksa
(Yeongguk-sa)
043-743-8843

⓭ Yŏngnangsa
(Yeongrang-sa)
041-353-8053

⓮ Yŏngp'yŏngsa
(Yeongpyeong-sa)
044-854-1854

⓯ Chijang chŏngsa
(Jijang jeongsa)
041-732-5629

⓰ Centre de stages
de culture de Corée
041-841-5050

Province du Kangwŏn (Gangwon-do)

❶ Kŏnbongsa (Geonbong-sa)
033-682-8103

❷ Kuryongsa (Guryong-sa)
033-731-0503

❸ Naksansa (Nagsan-sa)
033-672-2417

❹ Myŏngjusa (Myeongju-sa)
033-761-7885

❺ Paektamsa (Baegdam-sa)
033-462-5565

❻ Pohyŏnsa (Bohyeon-sa)
033-647-9455

❼ Samunsa (Samun-sa)
033-253-6542

❽ Samhwasa (Samhwa-sa)
033-534-7676

❾ Sinhŭngsa (Sokch'o) /
Sinheung-sa
033-636-8001

❿ Yongyŏnsa (Yongyeon-sa)
033-647-1234

⓫ Wŏlchŏngsa (Woljeong-sa)
033-339-6606 🇪

⓬ Hyŏndŏksa (Hyeondeok-sa)
033-661-5878

⓭ Hwaamsa (Hwaam-sa)
033-631-4848

Province du Chŏlla du Nord (Jeonbuk) Province du Chŏlla du Sud (Jeonnam)

❶ Kaeamsa (Gaeam-sa)
063-581-0080

❷ Kŭmsansa (Geumsan-sa)
063-542-0048 🇪

❸ Naesosa (Naeso-sa)
063-583-3035 🇪

❹ Taewŏnsa (Posŏng) /
Daewon-sa
061-853-1755

❺ Taehŭngsa (Daeheung-sa)
061-535-5775

❻ Togapsa (Dogak-sa)
061-473-5122

❼ Mihwangsa (Mihwang-sa)
061-533-3521 🇪

❽ Mugaksa (Mugak-sa)
062-383-0107

❾ Paengnyŏnsa (Kangjin) /
Baeungnyeon-sa
061-432-0837

❿ Paegyangsa (Baeyang-sa)
061-392-0434

⓫ Pulgapsa (Bulgap-sa)
061-352-8097

⓬ Sŏnamsa (Seonam-sa)
061-754-6250

⓭ Sŏnunsa (Seonun-sa)
063-561-1375 🇪

⓮ Songgwangsa (Sunch'ŏn) /
Songgwang-sa
061-755-5350

⓯ Songgwangsa (Wanju) /
Songgwang-sa
063-241-8090

⓰ Sungnimsa (Sungrim-sa)
063-862-6394

⓱ Sinhŭngsa (Wando) /
Sinheung-sa
061-554-2202

⓲ Silsangsa (Silsang-sa)
063-636-3191

⓳ Ssangyesa (Chindo) /
Ssangye-sa
061-542-1165

⓴ Ssangbongsa (Ssangbong-sa)
061-372-3765

㉑ An'guksa (Anguk-sa)
063-322-6162

㉒ Yŏn'goksa (Yeongok-sa)
061-782-1072

㉓ Chŭngsimsa (Jeungsim-sa)
062-226-0108

㉔ Ch'ŏnŭnsa (Cheoneun-sa)
061-781-4800

㉕ Hwaŏmsa (Hwaeo-sa)
061-782-7600 🇪

㉖ Hŭngguksa (Yŏsu) /
Heungguk-sa
061-685-6433

Province du Kyŏngsang du Nord (Gyeongbuk) Province du Kyŏngsang du Sud (Gyeongnam)

❶ Ko'unsa (Goun-sa)
054-833-6933

❷ Kolgulsa (Golgul-sa)
054-775-1689 🇪

❸ Kirimsa (Girim-sa)
054-744-2292

❹ Naewŏn chŏngsa
(Naewon jeongsa)
051-242-0691

❺ Taegwangsa (Daegwang-sa)
055-545-9595

❻ Taesŭngsa (Daeseung-sa)
054-552-7105

❼ Taewŏnsa (Sanch'ŏng) /
Daewon-sa
055-974-1112

❽ Torisa (Dori-sa)
054-474-3877

❾ Tonghwasa (Donghwa-sa)
053-980-7979 🇪

❿ Munsuam (Munsu-am)
055-973-5820

⓫ Pŏmŏsa (Beomeo-sa)
051-508-5726 🇪

⓬ Pogyŏngsa (Bogyeong-sa)
054-262-1804

⓭ Pulguksa (Bulguk-sa)
054-746-0983 🇪

⓮ Sŏnamsa (Pusan)
051-803-7573

⓯ Sŏngjusa (Seongju-sa)
055-262-0108

⓰ Simwŏnsa (Simwon-sa)
054-931-6887

⓱ Ssanggyesa (Hadong) /
Ssangye-sa
010-6399-1901

⓲ Okch'ŏnsa (Ogcheon-sa)
055-672-6296

⓳ Yongmunsa (Namhae) /
Yongmun-sa
055-862-4425

⑳ Yongmunsa (Yech'ŏn) /
   Yongmun-sa
   010-5275-4665

㉑ Yonghwasa (Yonghwa-sa)
   055-649-3060

㉒ Ŭnhaesa (Eunhae-sa)
   054-335-3308

㉓ Chabi sŏnsa (Jabi seonsa)
   054-931-8874

㉔ Changyuksa (Jangyuk-sa)
   054-733-6289

㉕ Chikchisa (Jikji-sa)
   054-429-1716 🇪

㉖ Ch'uksŏsa (Chukseo-sa)
   054-673-9962

㉗ P'agyesa (Pagye-sa)
   053-981-4688

㉘ T'ongdosa (Tongdo-sa)
   055-384-7085

㉙ Hae'insa (Haein-sa)
   055-934-3110 🇪

㉚ Hongbŏpsa (Hongbeop-sa)
   051-508-0345

━━━━━━━━━━━━━━

Île de Cheju (Jejudo)

❶ Kwanŭmsa (Gwaneum-sa)
   064-724-6830

❷ Kŭmnyongsa
   (Geumnyeong-sa)
   064-783-3663

❸ Paekchesa (Baekje-sa)
   064-746-8009

❹ Yakch'ŏnsa (Yakcheon-sa)
   064-738-5000 🇪

Glossaire

Légende :

(sa) : monastère

(am) : ermitage

(san): montagne

(Sŭnim) : moine ou maître bouddhiste

français	coréen romanisé	coréen	sino- grammes	sanscrit	remarque
absence de pensée	munyŏm	무념	無念	acitta	
absence d'obstacle entre le monde de la nature fondamentale et celui des phénomènes	i sa mu ae	이사무애	理事無碍		
accessoires bouddhiques	pulgu	불구	佛具		
accessoires monastiques	sŭngmul	승물	僧物		
accessoires rituels	pŏpku	법구	法具		
acte de compassion	chabihaeng	자비행	慈悲行	karuṇā- caryā (litt.)	
actions (actes) de Bodhisattva	posarhaeng	보살행	菩薩行	kbodhisattva- caryā (litt.)	
activités pour la diffusion de l'enseignement des actes de piété filiale	hyohaeng p'ogyo hwalttong	효행포교활동	孝行布教活動		
administrateur (d'un monastère)	sap'an	사판	事判		
Adao (cf. Ado)					
adepte de la Voie	to'in	도인	道人		
Ado (Sŭnim)		아도	阿道, 我道		

adoption du règlement (d'une retraite)	*kyŏlche*	결제	結制	
adoption ultérieure des règles de vie	*hu tŭkto*	후득도	後得度	
Ainsi-venu du Maître des Remèdes	Yaksa yŏrae	약사여래	藥師如來	*Bhaiṣajyaguru-vaiḍūrya-tathāgata*
aire de culte (cf. monastère)				
aire de culte pour les prières de demande pour l'État	Kukka kiwŏn toryang	국가기원도량	國家祈願道場	
aire de culte pour les prières de repentance pour la Protection du pays	Hoguk ch'amhoe kido toryang	호국참회기도도량	護國懺悔祈禱道場	
aire de culte principale de la Montagne Saja	Saja sanmun	사자산문	獅子山門	
A Kŭmgang yŏksa		아금강역사	阿金剛力士	A-Vajrapāṇi
âme	*yŏnghon*	영혼	靈魂	
âme transportée	*yŏngga*	영가	靈駕	
amicale (société bouddhique)	*kye*	계	契	
amicale de Kṣitigarbha	Chijang *kye*	지장계	地藏契	
amicale des fournitures (nourritures) bouddhiques	*pullyang kye*	불량계	佛糧契	
amicale des Sept étoiles	*ch'ilsŏnggye*	칠성계	七星契	
amicale d'invocations	*yŏmbul kye*	염불계	念佛契	
amicale *kap*	*kapkye*	갑계	甲契	
amicale pour dix mille jours d'invocations	*manil yŏmbul kye*	만일염불계	萬日念佛契	
Amithābha (cf. Amit'abul)				
Amit'abul		아미타불	阿彌陀佛	
aptitude à transmettre l'enseignement (Sŏn)	*in'ga*	인가	印可	litt. sceau d'approbation

arbre Nāga-puṣpa	*yonghwasu*	용화수	龍華樹		latin : mesua nagassarium
Arhat	*arahan*	아라한	阿羅漢		
art culinaire (diététique) monastique	*sach'al ŭmsik*	음식	寺刹飲食		
arrière-cour (du monastère)	*huwŏn*	후원	後園		
arts martiaux du Sŏn	*sŏnmudo*	선무도	禪武道		
ascèse douloureuse	*kohaeng*	고행	苦行	*duṣkara-caryā*	
ascèse intensive	*kahaeng chŏngjin*	가행정진	加行精進	*pratti-vīrya*	
ascèse sévère	*yongmaeng chŏngjin*	용맹정진	勇猛精進	*vīra-virya*	
Asie centrale	Sŏyŏk	서역	西域		
aspirant	*haengja*	행자	行者		
Assemblée bouddhique de Corée du Sud	Han'guk Pulgyo-hoe	한국불교회	韓國佛教會		
Assemblée centrale (de l'ordre de Jogye)	Chungang chonghoe	중앙종회	中央宗會		
Assemblée de la Fédération générale du Bouddhisme de Corée du Sud	Han'guk Pulgyo Ch'ongyŏnhap ŭihoe	한국불교총연합의회	韓國佛教總聯合議會		
assemblée du Dharma pour la libération des êtres vivants	*pangsaeng pŏphoe*	방생법회	放生法會		
assemblée de fidèles	*mundohoe*	문도회	門徒會		
Assemblée des circonscriptions	Kyogu chonghoe	교구종회	教區宗會		
Assemblée des ordres bouddhiques sud-coréens	Han'guk Pulgyo Chongdan yŏnhaphoe	한국불교종단연합회	韓國佛教宗團聯合會		
Assemblée des supérieurs des monastères principaux	Ponsa chuji hoeŭi	본사주지회의	本寺住持會議		
Assemblée du Bouddhisme coréen	Chosŏn Pulgyohoe	조선불교회	朝鮮佛教會		

assemblée du Dharma	*pŏphoe*	법회	法會		
assemblée du Dharma du début du premier mois	*chŏngch'o pŏphoe*	정초법회	正初法會		
assemblée du Dharma du milieu du premier mois	*taeborŭm pŏphoe*	대보름법회	大보름法會		
Assemblées du Dharma pour l'examen des oracles sur le bon ou le mauvais karma	*chŏmch'al pŏphoe*	점찰법회	占察法會		
assemblées du dimanche	*iryo pŏphoe*	일요법회	日曜法會		
assemblées périodiques du Dharma	*chŏnggi pŏphoe*	정기법회	定期法會		
assemblée de Pongch'uk	*pongch'uk pŏphoe*	봉축법회	奉祝法會		
assemblée de réception des règles de vie	*sugye pŏphoe*	수계법회	受戒法會		
Assemblée générale Kŭmgang	Ch'ong Kŭmganghoe	총금강회	總金剛會		
Assemblée pour l'Environnement	*hwan'gyŏn wiwŏnhoe*	환경위원회	環境委員會		
Assemblée pour les droits de l'Homme	*inkkwŏn wiwŏnhoe*	인권위원회	人權委員會		
assise continuelle sans s'allonger	*changwa purwa*	장좌불와	長坐不臥	*nāshadhikam*	
assise en lotus	*kyŏlgabujwa*	결가부좌	結跏趺坐	*paryaṅka*	
Association bouddhique d'amitié nippo-coréenne	Hanil Pulgyo ch'insŏnhyŏp'hoe	한일불교 친선협회	韓日佛教 親善協會		
association de fidèles	*sindohoe*	신도회	信徒會		
associations de jeunesse de Vairocana	Pirojana ch'ŏngsonyŏn hyŏp'hoe	비로차나 청소년협회	毘盧遮那 青少年協會		
Association des jeunes du bouddhisme sud-coréen	Taehan Pulgyo Ch'ŏngnyŏnhoe	대한불교 청년회	大韓佛教 青年會		

Association pour la préservation du Yŏngsanjae	Yŏngsanjae pojonhoe	영산재보존회	靈山齋保存會		
Association pour l'Étude du bouddhisme	Pulgyo yŏn'guhoe	불교연구회	佛教研究會		
attachement	*chipch'ak*	집착	執着	*abhiniveśa*	
attachement à l'ego	*ajip*	아집	我執	*ātmagrāha*	
autel des préceptes de Diamant	*kŭmgang kyedan*	금강계단	金剛戒壇		
autel pour les Bouddhas	*pultan*	불단	佛壇		
autel du Sumeru	*sumidan*	수미단	須彌壇		
Avalokiteśvara aux mille bras	Ch'ŏnsu Kwan'ŭm	천수관음	千手觀音	Sāhasrabhuja-sāhasranetr-āvalokiteśvara	
Avalokiteśvara aux sept apparences	Ch'ilgwan'ŭmsang	칠관음상	七觀音像		
Avalokiteśvara sur la Mer	Haesu Kwan'ŭm	해수관음	海水觀音		
Avataṃsaka (cf. *Soutra de l'Ornement de Splendeur*)					
aveuglement	*mumyŏng*	무명	無明	*avidyā*	
Baghavat (sans.)	Sejon	세존	世尊		
banquet monastique	*pansŭng*	반승	飯僧		
bâtiment étagé de la cloche	*pŏmjongnu*	범종루	梵鍾樓		
bâtiment étagé d'Anyang	Anyangnu	안양루	安養樓		
bâtiment étagé du Roi du Dharma	Pŏbwangnu	법왕루	法王樓		
bâtiment étagé Kangsŏn	Kangsŏllu	강선루	降仙樓		
bâtiments conventuels abritant la communauté	*yosach'ae*	요사채	寮舍채		
bénéfices des mérites	*poktŏk*	복덕	福德	*puṇya-skandha* (litt.)	
Beobpo Sinmun		법보신문	法寶新聞		
bien connaissant	*sŏnjisik*	선지식	善知識	*kalyāṇa-mitra*	
Biographies des moines éminents	*Gaosengchuan*	고승전	高僧傳		cor. *Kosŭngjŏn*

bodhisattva (sans.)	*posal*	보살	菩薩		abréviation de 菩提薩埵
Bodhisattva Chandragupta	Homyŏng Posal	호명보살	護明菩薩		
Bodhisattva Chandraprabha	Wŏlgwang Posal	월광보살	月光菩薩		
Bodhisattva Chijang	Chijang Posal	지장보살	地藏菩薩	Kṣitigarbha	
Bodhisattva Kwanjajae	Kwanjajae Posal	관자재보살	觀自在菩薩	Avalokiteśvara Bodhisattva	
Bodhisattva Kwan(se)ŭm	Kwan'ŭm	관(세)음	觀(世)音	Avalokiteśvara	
Bodhisattva Munsu	Munsu Posal	문수보살	文殊菩薩	Mañjuśrī	
Bodhisattva Pohyŏn	Pohyŏn Posal	보현보살	普賢菩薩	Samantab-hadra	
Bodhisattva Sūryaprabha	Ilgwang Posal	일광보살	日光菩薩		
Bodhisattva Taeseji	Taeseji Posal	대세지보살	大勢至菩薩	Mahāsthāma-prāpta	
bol (monastique)	*paru*	바루	(鉢盂)	*ptra*	
bon peuple	*yangin*	양인	良人		
Bouddha	Pul, Puch'ŏnim	불, 부처님	佛	Buddha	francisé
Bouddha Amithāba	Amit'abul	아미타불	阿彌陀佛		Amida
Bouddha de dévotion principale	*ponjonbul*	본존불	本尊佛	*svādhidaivata, sva-adhidevatā*	
Bouddha du corps du Dharma	*pŏpsinbul*	법신불	法身佛	*dharmakāya Buddha*	
Bouddha en pierre assis à Mirŭk-kol	Mirŭk-kol sŏkchoyŏraebu	미륵골 석조여래불	彌勒谷 石造如來坐像		
Bouddhas gravés sur les parois rocheuses	*maae sŏkpul*	마애석불	摩崖石佛		
Bouddha Maître des Remèdes	Yaksa Puch'ŏnim	약사 부처님 약사여래	藥師 부처님 藥師如來	Bhaiṣajyaguru-vaiḍūrya	
Bouddha Mirŭk	*Mirŭk(pul)*	미륵(불)	彌勒(佛)	Maitreya	
Bouddha Nosana	Nosanabul	노사나불	盧舍那佛	Vairocana Buddha	
Bouddha Śākkyamuni	Sŏkkamoni Puch'ŏnim	석가모니 부처님	釋迦牟尼佛		

Bouddha Vairocana	Pirojana (Piroch'ana)	비로자나불	毘盧遮那佛	
bouddhéité	*pulsŏng*	불성	佛性	
bouddhisme de Protection du pays	*hoguk pulgyo*	호국불교	護國佛教	
bouddhisme de Recherche de bonheur	*kibok pulgyo*	기복불교	祈福佛教	
bouddhisme de repentance pour la Protection du pays	Hoguk ch'amhoe pulgyo	호국참회불교		
bouddhisme de synthèse	*hoet'ong pulgyo*	회통불교	會通佛教	
bouddhisme décompartimenté et englobant (cf. bouddhisme de synthèse)				
bouddhisme du quotidien	*saenghwal pulgyo*	생활불교	生活佛教	
bouddhisme du Wŏn	Wŏn Pulgyo	원불교	圓佛教	
bouddhisme ésotérique	*milgyo*	밀교	密教	*vajrayāna*
bouddhisme patriotique	*aeguk pulgyo*	애국불교	愛國佛教	
bouddhisme reclus dans les montagnes	*sanjung pulgyo*	산중불교	山中佛教	
bouddhisme scolastique	*kyohak pulgyo*	교학불교	教學佛教	
bouddhisme social	*taejung pulgyo*	대중불교	大衆佛教	
bouddhisme Sŏn	Sŏnbulgyo	선불교	禪佛教	
bouddhistes restés dans le monde séculier (bouddhistes laïques)	*chaega pulcha*	재가 불자	在家佛子	
bouillie de haricots rouges	*p'atchuk*	팥죽		
branche (d'une école boud-dhique)	*munp'a*	문파	門派	
brûle-encens	*hyangno*	향로	香爐	
Bulgyofocus (angl.)		불교포커스		
Bulgyo Sinmun		불교신문	佛教新聞	

bureau d'Administration des monastères	*sasa kwallisŏ*	사사관리서	寺社管理署	
bureau des Affaires bouddhiques	*sŭngnoksa*	승록사	僧錄司	
calendrier lunaire (luni-solaire)	*ŭmnyŏk*	음력	陰曆	
canne de bambou (cf. *chukpi*)				
canne de bambou de général	*changgun chukpi*	장군죽비	將軍竹篦	
cas	*kongan*	공안	公案	jap. *kōan*
Catalogue général de la Corbeille des Enseignements scolastiques	Kyojang mongnok	교장목록	教藏目錄	
Centrale des Fidèles bouddhistes	Chungang sindohoe	중앙신도회	中央信徒會	
Centre de formation (de l'ordre de Jogye)	Kyoyuggwŏn	교육원	教育院	
centre de formation des aspirants	*haengja kyoyugwŏn*	행자교육원	行者教育院	
centre de méditation (du Sŏn)	*sŏnwŏn*	선원	禪院	
centre de méditation spécial de l'ordre	*chongnip t'ŭkpyŏl sŏnwŏn*	종립특별선원	宗立特別禪院	
centre de prière d'invocations de Bouddha	*yŏmburwŏn*	염불원	念佛院	
Centre de propagation du Dharma (de l'ordre de Jogye)	P'ogyowŏn	포교원	布教院	
Centre de propagation du Dharma de Kŭmjŏng	Kŭmjŏng p'ogyodang	금정포교당	金井布教堂	
Centre de recherche de la pensée bouddhique de Taeryun	Taeryun Pulgyo sasang yŏn'guso	대륜불교사상 연구소	大輪佛教思想研究所	
Centre de repentance pour la Protection du pays	Hoguk ch'amhoewŏn	호국참회원	護國懺悔院	
centre de Vinaya	*yurwŏn*	율원	律院	

centre d'études canoniques	*hangnim*	학림	學林	
Centre d'information du Bouddhisme	Pulgyo chŏngbo sent'ŏ	불교정보센터	佛敎情報센터	angl. : - center
Centres du Sŏn An'guk	An'guk Sŏnwŏn	안국선원	安國禪院	
Centre général d'aide sociale	*chungangbokchiwŏn*	중앙복지원	中央福祉院	
centre international de méditation	*kukche sŏnwŏn*	국제선원	國際禪院	
Centre international de recherche sur le bouddhisme	*Kukche Pulgyo yŏn'guso*	국제불교 연구소	國際佛敎 研究所	
centre international du Sŏn de Kanghwa Yŏndŭng	Kanghwa Yŏndŭng kukche sŏnwŏn	강화연등 국제선원	江華蓮燈 國際禪院	
centre international du Sŏn du monastère de Hwagye	Hwagyesa kukche sŏnwŏn	화계사 국제선원	華溪寺 國際禪院	
centre international du Sŏn du monastère de Musang	Musangsa kukche sŏnwŏn	무상사 국제선원	無上寺 國際禪院	
Centre pour la transmission de la culture traditionnelle bouddhique de Corée	Han'guk Pulgyo chŏnt'ong munhwa chŏnsŭnggwan	한국교전통 문화전승관	韓國佛敎傳統 文化傳承館	
centre urbain pour la propagation	*p'ogyodang*	포교당	布敎堂	
cérémonie de la crémation	*tabisik*	다비식	茶毗式	*kṣapita*
cérémonie du lavement de l'enfant Bouddha	*kwanbul*	관불	灌佛	
cérémonie d'initiation aux enseignement	*ipkyo pŏphoe*	입교법회	入敎法會	
cérémonie du thé	*tado*	다도	茶道	
cérémonie du Yŏngsan	Yŏngsanjae	영산재	靈山齋	

chagakkakt'a *kak'haeng'wŏnman* (cf. office d'offrandes)		자각각타 각행원만	自覺覺他 覺行圓滿	
champ de bénédictions	*pokchŏn*	복전	福田	*puṇyakṣetra*
champ de cinabre	*tanjŏn*	단전	丹田	
ch'amsŏn		참선	參禪	
ch'amsŏn sans dormir	*ch'ŏrya* *ch'amsŏn*	철야 참선	徹夜 參禪	
Chan (cf. Sŏn)				
Changch'un		장춘	長春	
changsam		장삼	長衫	
Chajang (Sŭnim)		자장	慈藏	
chant en langue (indienne)	*pŏmŭm pŏmp'ae*	범음범패	梵音梵唄	
Charte de la Congrégation pour *l'exhortation à la pratique du* *Recueillement et de la Sagesse*	*kwŏnsu* *chŏnghye* *kyŏlsamun*	권수정혜 결사문	勸修定慧 結社文	
ch'asu		차수	叉手	
Chasuwŏn		자수원	慈壽院	
Chegwan (Sŭnim)		제관	諦觀	
Ch'ejing (Sŭnim)		체징	體澄	
Chigong (Sŭnim)		지공	指空	chin. Zhigong
Chiguch'on kongsaenghoe		지구촌공생회	地球村共生會	
Chiguk Ch'ŏnwang		지국천왕	持國天王	Dhṛtarāṣṭra
Chijang (cf. Chijang Posal)				
Chijang Posal		지장보살	地藏菩薩	Kṣitigharba
chikchi'insim kyŏnsŏng sŏngbul		직지인심 견성성불	直指人心 見性成佛	
chŏnbŏptosaeng		전법도생	傳法度生	
Chikchi(sa)		직지사	直指寺	
Ch'ilbul(am)	Ch'ilburam	칠불암	七佛庵	

Ch'ilsŏk		칠석	七夕		
Ch'ilsŏng		칠성	七星		
Ch'ilsŏnggak		칠성각	七星閣		
chin'ŏn		진언	眞言	*mantra*	
chin'ŏn aux six lettres		육자진언	六字眞言		
chin'ŏn de la Gloire		광명진언	光明眞言	Mahā Vairo-cana Buddha mantra	
Chinp'yo (Sŭnim)		진표	眞表		
Chinul (Sŭnim)		지눌	知訥		alias Pojo
Ch'isŏnggwang yŏrae		치성광여래	熾盛光如來	Tejaprabha Tathāgata	
Ch'obalsim chagyŏngmun		초발심자경문	初發心自警文		
Ch'oe U		최우	崔瑀		
Ch'oe Yŏnghŭi		최영희			
Chogye ch'ongnim		조계총림	曹溪叢林		
Cho-gye-mun		조계문	曹溪門		
Chogye(san)		조계산	曹溪山		
Ch'ojo Taejanggyŏng		초조대장경	初彫大藏經		
Chŏlchung (Sŭnim)		절중	折中		
Chŏngban (cf. Śuddhodana)					
chŏnbŏp		전법	傳法		
Ch'ŏnch'uk(sa)		천축사	天竺寺		
ch'ŏndo		천도	薦度		
Chŏndŭng pŏbŏ		전등법어	傳燈法語		
Chŏngam(sa)		정암사	淨巖寺		
Ch'ŏngdam (Sŭnim)		청담 스님	靑潭 스님		
Ch'ŏnghŏ Hyujŏng (Sŭnim)		청허 휴정	淸虛 休靜		
Ch'ŏnghwa (Sŭnim)		청화 스님	淸華 스님		

Chŏngnim(sa)		정림사	定林寺		
ch'ongnim		총림	叢林	*vindhyavana*	
Ch'ŏngnyang(sa)		청량사	清凉寺		
Ch'ŏngnyang(san)		청량산	清凉山		
Ch'onginwŏn		총인원	總印院		
Ch'ŏnt'ae chongbo		천태종보	天台宗報		
ch'op'aril		초팔일	初八日		
chŏpchongnye		접족례	接足禮		
Chosajŏn		조사전	祖師殿		
Chosin		조신	調信		
Chosŏn		조선	朝鮮		
Chosŏn Pulgyo Sŏngyo yangjong		조선불교 선교양종	朝鮮佛教 禪教兩宗		
chŏrya chŏngjin		철야정진	徹夜精進		
Ch'o'ŭi Ŭisun (Sŭnim)		초의 의순	艸衣 意恂		
Chugan Pulgyo		주간불교	週間佛教		
Ch'uhang		추항	箒項		
chukpi		죽비	竹篦		
Chŭngjang Ch'ŏnwang		증장천왕	增長天王	Virūḍhaka	
Ch'usa Kim Chŏnghŭi		추사 김정희	秋史 金正喜		
chwasŏn		좌선	坐禪		jap. Zazen
chwat'al immang		좌탈입망	坐脫入亡		
Ciel Tuṣita	Tosolch'ŏn	도솔천	兜率天	Tuṣita-deva	
cieux du Monde de l'absence de forme		무색계천	無色界天	*ārūpya-dhātu deva*	
cieux du Monde de la forme		색계천	色界天	*rūpadhātu deva*	
cieux du Monde du Désir	*yokkyech'ŏn*	욕계천	欲界天	*kāmadhātu deva*	

cinq règles de vie pour les bouddhistes séculiers	*sesok ogye*	세속오계	世俗五戒	
circonscription (de l'ordre bouddhique)	*kyogu*	교구	教區	
circonscription de direction administrative	*chik'hal kyogu*	직할교구	直轄教區	
circonscription spéciale des appelés religieux du contingent	*kunjong tŭkpyŏl kyogu*	군종특별교구	軍宗特別教區	
clan des Shakya	Sŏkkajok	석가족	釋迦族	Śākya
cloche bouddhique	*pŏmjong*	범종	梵鍾	
cloche de bois	*mokt'ak*	목탁	木鐸	
cœur-esprit	*maŭm*	마음	心	*citta*
collèges et lycées Jinseon de jeunes filles	Chinsŏn yŏja chunggodŭng hakkyo	진선여자 중고등학교	眞善女子 中高等學校	
Commentaire du Soutra du Lotus	*Pŏphwa mun'gu*	법화문구	法華文句	
communauté (vivant dans un monastère)	*taejung*	대중	大衆	*mahāsaṃgha*
communauté monastique	*sŭngga*	승가	僧伽	*saṃgha*
compassion	*chabi*	자비	慈悲	*karuṇā*
concilier les pratiques de la méditation et de la scolastique	*sŏn'gyo kyŏmsu*	선교겸수	禪教兼修	
Congrégation du Chŏnghye	Chonghye *kyŏlsa*	정혜결사	定慧結社	
Congrégation du Lotus blanc	Paengnyŏn *kyŏlsa*	백련결사	白蓮結社	
Congrégation du Recueillement et de la Sagesse (cf. Congrégation du Chŏnghye)				
conscience de soi	*chaa ŭisik*	자아의식	自我意識	*ātman- manovijñāna*
Congrégation pour la pratique du Sŏn	*susŏn kyŏlsa*	수선결사	修禪結社	

Conseil des Sages	Wŏllyo hoeŭi	원로회의	元老會議		
Conseil provisoire de la Grande Corbeille	Taejang togam	대장도감	大藏都監		
conseil provisoire pour l'Édition des Soutras	kan'gyŏng togam	간경도감	刊經都監		
constitution (d'un ordre bouddhique)	chonghŏn	종헌	宗憲		
coproduction conditionnée	yŏn'gi	연기	緣起	pratītyasa-mutpāda	
corps de transformation	hwasin	화신	化身	nirmāṇa-kāya	
corps de Dharma du maître dispensateur de l'enseignement bouddhique	kyoju pŏpsin	교주법신	教主 法身		
coton épais	kwangmok	광목	廣木		
coton fin	mumyŏng	무명			
Cour de justice pour la sauvegarde de la Règle	Hogyewŏn	호계원	護戒院		
croyances chamaniques	musok sinang	무속신앙	巫俗信仰		
culture des choses de l'esprit	chŏngsinmunhwa	정신문화	精神文化		
culture du bien-être	ch'amsari munhwa	참살이문화	참살이文化		angl. well-being
cursus des Quatre Collections	sajipkwa	사집과	四集科		
cursus des Quatre Enseignements	sagyogwa	사교과	四教科		
cursus de la formation monastique	iryŏk kwajŏng	이력과정	履歷科程		
cursus des sami	samigwa	사미과	沙彌科		
cursus du Grand Enseignement	taegyogwa	대교과	大教科		
cycle des renaissances	yunhoe	윤회	輪廻	saṃsara	
Daolin (Sŭnim)		도림	道林		

debout ou assis, en marchant ou bien allongé	*haengju jwawa*	행주좌와	行住坐臥	*gata-sthita-niṣaṇṇa-śayita*	
décret (sur les monastères, 1911)	*sach'allyŏng*	사찰령	寺利令		jap. *jisatsu rei*
demi-prosternation en formulant un vœu	*yuwŏn panbae*	유원반배	唯願半拜		
dépossession	*musoyu*	무소유	無所有	*avidyamānatva*	
descente du cœur	*hasim*	하심	下心		
deux types de Sŏn	*ijong sŏn*	이종선	二種禪		
Deva (être céleste)	*ch'ŏn*	천	天		désigne les cieux ou les êtres qui les habitent
devenir Bouddha	*sŏngbul*	성불	成佛		
dévotion	*sinhaeng*	신행	信行		
diamant (ou foudre)	*kŭmgang*	금강	金剛	*vajra*	
Direction générale (de l'ordre de Jogye)	*ch'ongmuwŏn*	총무원	總務院		
Direction monastique	*sŭngjŏng chedo*	승정제도	僧正制度		
discipline bouddhique	*yurhak*	율학	律學		
discussions savantes	*non'gang*	논강	論講		
dispositions de débutant dans la Voie	*ch'obalsim*	초발심	初發心		
docteur du Tripitaka	*samjang*	삼장	三藏		
doctrine scolastique	*kyo*	교	教	*(shasana)*	concept faisant pendant au Sŏn (méditation)
domaine monastique	*sa(wŏn)jŏn*	사(원)전	寺(院)田		
donateur	*sijuja*	시주자	施主者	*dānapati*	
	posija	보시자	布施者		

donation	*siju*	시주	施主	*dāna*
douze divinités protectrices du Dharma	*sinjang*	신장	神將	
doyen	*pangjang*	방장	方丈	
Dragon de la Mer de l'Est	Tonghae yong	동해 용	東海龍	
Éclat de Béryl	*yurigwang*	유리광	琉璃光	
école bouddhique	*chongp'a*	종파	宗派	
écoles bouddhiques classées en écoles scolastiques et du Sŏn	*sŏn'gyo yangjong*	선교양종	禪教兩宗	
école de Montagne	*sanmun*	산문	山門	
école de Montagne de Hŭiyang	Hŭiyang sanmun	희양산문	曦陽山門	
école de Montagne de Kaji	Kaji sanmun	가지산문	迦智山門	
école de Montagne de Pongnim	Pongnim sanmun	봉림산문	鳳林山門	
école de Montagne de Sagul	Sagul sanmun	사굴산문	闍崛山門	
école de Montagne de Saja	Saja sanmun	사자산문	獅子山門	
école de Montagne de Silsang	Silsang sanmun	실상산문	實相山門	
école de Montagne de Sŏngju	Sŏngju sanmun	성주산문	聖住山門	
école de Montagne de Sumi	Sumi sanmun	수미산문	須彌山門	
école de Montagne de Tongni	Tongni sanmun	동리산문	桐裏山門	
école des Trois Traités	*Sanlunzong*	삼론종	三論宗	cor. Samnonjong
école (coréenne) d'Imje	Imjejong	임제종	臨濟宗	école de Linji
école du Chan de Caodong	Caodongzong	조동종	曹洞宗	
école du Chan de Fayan	Fayanzong	법안종	法眼宗	cor. Pŏbanjong
école du Chan de Hongzhou	Hongzhouzong	홍주종	洪州宗	
école du Chan de Linji	Linjizong	임제종	臨濟宗	
école du Chan de Weiyang	Weiyangzong	위앙종	潙仰宗	
école du Faxiang (cor. Pŏpsang)	Faxiangzong	법상종	法相宗	*Dharmalakṣaṇa-samaya*

école du Hwaŏm (chin. Huayan)	*hwaŏmjong*	화엄종	華嚴宗	
école du Sŏn	Sŏnjong	선종	禪宗	
école (japonaise) de Sōtō (cf. école du Chan de Caodong)				
école du Tiantai	Ch'ŏnt'aejong	천태종	天台宗	
école du Wŏn	Wŏnjong	원종	圓宗	
école scolastiques (bouddhiques)	*kyojong*	교종	教宗	
école Yoga	yugajong	유가종	瑜伽宗	Yogācāra
École Myŏngjin	Myŏngjin hakkyo	명진학교	明進學教	
écoles scolastiques et du Sŏn	*sŏn'gyojong*	선교종	禪教宗	
égarement	*mihok*	미혹	迷惑	*bhrānti*
émettre un vœu	*parwŏn*	발원	發願	
énergie (obtenue par l'ascèse)	*pŏmnyŏk*	법력	法力	
énergie néfaste	*aek*	액	厄	
enfers	*chiok*	지옥	地獄	*nāraka*
enseignement de l'Avataṃsaka	*hwaŏm sasang*	화엄사상	華嚴思想	
enseignement des Trois traités	*samnonhak*	삼론학	三論學	
enseignement du Tiantai	*ch'ŏnt'aehak*	천태학	天台學	
enseignement fondamental	*kŭnbon kyori*	근본교리	根本教理	
enseignements sur le Dharma	*pŏmmun*	법문	法文	
entraînement (cf. exercice)				
entrer dans le Nirvana	*ipchŏk*	입적	入寂	une des traductions de Nirvana
œuvre culturelle pour la Sépulture écologique	noksaek changmyo munhwa saŏp	녹색장묘 문화사업	綠色葬墓 文化事業	
équipe internationale sur les méthodes d'enseignement du Sŏn	*kukche sŏnpŏpt'im*	국제선법팀	國際禪法팀	

époque de l'Émancipation nationale	Minjok Kaehwagi	민족개화기	民族開化期	
ermitage	*amja*	암자	庵子	
ermitage de Sŏkkul (cf. Sŏkkuram)				
esprits affamés	*agwi*	아귀	餓鬼	*preta*
esprit céleste	*ch'ŏnsin*	천신	天神	*devatā*
esprit de la montagne	*sansin*	산신	山神	
esprit solitaires	*oeroun kwisin*	외로운 귀신	외로운 鬼神	
étoile Altaïr	Kyŏnusŏng	견우성	牽牛星	
étoile Véga	Chingnyŏsŏng	직녀성	織女星	
étude des Soutras du Nirvana	*yŏlbanhak*	열반학	涅槃學	
étude du Vinaya	*yurhak*	율학	律學	
étude scolastique des textes canoniques	*kyohak*	교학	敎學	
êtres (sensibles, vivants)	*chungsaeng*	중생	衆生	*sattva*
exercice (entraînement)	*kongbu*	공부	工夫	
exercice et étude des trois voies d'accès	*sammun suhak*	삼문수학	三門修學	
exercices (spirituels)	*suhaeng*	수행	修行	*caraṇa, caryā*
exercices spirituels requérant les propres forces du méditant	*charyŏk suhaeng*	자력수행	自力修行	
expliquer le Dharma	*sŏlpŏp*	설법	說法	
extinction	*haet'al*	해탈	解脫	*vimokṣa*
Extinction de Bouddha	*yŏlban*	열반	涅槃	*(pari) nirvāṇa*
Éveil	*kkaedarŭm*	깨달음	覺悟	*bodhi*
Fédération bouddhique des Étudiants sud-coréens	Chŏn'guk Taehaksaeng Pulgyo Yŏnhaphoe	전국대학생 불교연합회	全國大學 生佛敎聯合會	

Fédération des ordres bouddhiques sud-coréen	Han'guk Pulgyo Chongdan-yŏnhaphoe	한국불교종단 연합회	韓國佛教宗團 聯合會	
Fédération générale du bouddhisme de la République de Corée	Taehan Pulgyo Ch'ongyŏnhaphoe	대한불교 총연합회	大韓佛教總 聯合會	
Fédération générale du bouddhisme sud-coréen	Han'guk Pulgyo Ch'ong-yŏnhaphoe	한국불교 총연합회	韓國佛教總 聯合會	
festival culturel de Hoedang	Hoedang munhwa ch'ukche	회당문화축제	悔堂文化祝祭	
fête bouddhique de l'éclairement des Lanternes	Yŏndŭnghoe	연등회	燃燈會	
fête bouddhique des Huit commandements	P'algwanhoe	팔관회	八關會	*aṣṭāṅgaśīla, aṭṭha-śīla* (litt.)
fête de l'Uranbun	*uranbunjŏl*	우란분절	盂蘭盆節	Ullambana
fête des Lanternes	*yŏndŭng ch'ukche*	연등축제	燃燈祝祭	
fête des mânes	*paekchung*	백중	百中, 白衆	
	paekchong	백종	百種	
fête populaire saisonnière	*minsok chŏlgi*	민속절기	民俗節氣	
fête saisonnière	*chŏlgi haengsa*	절기행사	節氣 行事	
fête saisonnière du calendrier	*sesi p'ungsok*	세시 풍속	歲時風俗	
fidèles séculiers « restés dans leur famille »	*chaegaja*	재가자	在家者	*gṛhastha*
fonctionnaires des classes civile et militaire	*yangban*	양반	兩班	
fondateur (d'école bouddhique)	*sijo*	시조	始祖	
fondateur (d'ordre bouddhique)	*chongjo*	종조	宗祖	
Fondation d'aide sociale de l'ordre de Jogye du bouddhisme sud-coréen	*Taehan Pulgyo Chogyejong sahoebokchi chaedan*	대한불교 조계종 사회복지재단	大韓佛教 曹溪宗 社會福祉財團	

force du Dharma (cf. énergie obtenue par l'ascèse)				
force du vœu	*wŏllyŏk*	원력	願力	*praṇidhāna-bala*
force émanant de la pratique	*suhaengnyŏk*	수행력	修行力	*pratipatti-bala* (litt.)
force extérieure	*t'aryŏk*	타력	他力	
force intérieure	*charyŏk*	자력	自力	
force provenant du perfectionnement dans la pratique spirituelle	*chŏngjillŏk*	정진력	精進力	*vīrya-bala*
forteresse de montagne	*sansŏng*	산성	山城	
foule des Esprits	*sinjung*	신중	神衆	
foule des êtres sensibles	*chungsaeng*	중생	衆生	
fruits des Arhat	Arahan'gwa	아라한과	阿羅漢果	*arahat-pannaphala*
fusion parfaite des Trois Vérités	*samje wŏnyung*	삼제원융	三諦圓融	
généraux divins (cf. douze divinités protectrices)				
gong-nuage	*unp'an*	운판	雲版	
grand centre monastique (cf. *ch'ongnim*)				
grand centre bouddhique Kobul	Kobul ch'ongnim	고불총림	古佛叢林	
grand centre (bouddhique) Yŏngch'uk	Yŏngch'uk ch'ongnim	영축총림	靈鷲叢林	
Grande Corbeille	Taejanggyŏng	대장경	大藏經	
Grande Corbeille des quatre-vingt mille	P'alman Taejanggyŏng	팔만대장경	八萬大藏經	
grand Éveil	*taegak*	대각	大覺	
Grand maître de l'ordre	*taejongsa*	대종사	大宗師	
grand monastère du pays	*kuk chi tae ch'al*	국지대찰 (나라의 큰 절)	國之大刹	

Grand Patriarche	*taejosa*	대조사	大祖師	
Grand Véhicule	*taesŭng*	대승	大乘	*mahāyāna*
Grande compassion	*taejabi*	대자비	大慈悲	*mahā karuna*
Grande contemplation dans l'arrêt des pensées	Mahajigwan	마하지관	摩訶止觀	*mahā śamatha (vipāsyanā)*
grande peinture portative	*kwaebul*	괘불	掛佛	
grande salle (de méditation collective)	*k'ŭnbang*	큰방		
gravure (des planches)	*p'an'gak*	판각	板刻	
grotte de Chajang	Chajanggul	자장굴	慈藏窟	
grotte de Kwan'ŭm	Kwanŭmgul	관음굴	觀音窟	
guerriers puissants porteurs de *vajra*	Kŭmgang yŏksa	금강역사	金剛力士	*vajravīra*
guider (sauver)	*chedo*	제도	濟度	
haeje		해제	解制	
haenggak		행각	行脚	
Hae'in ch'ongnim		해인총림	海印叢林	
Hae'in(sa)		해인사	海印寺	
Haet'al kyo		해탈교	解脫橋	
ha-ma-bi		하마비	下馬碑	
Hamhŏ Kihwa (Sŭnim)		함허 기화	涵虛 己和	
Han Yongun (Sŭnim)		한용운	韓龍雲	
Han'guk Pulgyo Sinmun		한국불교신문	韓國佛教新聞	
hapchang		합장	合掌	*añjalikarma*
hoe sam kwi il		회삼귀일	會三歸一	
Hoedang Son Kyusang		회당 손규상	悔堂 孫珪祥	
hoehyang		회향	回向	*pariṇāmanā*
hommage matinal rendu aux Bouddhas	*ach'im yebul*	아침예불	아침禮佛	

hommes et Deva	*inch'ŏn*	인천	人天	
Hongch'ŏk (Sŭnim)		홍척	洪陟	
Hongnyŏn(am)		홍련암	紅蓮庵	
Hon'gu (Sŭnim)		혼구	混丘	
Hŏ'ŭng Po'u (Sŭnim)		허응 보우	虛應 普雨	
Hŭimyŏng (Sŭnim)		희명	希明	
Hum Kŭmgang yŏksa		훔금강역사	吽金剛力士	
Hŭngdŏk(sa)		흥덕사	興德寺	
Hŭngnyŏng(sa)		흥녕사	興寧寺	
Hunmin chŏngŭm		훈민정음	訓民正音	
hwadu (cf. questionnement)				
hwadu du sinogramme « mu »	*muja hwadu*	무자화두	無字話頭	
hwadusŏn		화두선	話頭禪	
Hwagye(sa)		화계사	華溪寺	
Hwangnyong(sa)		황룡사	皇龍寺	
Hwaŏmsoch'o		화엄소초	華嚴疏鈔	
Hwaŏm(sa)		화엄사	華嚴寺	
hwarang		화랑	花郞	
Hyech'ŏl (Sŭnim)		혜철	慧哲	
Hyech'ong (Sŭnim)		혜총	惠聰	
Hyegong (Sŭnim)		혜공	惠空	
Hyegwan (Sŭnim)		혜관	惠灌	
Hyeja (Sŭnim)		혜자	惠慈	
Hyerin (Sŭnim)		혜린	慧璘	
hymne		게송	偈頌	*gāthā*
Hyŏndae Pulgyo Sinmun		현대불교신문	現代佛教新聞	
Hyŏnhwa(sa)		현화사	玄化寺	
Hyŏnjŏngnon		현정론	顯正論	

Hyŏnuk (Sŭnim)		현욱	玄昱	
Ich'adon		이차돈	異次頓	
Ijŏng (Sŭnim)		이정	理貞	
il nyŏm sam ch'ŏn		일념삼천	一念三千	
ilchumun (cf. Porte des colonnes de l'Unité)				
illusions (cf. mangsang)				
Immortel (taoïste) ou sage	sinsŏn	신선	神仙	ṛṣi
impression (sur papier) des Écritures bouddhiques	in'gyŏng	인경	印經	
incantation	churyŏk (suhaeng)	주력(수행)	呪力(修行)	
inclusion des écoles bouddhiques	chejong p'osŏp	제종포섭	諸宗包攝	
Insuwŏn		인수원	仁壽院	
invasion des Qing de 1636	Pyŏngja horan	병자호란	丙子胡亂	
invasions japonaises de la fin du XVIe siècle	imjin waeran	임진왜란	壬辰倭亂	
invocation ardente	chŏnggŭn	정근	精勤	vīrya
invocation de Bouddha aux six sinogrammes	yukcha yŏmbul	육자염불	六字念佛	
Iŏm		이엄	利嚴	
ipchŏk (cf. entrer dans le Nirvana)				
Iryŏn		일연	一然	
Jambudvīpa	Namsŏmbuju	남섬부주	南贍部洲	
Jardin des Cerfs	Nogyawŏn	녹야원	鹿野園	Mṛgadāva
Jogyejong Pokchi chaedan		조계종 복지재단	曹溪宗 福祉財團	
Jogye(sa)		조계사	曹溪寺	
Jeongtohoe (l'organisation Terre Pure)	Chŏngt'ohoe	정토회	淨土會	

jour *chasŏng*	*chasŏngil*	자성일	自性日		
jour commémorant l'Avènement du Bouddha	*Puch'ŏnim osin nal*	부처님오신날	釋迦誕辰日		
jour de la Prise de robe (de Bouddha)	*ch'ulgajŏl*	출가절	出家節		
jour de la Réalisation de l'Éveil (de la Voie)	*sŏngdojŏl*	성도절	成道節		
	sŏngdo'il	성도일	成道日		
jour de l'Extinction complète de Bouddha	*yŏlbanjŏl*	열반절	涅槃節		
jour de vigilance	*chae'il (pŏphoe)*	재일법회	齋日法會		
jour des offrandes de la Réalisation de l'Éveil	*sŏngdo chae'il*	성도재일	成道齋日		
jour des offrandes de la sortie du monde séculier	*ch'ulga chae'il*	출가재일	出家齋日		
jour d'offrandes du Nirvana	*yŏlban chae'il*	열반재일	涅槃齋日		
jour du milieu du premier mois	*taeborŭm*	대보름	大보름		
Joyau du Bouddha	*pulbo*	불보	佛寶	*Buddha ratna*	
Joyau du Dharma	*pŏppo*	법보	法寶	*Dharma ratna*	
Joyau du Saṃgha	*sŭngbo*	승보	僧寶	*Saṃgha ratna*	
Kakhwang(sa)		각황사	覺皇寺		
Kamŭn(sa)		감은사	感恩寺		
Kāṇadeva		가나제파	迦那提婆		
kangju		강주	講主		
kangsa		강사	講師		
kangwŏn		강원	講院		
kan'gyŏng (cf. lecture des textes canoniques)					
kanhwasŏn		간화선	看話禪		
karma		업	業	*karma*	francisé

kasa		가사	袈裟	*kaśāya*
kasa rouge	*hong kasa*	홍가사	紅袈裟	
Kaya(san)		가야산	伽倻山	
kibon sŏnwŏn		기본선원	基本禪院	
Kilsang(sa)		길상사	吉祥寺	
Kim Hyegong		김혜공		
Kim Sŏn'gyu		김손규		
Kim Taesŏng		김대성	金大城	
Kim Toyong		김도용	金道勇	
Kim Un'un		김운운	金云雲	
Koguryŏ		고구려	高句麗	
Kŏjo(am)		거조암	居祖庵	
Kŏnbong(sa)		건봉사	乾鳳寺	
kongyang		공양	供養	*pūjanā*
Koryŏ		고려	高麗	
Kṣitigarbha (cf. Bodhisattva Chijang)				
Ku'in(sa)		구인사	救仁寺	
Kulsan(sa)		굴산사	崛山寺	
Kŭmgang (cf. diamant)				
Kŭmgang mun (cf. Porte Kŭmgang)				
Kŭmgang Pulgyo		금강불교	金剛佛教	
Kŭmgang Sinmun		금강신문	金剛新聞	
Kŭmin		금인	金人	
Kŭmsŏng		금성	金城	
k'ŭn chŏl		큰절		
k'ŭn sŭnim		큰스님		
Kŭngnak kyo		극락교	極樂橋	

Kung Ye		궁예	弓裔	
Kusan (Sŭnim)		구산 스님	九山 스님	
Kwangdŏk (Sŭnim)		광덕	廣德	
Kwangjo(sa)		광조사	廣照寺	
Kwangmok Ch'ŏnwang		광목천왕	廣目天王	Virūpāksha
Kwanmun(sa)		관문사	觀門寺	
Kwan(se)ŭm (cf. Kwanse'ŭm Posal)				
Kwanse'ŭm Posal		관세음보살	觀世音菩薩	Avalokiteśvara
Kwisan		귀산	貴山	
Kyojang		교장	教藏	
kyŏlche (cf. adoption du règlement)				
Kyŏmik (Sŭnim)		겸익	謙益	
Kyŏn Hwŏn		견훤	甄萱	
kyŏng		경	經	*sūtra*
Kyŏngch'ŏn(sa)		경천사	敬天寺	
Kyŏnghŏ (Sŭnim)		경허	鏡虛	
Kyŏnsŏng(sa)		견성사	見性寺	
Kyun'yŏ (Sŭnim)		균여	均如	
lecture des textes canoniques (soutras)	*kan'gyŏng*	간경	看經	
les dix mille actes	*manhaeng*	만행	萬行	
lieux de pratique du *ch'amsŏn*	*ch'amsŏn toryang*	참선도량	參禪道場	
lieu de pratique spirituelle	*suhaengch'ŏ*	수행처	修行處	
lieu reculé (pour la pratique)	*t'ogul*	토굴	土窟	
lignée (spirituelle du Dharma)	*pŏmmaek*	법맥	法脈	
lignée du Sŏn	*sŏnmun*	선문	禪門	
lignées du Sŏn des Neuf Montagnes	Kusansŏnmun	구산선문	九山禪門	

Loi sur la promotion des activités sociales du Bouddhisme	Pulgyo sahoe hwaltong chinhŭng pŏp	불교사회활동 진흥법			
Lumbinī		룸비니	(毘藍)		
mains jointes (cf. *hapchang*)					
Maison de la Lignée principale de Bouddha	*pul chi chong ka*	불지종가(부처 님의 종갓집)	佛之宗家		
maître bienfaiteur	*ŭnsa*	은사	恩師		
Maître de l'enseignement	*kyoju*	교주	教主		
maître de Sŏn	*sŏnsa*	선사	禪師	*dhyānapati*	
maître de Vinaya	*yulsa*	율사	律師	*vinayapati*	
maître du roi	*wangsa*	왕사	王師		
maître du royaume	*kuksa*	국사	國師		
maître propagateur	*p'ogyosa*	포교사	布教師		
Maitreya (cf. Bouddha Maitreya)					
mandala des Neuf degrés	*kup'um mandara*	구품만다라	九品曼茶羅		
Mandŏk(san)		만덕산	萬德山		
Manhang (Sŭnim)		만항	萬恒		
manifestation de Bouddha	*hwasinbul*	화신불	化身佛	*nirmāṇakāya*	corps de transforma-tion de Bouddha
mangsang (cf. pensées vaines)					
Mārā		마왕	魔王		
Marananta (Sŭnim)		마라난타	摩羅難陀		
marche lente	*p'ohaeng*	포행	布行		
mauvais esprits	*kwisin*	귀신	鬼神		
mauvais karma	*choe'ŏp*	죄업	罪業		
	agŏp	악업	惡業	*akuśalakarman*	

Maya (reine)	*Maya pu'in*	마야부인	摩耶婦人		
méditation	*myŏngsang*	명상	瞑想		terme générique
méditation assise (cf. *chwasŏn*)					
Mémorial de l'Histoire et de la Culture du bouddhisme coréen	Han'guk Pulgyo Yŏksamunhwa kinyŏmgwan	한국불교역사 문화기념관	韓國佛教歷史 文化紀念館		
mendicité (nourriture)	*kŏlsik*	걸식	乞食	*pāiṇḍapātika*	
Mengshan Deyi (Sŭnim)		몽산덕이	蒙山德異		
mets d'accompagnement	*panch'an*	반찬	飯饌		
méthode concrète et appropriée	*pangp'yŏn*	방편	方便	*upāya*	« expédient »
méthode de pratique du Sŏn	*ch'amsŏnpŏp*	참선법	參禪法		
Milchŏk Kŭmgang		밀적금강	密迹金剛	Ghuyapada	
Milgak simindang		밀각심인당	密覺心印堂		
Milgyo Sinmun		밀교신문	密教新聞		
milieux bouddhistes	*pulgyogye*	불교계	佛教界		
Minjang(sa)		민장사	敏藏寺		
Mirŭk(sa)		미륵사	彌勒寺		
Modèle des Quatre Enseignements du Tiantai	*Ch'ŏnt'ae sagyo ŭi*	천태사교의	天台四教儀		
moine ayant reçu les préceptes complets	*pigu*	비구	比丘	*bhikṣu*	
moine d'expérience	*ŏrŭn sŭnim*	어른 스님			
moine méditant	*sŏnsŭng*	선승	禪僧		
moines soldats	*sŭngbyŏng*	승병	僧兵		
monastère (ou lieu de pratique de la Voie, aire de culte)	*toryang*	도량	道場	*bodhimaṇḍa*	prononciation spécifique en coréen
monastère ancien	*koch'al*	고찰	古刹		
monastère bouddhique	*sach'al*	사찰	寺刹		

monastère de montagne	*sansa*	산사	山寺		
monastère de T'ongdo des monts Yŏngch'uk	*yŏngch'uksan t'ongosa*	영축산 통도사	靈鷲山 通度寺		
monastère de vœu	*wŏnch'al*	원찰	願刹		
monastères des Trois Joyaux	*sambo sach'al*	삼보사찰	三寶寺刹		
monastère Joyau du Bouddha	*pulbo sach'al*	불보사찰	佛寶寺刹		
monastère Joyau du Dharma	*pŏppo sach'al*	법보사찰	法寶寺刹		
monastère Joyau du Saṃgha	*sŭngbo sach'al*	승보사찰	僧寶寺刹		
monastère principal (d'un ordre)	*ch'ongbonsan*	총본산	總本山		
monastère principal (d'une circonscription)	*kyogu ponsa*	교구본사	敎區本寺		
monastère principal (époque japonaise)	*ponsan*	본산	本山		
monastère secondaire	*malsa*	말사	末寺		
monastère traditionnel	*chŏnt'ong sach'al*	전통사찰	傳統寺刹		
monde du paradis (d'Amitābha)	*kŭngnak segye*	극락세계	極樂世界	*suhāmatī, sukhāvatī*	
monde présent	*saba segye*	사바세계	娑婆世界	*sabhā*	
monts Himavat	Sŏlsan	설산	雪山		
mont Potalaka	Pot'arakkasan	보타락가산	普陀洛迦山		
Mont Sumeru	Sumisan	수미산	須彌山	Sumeruparvat	
montants porte-bannières	*tanggan chiju*	당간지주	幢竿支柱		
monts Tiantai		천태산	天台山		
Morye		모례	毛禮		
Mouvement des congrégations	*kyŏlsa undong*	결사운동	結社運動		
Mouvement pour le Grand Éveil	Taegaksŏng undong	대각성운동	大覺醒運動		
Mouvement pour les Bons actes	Sŏnhaeng undong	선행운동	善行運動		

Mugam Ch'oenul (Sŭnim)		무감 최눌	默菴最訥		
Mukhoja (Sŭnim)		묵호자	墨胡子		
Mumun'gwan		무문관	無門關		
Mun Changhwan		문장환			
Muyŏm (Sŭnim)		무염	無染		
myŏngbok		명복	冥福		
Myŏngbu		명부	冥府		
myŏngtari		명다리	命다리 (命橋)		
Nāgārjuna		용수	龍樹		
Nahan		나한	羅漢	Arhat	
Naksan(sa)		낙산사	洛山寺		
Nalmada Chohŭn Nal		날마다 좋은날			
Nam Taech'ung		남대충	南大忠		
Namu		나무	南無	*namas*	
Na-mu-A-mi-t'a-bul		나무아미타불	南無阿彌陀佛		
Nanu-myŏ hana-ga toegi		나누며 하나가 되기			
Na'ong Hyegŭn (Sŭnim)		나옹 혜근	懶翁 惠勤		
Narayŏn Kŭmgang		나라연금강	那羅延金剛	Nārāyaṇa	
nature divine	*sinsŏng*	신성	神性		
Neuf Montagnes	Kusan(mun)	구산(문)	九山(門)		
ni père ni souverain	*mu pu mu kun*	무부무군	無父無君		
Nirvana	*yŏlban*	열반	涅槃	*nirvāṇa*	francisé
non-dualité du Sŏn et de la scolastique	*sŏn kyo pul i*	선교불이	禪敎不二		
non-moi (cf. sans moi)					
nonne confirmée	*piguni*	비구니	比丘尼	*bhikṣunī*	
novice	*samisŭng (sŭnim)*	사미승, 사미 스님	沙彌(僧)	*śrāmaṇera*	

nurungji		누룽지		
Objet précieux	*pomul*	보물	寶物	
och'et'uji		오체투지	五體投地	
Odae(san)		오대산	五臺山	
office de l'aube	*saebyŏk yebul*	새벽예불	새벽禮佛	
office d'offrandes	*chae*	재	齋	*uposadha*
office d'offrandes à Chijang	Chijang *chae'il*	지장재일	地藏齋日	
office d'offrandes à Kwan'ŭm	Kwanŭm *chae'il*	관음재일	觀音齋日	
office d'offrandes à Yaksa	Yaksa *chae'il*	약사재일	藥師齋日	
office d'offrandes de Yŏngsan (cf. cérémonie de Yŏngsan)				
offrandes à Bouddha	*pulgong*	불공	佛供	
offrandes au pic des Vautours (cf. cérémonie de Yŏngsan)				
offrandes de Ch'ilsŏk	Ch'ilsŏk pulgong	칠석불공	七夕佛供	
offrandes du quarante-neuvième jour	*sasipkujae*	사십구재	四十九齋	
ohu pulsik		오후불식	午後不食	
Ŏmjang		엄장	嚴莊	
ordinations collectives mixtes	*sŭngnyŏ haptong tŭkto*	승려합동득도	僧侶合同得度	
ordre bouddhique sud-coréen de Jogye	Taehan Pulgyo Chogyejong	대한불교 조계종	大韓佛教 曹溪宗	
ordre bouddhique sud-coréen du Jingak	Taehan Pulgyo Chin'gakchong	대한불교 진각종	大韓佛教 眞覺宗	
ordre bouddhique sud-coréen de Cheontae	Taehan Pulgyo Ch'ŏnt'aejong	대한불교 천태종	大韓佛教 天台宗	
ordre bouddhique sud-coréen de Taego	Han'guk Pulgyo T'aegojong	한국불교 태고종	韓國佛教 太古宗	
ordre de Kwan'ŭm	Kwanŭmjong	관음종	觀音宗	
ordre de Pŏphwa	Pŏphwajong	법화종	法華宗	

Paegam Sŏngch'ong (Sŭnim)		백암성총	栢庵 性聰	
Paegun hwasang ch'orok pulcho chikchi simch'e yojŏl		백운화상초록 불조 직지심체요절	白雲和尚抄錄 佛祖 直指心體要節	
Paegyang(sa)		백양사	白羊寺	
Paek Yongsŏng (Sŭnim)		백용성	白龍城	
Paekche		백제	百濟	
paekchong (cf. fêtes des mânes)				
paekchung (cf. fêtes des mânes)				
Paekp'a Kŭngsŏn (Sŭnim)		백파 긍선	白坡 亘璇	
Paektam(sa)		백담사	百潭寺	
Paengnyŏn(sa)		백련사	白蓮社	
P'agye(sa)		파계사	杷溪寺	
pagode de bois de neuf étages du monastère de Hwangnyong	Hwangnyongsa *kuch'ŭng mokt'ap*	황룡사 구층 목탑	皇龍寺 九層木塔	
paire d'arbres *sāla*	*sara ssangsu*	사라쌍수	沙羅雙樹	latin : shorea robusta
Pak Hanyŏng (Sŭnim)		박한영	朴漢永	
Pak Taeryun		박대륜	朴大倫	
palais Kyŏngbok	Kyŏngbokkung	경복궁	景福宮	
Palais précieux de la Tranquillité	*chŏngmyŏl pogung*	적멸보궁	寂滅寶宮	
P'algong(san)		팔공산	八公山	
P'alman Taejanggyŏng (cf. Grande Corbeille des quatre-vingt mille)				
P'alsangdo		팔상도	八相圖	
P'alsangjŏn		팔상전	八相殿	
panbae		반배	半拜	
panch'an (cf. mets d'accompagement)				

Pangapta, yŏnuya		반갑다 연우야	반갑다 蓮友야	
pangp'yŏn (cf. méthode concrète et appropriée)				
pangsaeng		방생	放生	
pangsaeng pŏphoe (cf. assemblée du pour la libération des êtres)				
Panya(sa)		반야사	般若寺	
parach'um		바라춤		
paradis	*kŭngnak*	극락	極樂	*suhāmatī, sukhāvatī*
Paramita (association)	P'aramit'a	파라미타		*pāramitā*
parinirvāṇa	*panyŏlban*	반열반	般涅槃	
parole véritable	*ch'ammal*	참말		
Parti Kaehwa	Kaehwadang	개화당	開化黨	
Patriarche	*chosa*	조사	祖師	
Patriarche Sangwŏl Wŏn'gak	Sangwŏl Wŏn'gak Chosa	상월원각조사	上月 圓覺祖師	
p'atchuk (cf. bouillie de haricots rouges)				
Pavillon aux Huit Scènes	P'alsangjŏn	팔상전	八相殿	
Pavillon aux Mille Bouddhas	Ch'ŏnbulchŏn	천불전	千佛殿	
Pavillon aux planches xylographiées (cf. Pavillon des Planches)				
Pavillon aux Trois mille Bouddha	Samch'ŏnbulchŏn	삼천불전	三千佛殿	
Pavillon de Chijang	Chijangjŏn	지장전	地藏殿	
Pavillon des Kuksa	Kuksajŏn	국사전	國師殿	
Pavillon de Kŭngnak (cf. pavillon du Paradis)				

Pavillon de Kwan'ŭm	Kwan'ŭmjŏn	관음전	觀音殿		
pavillon de la cloche bouddhique	*pŏmjong kak*	범종각	梵鍾閣		
Pavillon de la Communication Parfaite	Wŏnt'ongjŏn	원통전	圓通殿		
Pavillon de la Corbeille du Canon bouddhique	Changgyŏnggak	장경각	藏經閣		
Pavillon de la Corbeille des Écritures (cf. Pavillon de la Conservation des Textes canoniques)					
Pavillon de l'Éclat de Béryl		유리광전	琉璃光殿		
Pavillon de la Grande Corbeille	Taejangjŏn	대장전	大藏殿		
Pavillon de la Grande lumière de la Tranquillité	Taejŏkkwang chŏn	대적광전	大寂光殿		
Pavillon de l'Incommensurable Longévité	Muryangsujŏn	무량수전	無量壽殿		
Pavillon de Mirŭk	Mirŭkchŏn	미륵전	彌勒殿		
Pavillon de Sŏngbo	Sŏngbojŏn	성보전	聖寶殿		
Pavillon de Sŏnmyo	Sŏnmyogak	선묘각	善妙閣		
Pavillon de Yaksa	Yaksajŏn	약사전	藥師殿		
Pavillon de Yonghwa	Yonghwajŏn	용화전	龍華殿		
Pavillon dédié à Amitābha	Amit'ajŏn	아미타전	阿彌陀殿		
Pavillon des Arhat	Nahanjŏn	나한전	羅漢殿		
Pavillon des Planches	P'anjŏn	판전	板殿		
Pavillon du Grand Héros	Tae'ung chŏn	대웅전	大雄殿		
Pavillon des Grand Patriarches	Taejosajŏn	대조사전	大祖師殿		
Pavillon du Joyau du Dharma	Pŏppojŏn	법보전	法寶殿		
Pavillon du Maître des Remèdes	Yaksajŏn	약사전	藥師殿		
Pavillon du Paradis	Kŭngnak chŏn	극락전	極樂殿		

Pavillon du pic des Vautours (cf. Pavillon Yŏngsan)				
Pavillon du Souverain de l'Éveil	Kakhwangjŏn	각황전	覺皇殿	
Pavillon Pot'a	Pot'ajŏn	보타전	寶陀殿	
Pavillon précieux du Grand Héros	Tae'ung pojŏn	대웅보전	大雄寶殿	
Pavillon précieux du Pôle Nord	Pukkŭk pojŏn	북극보전	北極寶殿	
Pavillon Ŭngjin	Ŭngjinjŏn	응진전	應眞殿	
Pavillon Yŏngsan	Yŏngsanjŏn	영산전	靈山殿	
peinture bouddhique *tanch'ŏng* au « cinabre et cyan »	*purhwa tanch'ŏng*	불화단청	佛畫丹靑	
peinture de la Quête du Bouvier	Simudo	심우도	尋牛圖	
peinture des Huit scènes	P'alsangdo	팔상도	八相圖	
peinture du Sŏn	*sŏnhwa*	선화	禪畫	
pensée vaine	*mangsang*	망상	妄想	*vikalpa, parikalpa*
perfectionnement (cf. pratique)				
perle merveilleuse (cf. perle-relique)				
perle-relique	*yŏŭiju*	여의주	如意珠	*cintā-maṇi*
petit nouvel an	*chagŭn sŏl*	작은 설		
phase terminale de la Loi	*malse*	말세	末世	
pic des Vautours	Yŏngch'uksan	영축산	靈鷲山	Gṛdhrakūṭa
pigu (cf. moine ayant reçu les préceptes complets)				
piguni (cf. nonne confirmée)				
Pingshan Chulin (Sŭnim)		평산 처림	平山 處林	
Piro(am)		비로암	毘盧庵	
planches de la Grande Corbeille de Quatre-vingt mille	P'alman Taejang *kyŏngp'an*	팔만대장경판	八萬大藏經板	

planches de la Grande Corbeille du Koryŏ	Koryŏ Taejang-gyŏngp'an	고려대장경판	高麗大藏經板	
planches xylographiées pour l'édition du canon (de la Grande Corbeille)	*taejang kyŏngp'an*	대장경판	大藏經板	
Pŏb'in (Sŭnim)		법인	法印	
Podŏk(am)		보덕암	普德庵	
poisson de bois	*mogŏ*	목어	木魚	
politique d'oppression du bouddhisme et de vénération du confucianisme	*ŏk pul sung yu*	억불숭유	抑佛崇儒	
Pojo (Sŭnim)		보조	普照	cf. Chinul
Pŏmil (Sŭnim)		범일	梵日	
Pŏmnang (Sŭnim)		법랑	法朗	
pŏmp'ae (cf. chant en langue)				
Pongam(sa)		봉암사	鳳巖寺	
Pongjŏng(am)		봉정암	鳳頂庵	
Pongnim(sa)		봉림사	鳳林寺	
Pongnyŏng(sa)		봉녕사	奉寧寺	
Pongsŏn(sa)		봉선사	奉先寺	
Pongŭn(sa)		봉은사	奉恩寺	
Pongwŏn(sa)		봉원사	奉元寺	
pont Sŭngsŏn	Sŭngsŏn'gyo	승선교	昇仙橋	
Pŏpchang (Sŭnim)		법장 스님	法長 스님	
Pŏphŭng(sa)		법흥사	法興寺	
Pŏphwa		법화	法華	
pŏppo (cf. Joyau du Dharma)				
Pŏppojang		법보장	法寶藏	
p'ogyŏ (cf. propagation du bouddhisme)				
Pŏphoe-wa Sŏlpŏp		법회와 설법	法會와 說法	

Porim(sa)		보림사	寶林寺	
Portail de l'Ainsité	Chinyŏmun	진여문	眞如門	
Porte de la Non-Dualité	Purimun	불이문	不二門	
porte de Montagne	*sanmun*	산문	山門	
Porte des colonnes de l'Unité	*ilchumun*	일주문	一柱門	
Porte des (Quatre) rois célestes	Sach'ŏnwang mun	사천왕문	四天王門	
Porte du Paradis	Kŭngnak mun	극락문	極樂門	
Porte Haet'al	Haet'almun	해탈문	解脫門	
Porte Kŭmgang	*Kŭmgang mun*	금강문	金剛門	
portrait funéraire	*chinyŏng*	진영	眞影	
position du demi-lotus	*pangabujwa*	반가부좌	半跏趺坐	*ardhaparyaṅka*
position du lotus	*yŏnkkot chase*	연꽃자세	蓮꽃姿勢	
	kyŏlgabujwa	결가부좌	結跏趺坐	*paryaṅka*
Potalaka	Pot'araksan	보타락산	補陀落山	
Po'u (Sŭnim)		보우	普雨	
pratique conjointe de la scolastique et du Sŏn	*sŏn'gyo ilch'i*	선교일치	禪教一致	
pratiquer (perfectionnement)	*chŏngjin*	정진	精進	*vīrya*
	suhaeng	수행	修行	*pratippati*
Préceptes en dix articles	Hunyo Sipcho	훈요십조	訓要十條	
préceptes monastiques complets	*pigu(ni)gye*	비구(니)계	比丘(尼)戒	*bhikṣu(ṇī)-śīla* (litt.)
Première gravure de la Grande Corbeille	Ch'ojo Taejang-gyŏngp'an	초조대장경판	初雕大藏經板	
prendre le thé	*ch'adam*	차담	茶啖	
prendre refuge (dans le bouddhisme)	*(pulgyo-e) kwiŭi*	(불교에) 귀의	(佛教에) 歸依	*triśaraṇa*
président de l'ordre (de Jogye)	*ch'ongmu wŏnjang*	총무원장	總務院長	

prière	*kido*	기도	祈禱	
prière des incantations	*churyŏk kido*	주력기도	呪力祈禱	
prière d'invocation	*yŏmbul*	염불	念佛	*buddhānusmṛti*
prière du premier mois	*chŏngch'o kido*	정초기도	正初祈禱	
prière intensive de dévotion (ardentes)	*chŏnggŭn kido*	정근기도	精勤祈禱	
principe (d'un ordre bouddhique)	*chongji*	종지	宗旨	
principe d'identité entre le souverain du royaume et le Bouddha	*wang chŭk pul*	왕즉불	王卽佛	
proclamation de la transmission de la Voie	*chŏndo sŏn'ŏn*	전도선언	傳道宣言	
prononcer les vœux (d'acceptation des règles monastiques)	*sugye*	수계	受戒	*upasaṃpadā*
propagation du bouddhisme (du Dharma)	*p'ogyo*	포교	布教	
propagation internationale du Dharma	*kukche p'ogyo*	국제 포교	國際 布教	
prosternation	*chŏl*	절	(拜)	
protection du pays (cf. bouddhisme de protection du pays)				
psalmodie	*toksong*	독송	讀誦	
Puch'ŏnim osin nal (cf. jour de l'Avènement de Bouddha)				
pudo		부도	浮屠	une transcription de Buddha en sinogrammes
Puhyu Sŏnsu (Sŭnim)		부휴 선수	浮休 善修	
Pu'in(sa)		부인사	符仁寺	
puissance de la pratique (cf. énergie obtenue par l'ascèse)				

puissance des mérites	*kongdŏk*	공덕	功德	*guṇa*	
puissance salvatrice (de Bouddha)	*kap'iryŏk*	가피력	加被力		
Pukhan(san)		북한산	北漢山		
pulbo (cf. Joyau du Bouddha)					
pulgong (cf. offrandes à Bouddha)					
Pulguk(sa)		불국사	佛國寺		
Pulgyo		불교	佛教	*Buddha-śāsana* (litt.)	
Pulgyo Sinmun		불교신문	佛教新聞		
Punhwang(sa)		분황사	芬皇寺		
purification du monde présent	*hyŏnse chŏnghwa*	현세정화	現世淨化		
Puri mun (cf. Porte de la Non-dualité)					
Pu-sŏk		부석	浮石		
Pusŏk(sa)		부석사	浮石寺		
Puyŏ		부여	扶餘		
P'yŏnyang Ŏn'gi (Sŭnim)		편양 언기	鞭羊 彦機		
quatre instruments	*samul*	사물	四物		
questionnement fondamental (permanent)	*hwadu*	화두	話頭		
Qingliang Chengguan (Sŭnim)		청량 징관	清凉 澄觀		
quitter sa famille (le monde séculier)	*ch'ulga*	출가	出家	*pravrajati*	
ratiocination	*pŏnnoe*	번뇌	煩惱	*kleśa*	« passions », les tourments
raser la tête	*sakpal*	삭발	削髮		
réalisation immédiate de la bouddhéité dans ce corps	*chŭk sin sŏng pul*	즉신성불	卽身成佛		
réciter	*yŏmsong*	염송	念誦	*jāpa*	

réformes structurelles de l'année *kab-o*	*kap-o kaehyŏk*	갑오개혁	甲午改革	
registres monastiques	*sŭngjŏk*	승적	僧籍	
règles de la discipline monastique	*kyeyul*	계율	戒律	*śīla-vinaya, prātimokṣa*
règles des Bodhisattvas	*posalgye*	보살계	菩薩戒	*bodhisattva-śīla*
renaître en Paradis (de l'Ouest)	*kŭngnak wangsaeng*	극락왕생	極樂往生	
Reine mère Munjŏng	Munjŏng wanghu	문정왕후	文定王后	
religieux ayant quitté leur famille	*ch'ulgaja*	출가자	出家者	
religieux en formation	*hagin*	학인	學人	*śaikṣa*
reliques	*sari*	사리	舍利	*śarīra*
reliques du Bouddha Śākyamuni (cf. reliques du corps authentique)				
reliques du corps authentique	*chinsin sari*	진신사리	眞身舍利	
renaissance en paradis	*kŭngnak wangsaeng*	극락왕생	極樂往生	
rénovateur	*chunghŭngjo*	중흥조	重興祖	
repas (monastique) aux bols	*paru kongyang*	발우공양	鉢盂供養	
repas communautaire	*taejung kongyang*	대중공양	大衆供養	
repas des moines (cf. *kongyang*)				
représentation de Bodhisattva	*posalsang*	보살상	菩薩像	
représentation de disciple (de Bouddha)	*chejasang*	제자상	弟子像	
représentation de rois célestes	*ch'ŏnwangsang*	천왕상	天王像	
représentation de Vajrapānis	*yŏksasang*	역사상	力士像	
Restauration (du bouddhisme)	*pulgyo chunghŭng*	불교중흥	佛教中興	

retraitant	*suhaengja*	수행자	修行者		
retraitant (d'un *sŏnwŏn*)	*sujwa*	수좌	首座		
retraite (saisonnière) de méditation	*an'gŏ*	안거	安居	*varṣa, vārṣika*	
retraite d'été	*ha an'gŏ*	하안거	夏安居		
retraites d'hiver	*tong an'gŏ*	동안거	冬安居		
retraite libre	*sanch'ŏl kyŏlche*	산철결제	散綴結制		
retraites porte fermée	*pyegwan*	폐관	閉關		
révération du confucianisme et oppression du bouddhisme	*sung yu ŏk pul*	숭유억불	崇儒抑佛		
Révérend Paegun (Sŭnim)	Paegun hwasang	백운화상	白雲和尙		
rites de deuil et d'offrandes aux ancêtres	*sangje*	상제	喪祭		
rite de la guidance des âmes	*ch'ŏndojae*	천도재	薦度齋		
rite d'hommage du soir aux Bouddhas	*chŏnyŏk yebul*	저녁예불	저녁禮佛		
roi dragon	*yongwang*	용왕	龍王	*nāgarāja*	
Roi Dragon de la Mer de l'Ouest	Sŏhae yongwang	서해용왕	西海龍王		
rosaire bouddhique	*yŏmju*	염주	念珠	*mālā*	
sa		사	寺	*vihāra*	
sac à dos	*kŏlmang*	걸망			
sach'al (cf. monastère)					
sach'al ŭmsik (cf. art culinaire monastique)					
Saejŏl		새절	(新寺)		
saengjŏn yesujae		생전예수재	生前豫修齋		
sagesse	*chihye*	지혜	智慧	*prajñā*	
Saint solitaire	Toksŏng	독성	獨聖		
saint Vénérable du Véritable Éveil	Chin'gak sŏngjon	진각성존	眞覺聖尊		

Saja(san)		사자산	獅子山	
Salle bouddhique du Concours	Sŏnbultang	선불당	選佛堂	
salle de la divinité principale	*pultang*	불당	佛堂	
Salle de la Quête du Glaive de sagesse	Simgŏmdang	심검당	尋劍堂	
salle de méditation	*sŏnbang*	선방	禪房	
salle (d'enseignement) du Dharma	*pŏptang*	법당	法堂	
salle de prière pour l'invocation des Bouddhas	*yŏmbultang*	염불당	念佛堂	
salle des Patriarches	Chosadang	조사당	祖師堂	
salle d'étude (des textes canoniques)	*kangdang*	강당	講堂	
salle dorée	*kŭmdang*	금당	金堂	
samādhi	*sammae*	삼매	三昧	
Samādhi du Sceau de l'Océan	*hae'in sammae*	해인삼매	海印三昧	*sāgara-mudrā-samādhi*
sambo (cf. Trois Joyaux)				
Sambo sach'al (cf. monastères des Trois Joyaux)				
Samgwang(sa)		삼광사	三光寺	
samini		사미니	沙彌尼	*śrāmaṇerikā*
Samgak(san)		삼각산	三角山	
Samguk yusa		삼국유사	三國遺事	
Samyŏng (cf. Samyŏng Yujŏng)				
Samyŏng Yujŏng (Sŭnim)		사명 유정	四溟 惟政	
san		산	山	
Sanctuaire de Po'u		보우당	普雨堂	
sangjumul		상주물	常住物	

Sangwŏl Wŏn'gak (Sŭnim)		상월원각	上月圓覺		
Sangwŏn(sa)		상원사	上院寺		
Sano Genrei (Sŭnim)		사노 젠레이	佐野前勵		
sans moi	*mu'a*	무아	無我	*anātman*	
Sansin'gak		산신각	山神閣		
sasi		사시	巳時		
sasi pulgong		사시불공	巳時佛供		
sasi yebul		사시예불	巳時禮佛		
*sasipkujae** (cf. offrandes du Quarante-neuvième jour)					
sauver les êtres	*chungsaeng kuje*	중생 구제	衆生 救濟		
sawŏl ch'op'aril		사월초팔일	四月初八日		
Sceau de l'Océan	*hae'in*	해인	海印	*sāgaramudrā*	
sceau du poing de sagesse	*chigwŏn'in*	지권인	智拳印	*vajra-mudrā*	
scolastique	*kyo*	교	教		
Seconde gravure de la Grande Corbeille	Chaejo Taejanggyŏng	재조대장경	再雕大藏經		
section du Vinaya	*yulbu*	율부	律部		
Seigneur Ch'ilsŏng	Ch'ilsŏng nim	칠성님	七星님		
semaine d'exercice des boud-dhistes	*pulgyodo chŏngjin chugan*	불교도 정진 주간	佛教徒 精進 週間		
s'en remettre à la puissance du vœu d'un Bouddha	*t'aryŏk sinang*	타력신앙	他力信仰		
sens profond de la Grande Loi	*taebaŏp tae'ŭi*	대법대의	大法大意		
sentiment de foi	*sinsim*	신심	信心	*prasada-citta* (litt.)	
sept étoiles (de la Grande Ourse)	*Ch'ilsŏng*	칠성	七星		
Sept étoiles du Boisseau du Nord	*puktu ch'ilsŏng*	북두칠성	北斗七星		
Shiwu Qinggong (Sŭnim)		석옥 청공	石屋 淸珙		

Shōtoku Taishi		성덕태자	聖德太子		
Shundao (Sŭnim)		순도	順道		
sidarim		시다림	尸陀林		
Signification profonde du Soutra du Lotus	*Pŏphwa hyŏnŭi*	법화현의	法華玄義		
sijŏk		시적	示寂		
Silch'ŏn Pulgyo Sŭnggahoe		실천불교승가회	實踐佛教僧伽會		
silence	*mugŏn*	묵언	默言		
Silla		신라	新羅		
Sillŭk(sa)		신륵사	神勒寺		
Silsang(sa)		실상사	實相寺		
Simhŭi (Sŭnim)		심희	審希		
Simindang		심인당	心印堂		
Sinwŏl (Sŭnim)		신월	信月		
Société internationale des propagateurs du Dharma	Kukche p'ogyo sahoe	국제포교사회	國際布教師會		
Société pour la propagation du Dharma	P'ogyosadan (Pogyosadan)	포교사단	布教師團		
Société savante du Han'gŭl	Han'gŭl hak'hoe	한글학회	한글學會		
Sŏkkamoni (cf. Sŏkkamonibul)					
Sŏkkamonibul		석가모니불	釋迦牟尼佛	Śākyamuni (Buddha)	
Sŏkkat'ap		석가탑	釋迦塔		
Sŏkkur(am)		석굴암	石窟庵		
sŏktŭng		석등	石燈		
Sŏlsandang		설산당	雪山堂		
Sŏn		선	禪	*dhyāna*	jap. Zen
Sŏn assis	*chwasŏn*	좌선	坐禪		jap. *zazen*
Sŏn de principe	*ŭirisŏn*	의리선	義理禪		
Sŏn des Patriarches	Chosa Sŏn	조사선	祖師禪		

Sŏn des Tathāgata	Yŏrae Sŏn	여래선	如來禪		
Sŏn hors-classe	*kyŏgoe sŏn*	격외선	格外禪		
Sŏnam(sa)		선암사	仙巖寺		
Sŏndŏk (reine)		선덕	善德		
Sŏng (roi)	Sŏngwang	성왕	成王		
Sŏn'gak		선각	先覺		cf. Tosŏn
Sŏngch'ŏl Sŭnim		성철 스님	性徹 스님		
Sŏngju(sa)		성주사	聖住寺		
Songgwang(sa)		송광사	松廣寺		
sŏnwŏn (cf. centre de méditation)					
Sŏ'ong (Sŭnim)		서옹 스님	西翁 스님		
Sŏrak(san)		설악산	雪嶽山		
Sŏsan (grand maître)		서산	西山		
Sosurim (roi)		소수림왕	小獸林王		
souffrances mentales (cf. rationcination)					
soutra		경전	經典	*sūtra*	francisé
Soutra Cundīdevidhāranī	Chunje tarani	준제다라니	准提多羅尼,		
Soutra de la grandeur des Bienfaits des Parents	*Pumo ŭnjunggyŏng*	부모은중경	父母恩重經		
Soutra de l'Avataṃsaka (cf. *Soutra de l'Ornement de Splendeur*)					
Soutra de l'Ornement de Splendeur	*Hwaŏmgyŏng*	화엄경	華嚴經	*Avataṃsaka sūtra*	
Soutra des Mille mains	*Ch'ŏnsugyŏng*	천수경	千手經		
Soutra du cœur de la Sagesse suprême	*Panyasimgyŏng*	반야심경	般若心經	*Bhagavatī prajñā-pāramitā*	ou *Soutra du Cœur de connaissance transcendante*
				hrdayasūtra	

Soutra du Diamant	Kŭmganggyŏng	금강경	金剛經	Vajra-prajñā-pāramitā-sūtra	
Soutra du Grand Parinirvāṇa	Yŏlban'gyŏng	열반경	涅槃經	Mahā-parinirvāṇa-sūtra	
Soutra du Lotus	Pŏphwagyŏng	법화경	法華經	Saddharma puṇḍarīka-sūtra	
Ssangye(sa)		쌍계사	雙溪寺		
statue d'Avalokiteshvara assis du Pavillon de la Communication Parfaite	Wŏnt'ongjŏn Kwanŭm Posalsang	원통전 관음 보살상	圓通殿 觀音 菩薩坐像		
statue du Tathāgata Amitha assis	Amit'a yŏrae chwasang	아미타여래 좌상	阿彌陀如來 坐像		
statue de pierre du Bouddha debout à Pae-ri	Pae-ri sŏkpul ipsang	배리 석불립상	拜里石佛立像		
statues de Bouddha à Naeng-kol	Naeng-kol pulsanggun	냉골불상군	冷(谷)佛像群		
stèles d'urnes (à reliques)	pudobi	부도비	浮屠碑		
stoupa	t'ap	탑	塔	stūpa	francisé
stoupa en briques de pierre	mojŏnt'ap	모전탑	模塼塔		
stoupas gravés sur la roche	maae sŏkt'ap	마애석탑	摩崖石塔		
style de la pratique du kanhwasŏn	kanhwasŏnp'ung	간화선풍	看話禪風		
style de pratiques tendant à la fusion parfaite	wŏnyung chongp'ung	원융종풍	圓融宗風		
style de Sŏn	Sŏnp'ung	선풍	禪風		
Subul (Sŭnim)		수불 스님	修弗 스님		
Sudarajang		수다라장	修多羅藏		
Śuddhodana	Chŏngbanwang	정반왕	淨飯王		
suhaeng (cf. pratiquer)					
sujets méritants de l'État du plus haut niveau	ildŭng kongsin	일등공신	一等功臣		

Sumano(t'ap)		수마노탑	水瑪瑙塔		
sŭngbo (cf. Joyaux du Samgha)					
Sŭngnang (Sŭnim)		승랑	僧朗		
Sungsan (Sŭnim)		숭산 스님	崇山 스님		
sŭnggwa		승과	僧科		
Sunggyo(sa)		숭교사	崇教寺		
sŭngt'ong		승통	僧統		
sŭnim		스님	(僧)		serait l'abréviation de Sŭsŭng-nim (스승님) ou de sŭng-nim (僧님, –nim 님 est une particule honorifique d'adresse d'origine coréenne)
sŭnim âgé	*nosŭnim*	노스님	老스님		
Sunŭng (Sŭnim)		순응	順應		
supérieurs (de monastère)	*chuji*	주지	住持	*tiṣthati*	litt. mainte-nir, observer
supérieur général	*chongjŏng*	종정	宗正		
suryukchae		수륙재	水陸齋		
Susŏn(sa)		수선사	修禪社		ancien Song-gwangsa
tabisik (cf. cérémonie de la crémation)					
Tabot'ap		다보탑	多寶塔		
Tae'an (Sŭnim)		대안	大安		
T'ae'an(sa)		태안사	泰安寺		
T'aebaek(san)		태백산	太白山		

taeborŭm (cf. jour du milieu du premier mois)					
taedŏk		대덕	大德	*bhadanta*	
Taegak (Sŭnim)		대각	大覺		
T'aego Po'u (Sŭnim)		태고 보우	太古 普愚		
T'aego ch'ongnim		태고총림	太古叢林		
T'aego(sa)		태고사	太古寺		
Taehŭng(sa)		대흥사	大興寺		
T'aehyŏn (Sŭnim)		태현	太賢		
taesŏnsa		대선사	大禪師		
Tae'ung		대웅	大雄	*vīra*	
Taishō Shinshū Daizōkyō		대정신수 대장경	大正新修 大藏經		
tambour du Dharma	*pŏpko*	법고	法鼓		
Tamun Ch'ŏnwang (roi céleste)		다문천왕	多聞天王	Vaiśhravaṇa	
tanch'ŏng (cf. peinture bouddhique)					
Tan'gun		단군	檀君		
T'anmun (Sŭnim)		탄문	坦文		
T'apchu Simindang		탑주심인당	塔主心印堂		
T'ap-kol		탑골	(塔谷)		
Tathāgata	*yŏrae*	여래	如來	Tathāgata	Une des appellations de Bouddha
Tathāgata Ch'ilsŏng (cf. Tathāgata des Sept étoiles)					
Tathāgata des Sept étoiles de la Grande Ourse	Ch'ilsŏngyŏrae	칠성여래	七星如來		
Tathāgata Tejaprabha (cf. Ch'isŏnggwang yŏrae)					
temple aux Sept étoiles de la Grande Ourse	*ch'ilsŏnggak*	칠성각	七星閣		

temple de l'esprit de la montagne	*sansin'gak*	산신각	山神閣		
temple des Trois saints	*samsŏnggak*	삼성각	三聖閣		
Terrasse de l'Est	Tongdae	동대	東臺		
Terrase de l'Ouest	Sŏdae	서대	西臺		
Terrasse du Nord	Puktae	북대	北臺		
Terrase du Sud	Namdae	남대	南臺		
Terre Pure	*chŏngt'o*	정토	淨土		
Terre pure de l'Est « Éclat de béryl »	Tongbang yurig-wang chŏngt'o	동방유리광정토	東方琉璃光淨土		
Terre pure de l'Ouest	Sŏbang chŏngt'o	서방정토	西方淨土		
Terre pure du royaume de Bouddha	*pulguk chŏngt'o*	불국정토	佛國淨土	*Buddha-kṣetra*	
textes canoniques bouddhiques	*pulgyŏng*	불경	佛經		
textes canoniques de l'ordre	*chongjŏn*	종전	宗典		
texte canonique de référence	*soŭigyŏngjŏn*	소의경전	所依經典		
Tobong(san)		도봉산	道峯山		
T'oham(san)		토함산	吐含山		
Tohŏn (Sŭnim)		도헌	道憲		
tokkyŏng		독경	讀經		
toksong (cf. psalmodie)					
Toksŏnggak		독성각	獨聖閣		
Tombe Sŏn	Sŏllŭng	선릉	宣陵		
Tongbang Pulgyo taehak		동방불교대학	東邦佛敎大學		
Tongbang taehagwŏn taehakkyo		동방대학원 대학교	東邦大學院 大學校		
T'ongdo(sa)		통도사	通度寺		
Tonghwa(sa)		동화사	桐華寺		
T'ongniwŏn		통리원	統理院		

tongsasŏp		동사섭	同事攝		
toryangsŏk		도량석	道場釋		
Tosŏn (Sŭnim)		도선	道詵		
Tosŏn(sa)		도선사	道詵寺		
To'ŭi (Sŭnim)		도의	道義		
tourment mental (cf. rationcination)					
Toyun (Sŭnim)		도윤	道允		
traces secrètes	*milchŏk*	밀적	密迹		
tradition d'une école (boud-dhique)	*chongt'ong*	종통	宗統		
tradition du Dharma	*pŏpt'ong*	법통	法統		
Traité des Cent	*Bailun*	백론	百論	*Śatakaśāstra*	
Traité des Douze portes	*Shier menlun*	십이문론	十二門論	*Dvādaśani-kāyaśāstra*	
Traité du Milieu	*Zhonglun*	중론	中論	*Madyamika*	
Tranquillité	*chŏngmyŏl*	적멸	寂滅	*vivikta*	
travail manuel (monastique)	*ullyŏk*	울력	運力		sinogrammes incertains
Trésor national	*kukpo*	국보	國寶		
triade de Bouddhas	*samjonbul*	삼존불	三尊佛		
triade de Bouddhas gravée sur une paroi rocheuse	*maae samjonbul*	마애삼존불	摩崖三尊佛		
trois grandes sections du Lotus du Dharma	Pŏphwa samdaebu	법화삼대부	法華三大部		
Trois Joyaux	*sambo*	삼보	三寶	*ratnatraya, triratna*	
trois prosternations	*sambae*	삼배	三拜		
Trois Royaumes Postérieurs	Hu Samguk	후삼국	後三國		
trois sortes de Sŏn	*samjong Sŏn*	삼종선	三種禪		

Ŭisang (Sŭnim)		의상	義湘	
Ŭich'ŏn (Sŭnim)		의천	義天	
ullyŏk (cf. travail manuel)				
ŭngjin		응진	應眞	Arhat
union avec le corps de nature du Dharma	pŏpsŏngje	법성제	法性諦	dharmatā-satya
unique repas quotidien	ilchongsik	일종식	一種食	ekapāṇika
unité dans la grande compassion	tongch'e taebi	동체대비	同體大悲	mahākarunā
unité (ou constance) de l'esprit	ilsim	일심	一心	ekacitta (litt.)
université Jingak	Chin'gak taehak	진각대학	眞覺大學	
université (bouddhique) Dongguk	Dongguk taehakkyo	동국대학교	東國大學校	
université centrale du Samgha	Chungang Sŭngga taehak	중앙승가대학	中央僧伽大學	
université de formation bouddhique	Pulgyo kyoyang taehak	불교교양대학	佛教教養大學	
Université Geumgang	Kŭmgang taehakkyo	금강대학교	金剛大學校	
Université Uiduk	Widŏk taehakkyo	위덕대학교	威德大學校	
Ungmyŏn		욱면	郁面	
Unmun(sa)		운문사	雲門寺	
unp'an (cf. gong-nuage)				
unsusŭng		운수승	雲水僧	
uranbun		우란분	盂蘭盆	ullambana
vacuité	kong	공	空	śūnya(ta)
Vairocana	Pirojana	비로자나	毘盧遮那	
Vénérable Mongnyŏn	Mongnyŏn chonja	목련존자	目連尊者	Maudgal-yāyana
Vénérable Naban	Nabanjonja	나반존자	那畔尊者	l'arhat Piṇḍdola Bharadvāja

Vénérable principal	*chujon*	주존	主尊		
vent (force) du karma	*ŏpp'ung*	업풍	業風		
véritable apparence de l'esprit	*maŭm-ŭi ch'am mosŭp*	마음의 참 모습			
vêtement (tenue) monastique	*sŭngbok*	승복	僧服		
vie antérieure	*chŏnsaeng*	전생	前生		
vil peuple	*ch'ŏnmin*	천민	賤民		
Village de Jogye	Jogyejong maŭl	조계종마을	曹溪宗마을		
vingt-quatre divisions saisonnières	*isipsa chŏlgi*	이십사절기	二十四節氣		
violet doré	*chagŭmsaek*	자금색	紫金色		
Voie du Milieu	*chungdo*	중도	中道	*mādhyamika*	
Voie de Bodhisattva	*posaldo*	보살도	菩薩道	*bodhisattva-mārga* (litt.)	
voix de Bouddha	*purŭm*	불음	佛音		
vues mauvaises	*sattoen kyŏnhae*	삿된 견해	(邪見)	*akuśaladṛṣṭi, mithyādṛṣṭi*	
WBS	Wŏnŭm pangsong	원음방송	圓音放送		
Wŏlchŏng(sa)		월정사	月精寺		
Wŏnch'ŭk (Sŭnim)		원측	圓測		
Wŏn'gak(sa)		원각사	圓覺寺		
Wŏn'gwang (Sŭnim)		원광	圓光		
Wŏnhyo (Sŭnim)		원효	元曉		
wŏnjŏk		원적	圓寂		une des traductions de *Parinirvāṇa*
Wŏnmyŏng (Sŭnim)		원명 스님	圓明 스님		
Wŏnt'ong taesa		원통대사	圓通大士		
Wŏnyungbu		원융부	圓融府		

Wŏrha (Sŭnim)		월하 스님	月下 스님	
Yaksa (cf. Bouddha Maître des Remèdes)				
yangban (cf. fonctionnaires des classes civile et militaire)				
Yi Ch'ŏngdam (cf. Ch'ŏngdam Sŭnim)				
Yi Ha'ŭng		이하응	李昰應	
Yi Hoegwang (Sŭnim)		이회광	李晦光	
Yi Hongsŏn		이홍선	李泓宣	
yŏlban (cf. Nirvana)				
Yŏndam Yu'il (Sŭnim)		연담 유일	蓮潭有一	
Yŏngch'uk(san)		영축산	靈鷲山	
Yonghwa samhoe		용화삼회	龍華三會	
Yongjang(sa)		용장사	茸長寺	
yŏngsanjae		영산재	靈山齋	
Yŏngt'ong(sa)		영통사	靈通寺	
Yŏnhoe (Sŭnim)		연회	緣會	
Yose (Sŭnim)		요세	了世	
yusik		유식	唯識	*vijñānavāda*
Zhaozhou (Sŭnim)		조주	趙州	
Zhihze (Sŭnim)		지자	智者	
zone de la forteresse de montagne	Sansŏng *chigu*	산성지구	山城地區	
zone de Namsan	Namsan *chigu*	남산지구	南山地區	
zone de Wŏlsŏng	Wŏlsŏng *chigu*	월성지구	月城地區	
zone du parc des tumuli	Taerŭngwŏn *chigu*	대릉원지구	大陵園地區	
zone du site du monastère de Hwangnyong	Hwangnyongsa *chigu*	황룡사지구	皇龍寺地區	
zones historiques de Kyŏngju		경주역사 유적지구	慶州歷史 遺蹟地區	